Joseph Tafur, MD
Der Spirit von Ayahuasca

AF705016

arkana

Joseph Tafur, MD

Der Spirit von Ayahuasca

Uralte Pflanzenzeremonien
für Heilung und spirituelles Erwachen

Aus dem US-amerikanischen Englisch
von Yutta Klingbeil

arkana

Die US-amerikanische Originalausgabe erschien 2017 unter dem Titel »The Fellowship of the River – A Medical Doctor's Exploration into Traditional Amazonian Plant Medicine« bei Espiritu Books, Phoenix, USA.

Sollte diese Publikation Links auf Webseiten Dritter enthalten, so übernehmen wir für deren Inhalte keine Haftung, da wir uns diese nicht zu eigen machen, sondern lediglich auf deren Stand zum Zeitpunkt der Erstveröffentlichung verweisen.

Das in diesem Buch vorgestellte Material dient lediglich der Information und ist nicht für Diagnosen, ärztliche Verordnungen oder Behandlungen irgendwelcher Krankheiten bestimmt. Wenn Sie gesundheitliche Probleme haben, holen Sie bitte immer ärztlichen Rat ein.

MIX
Papier aus verantwortungsvollen Quellen
FSC® C083411

Verlagsgruppe Random House FSC® N001967

1. Auflage
Deutsche Erstausgabe

in der Verlagsgruppe Random House GmbH,
Neumarkter Straße 28, 81673 München

Lektorat: Annette Gillich-Beltz
Umschlaggestaltung: ki36 Editorial Design, München, Sabine Krohberger
Umschlagmotiv: Cover © ratpack223/istockphoto;
Illustration Innenklappe: © Markus Drassl
Satz: Uhl + Massopust, Aalen
Druck und Bindung: CPI books GmbH, Leck
Printed in Germany
ISBN 978-3-442-34254-9

www.arkana-verlag.de

Für meinen Vater

Inhalt

Vorwort von Gabor Maté 9

1 »The Fellowship of the River« 15

2 Die Pflanze spricht:
»Wenn du mir hilfst, helfe ich dir« 23

3 Der verwundete Heiler 35

4 Der Weg des Peyote 44

5 Geist, Gefühl und Vertrauen 57

6 Tukuymanta 65

7 Verantwortungsvolle Praxis 85

8 Behandlung posttraumatischer Belastungsstörungen
auf dem Raumschiff Erde 92

9 Der Emotionalkörper 108

10 Die Anfänge des Nihue Rao Centro Espiritual 114

11 Der Placebo-Effekt und der unerklärliche
chronische Husten 124

12 Ein verborgenes Trauma heilen 138

13 Ayahuasca, die traditionelle Amazonas-Pflanzenmedizin
und die Heilung des limbischen Systems 152

14 Was ist Liebe? 160

15 Einlassen auf die Diät und die Entdeckung des eigenen Gesangs 168
16 Psoriasis spirituell behandeln 181
17 Den Schmerz im Kern der Sucht heilen 198
18 Die Pflanze schützen und einen neuen Song entdecken 217
19 Lisas Migräne und der schwarze Drache 227
20 Epigenetik, vererbter Stress und Auflösung durch spirituelle Heilung 242
21 Intensive Visionen durch weitere Initiationen 251
22 Nathans Morbus Crohn und die Heilung eines gebrochenen Herzens 262
23 Adams Angst und die beruhigende Kraft des Mitgefühls 274
24 Die Rolle spiritueller Heilung im modernen Gesundheitswesen 288

Dank 295
Glossar 299
Quellennachweis 304

Vorwort

Als ein im Westen ausgebildeter Arzt sind mir die Begrenzungen der modernen Medizin im Umgang mit chronischen Erkrankungen von Geist und Körper seit Langem bekannt. Trotz aller erstaunlichen Errungenschaften können wir als Ärzte bei einer Vielzahl von Beschwerden mit ihren schwerwiegenden Auswirkungen höchstens Erleichterung verschaffen. Unser schmaler Pfad der Heilmöglichkeiten lässt uns das Wesen von Heilung nicht nachvollziehen. Aus diesem Grund ist Ayahuasca so populär geworden. Ayahuasca ist eine Pflanzenmedizin aus dem Amazonasgebiet, der sich viele Menschen aus dem Westen zuwenden, um körperliche oder psychische Erkrankungen zu heilen. Oder weil sie auf der Suche nach einem Lebenssinn sind, der ihnen in der zunehmenden Entfremdung in unserer Kultur verloren gegangen ist.

In diesem Buch schreibt mein kolumbianisch-amerikanischer Arztkollege Joe Tafur über die Heilkraft von Pflanzen, insbesondere von Ayahuasca. Es bietet dreierlei: eine faszinierende Geschichte über eine schamanische Selbstentdeckungsreise, ein Kompendium von überzeugenden Fallbeispielen über die Heilkraft dieser Pflanze sowie eine sachkundige wissenschaftliche Betrachtung über die erstaunliche physische, emotionale und spirituelle Wandlungsfähigkeit, die diese Urwaldliane und ähnliche Pflanzen unter guter schamanischer Leitung bewirken können. Sowohl er als auch ich haben dieses erlebt in der Arbeit mit *la madre* – der Mutter, wie die Pflanze im Amazonasbecken genannt wird.

Der frustrierendste Misserfolg der westlichen Medizin ist in dem mangelnden Bewusstsein für die Einheit von Körper und Geist begründet, *obwohl* es umfangreiche, beeindruckende und überzeugende Forschungsergebnisse dazu gibt, dass eine Trennung von Körper und Geist falsch, unwissenschaftlich und – im realen Leben – unmöglich ist. Sachkundig verlässt sich Tafur auf solche Beweise, um die »Wunder« zu erklären, die er aus schamanischen Zeremonien mit Pflanzen kennt. Denn sie sind das, was man bei einem ganzheitlichen Verständnis von Gesundheit und Krankheit erwarten würde.

Seine Fallbeispiele beschreiben die Linderung von chronischen Erkrankungen, bei denen die gängige medizinische Praxis höchstens die Symptome bekämpft. Dabei geht es nicht um Heilung. Zu den Erkrankungen gehören Psoriasis, chronische Migräne, chronisch-entzündliche Darmerkrankungen, außerdem psychische Erkrankungen wie Depressionen oder Angststörungen.

Die Anwendung von Ayahuasca in der Behandlung hartnäckiger psychischer Erkrankungen ist bereits oft untersucht worden, zumindest in Ländern, in denen die Behandlung der Paranoia und anderer geistiger Störungen mithilfe der Pflanze erlaubt ist und ihre Anwendung auf der kulturellen Tradition indigener Gemeinschaften basiert. Ein Artikel aus *The Medical Post* berichtete von einer Bewertung kürzlich veröffentlichter insgesamt 28 Humanstudien im *Journal of Psychopharmacology* von Forschern. Sie kamen zu dem Schluss, dass die Behandlung mit Ayahuasca nicht nur ein antidepressives und antisüchtigmachendes Potenzial hätte, sondern auch einen physiologischen Effekt auf das Gehirn ausübe und Größe und Stärke der Gehirnareale beeinflusste, die mit Impulskontrolle, Entscheidungsfähigkeit, Schmerz und Erinnerungsvermögen verbunden seien. Diese gehören zu den Arealen des Gehirns, die durch Suchterkrankungen beeinträchtigt werden.

Meine erste Erfahrung mit Ayahuasca zeigte mir deutlich, wie diese Pflanze Menschen mit emotionalen und spirituellen Themen helfen kann. Ayahuasca öffnete mich, und ich spürte sowohl lang unterdrückte Gefühle der Trauer und des Verlusts als auch ein Gefühl der Liebe, das größer und tiefer war als jede Trauer oder jedes Trauma, das ich bislang erlebt hatte. Gehirnscans zeigen, wie die Pflanze Teile des Großhirns aktiviert, in denen emotionale Kindheitserinnerungen gespeichert sind und in denen Erkenntnisse im Erwachsenenalter generiert werden.

Unter der Leitung eines mitfühlenden und erfahrenen Lehrers und im richtigen zeremoniellen Rahmen kann die Pflanze – oder der Überlieferung nach die Seele der Pflanze – Menschen in Verbindung mit ihrem unterdrückten Schmerz und ihren Traumata bringen. Das sind die Faktoren, die jede gestörte psychische Verfassung steuern. Indem wir unseren Urschmerz bewusst erleben, verliert er Einfluss auf uns. Somit kann Ayahuasca in ein paar Behandlungen das erreichen, was eine jahrelange Psychotherapie nur anstreben kann. Mit der Pflanze können Menschen sogar längst verloren geglaubte innere Qualitäten wieder erleben, wie beispielsweise ein Gefühl der Ganzheit, des Vertrauens, der Liebe und einen Sinn für ihre Möglichkeiten. Im wahrsten Sinne des Wortes erinnern sie sich, wer sie eigentlich sind.

Wie kann Ayahuasca jedoch Heilung ermöglichen bei Erkrankungen wie der chronischen Darmentzündung, Psoriasis oder anderen Autoimmunerkrankungen? Diese Heilung haben wir beide, Tafur und ich, beobachten können. Joe Tafurs Erfahrungen und theoretische Forschungen bieten mehr als plausible Antworten auf diese Frage an.

Im Unterschied zu dem im Westen vorherrschenden Konzept von der Trennung von Körper und Geist beruhen viele der Weisheitslehren der Ureinwohner auf einem holistischen Weltbild. Wie bei allen auf Pflanzen basierenden indigenen Heilmethoden weltweit, entspringt die Verwendung von Ayahuasca einer Tradition, in der Körper und Geist in Bezug auf Gesundheit und Krankheit als untrennbar gelten. Hier verlässt sich Tafur auf einwandfreie westliche Wissenschaftstheorien über die heilenden Fähigkeiten der Pflanze – Theorien, die die alten Weisheiten bestätigt haben.

In verschiedenen Kapiteln erklärt Tafur die Einheit von Körper und Geist bei Gesundheit und Krankheit und beleuchtet sie anhand von Fallbeispielen. Er zeigt auf, wie ein emotionales Trauma eine Entzündung beispielsweise in den Atemwegen oder anderen Organen hervorrufen kann, wie Gefühlsstörungen das autonome Nervensystem beeinträchtigen können oder wie Stress dem Immunsystem schadet und es aus dem Gleichgewicht bringt. Folglich müsste und könnte ein emotionales Gleichgewicht, das Bearbeiten früherer Traumata und die Verbindung zu unserem tiefsten Wesen eine kraftvolle und heilsame physiologische Wirkung auf uns haben. Wird eine solche Wandlung erfahren, kann sie das Hormon-, Nerven- und Immunsystem sehr stark beeinflussen sowie weitere Organe wie das Gehirn, das Herz und den Darm. Hierauf beruht die Heilkraft der Ayahuasca-Pflanze.

Dazu schreibt Tafur: »Sich wieder mit den Körpersinnen zu verbinden bedeutet auch, den Geist mit der eigenen inneren Wahrnehmung zu verbinden: Wie fühlen Sie sich in Ihrem Körper, Ihrem Herzen, Ihrem Bauch und überall? Dieses Gespür nennt man Interozeption. Durch diese Wahrnehmung erleben wir unsere Emotionen. Die innere Wahrnehmung verrät uns den physiologischen Zustand unseres Körpers.« Noch einmal: Wir erinnern uns daran, wer wir sind.

Die neue Wissenschaft der Epigenetik zeigt, wie sich emotionaler Stress negativ auf das Funktionieren der Gene auswirkt. Diese Auswirkungen werden sogar auf zukünftige Generationen übertragen. Joe Tafur mutmaßt völlig plausibel, dass positive Erlebnisse solche Veränderungen umkehren oder sogar positive Veränderungen in der Genaktivität auslösen können.

Joe Tafur zeigt allerdings auch auf, dass es nicht nur gute Neuigkeiten gibt. Ayahuasca kann missbraucht werden von skrupellosen oder unerfahrenen Anwendern, die sich damit bereichern wollen, oder von Heilern, die sich zu ihrer eigenen sexuellen Befriedigung gezielt gefährdete Klienten, meistens junge Frauen, als Opfer aussuchen. Solche Fälle sind in der Ayahuasca-Welt bekannt und berüchtigt, genauso wie schamanische Machtkämpfe und Verfluchungen. Man sollte die richtigen Rahmenbedingungen finden, wenn man sich solchen machtvollen Umständen aussetzt. Deshalb hat Tafur sein eigenes Heilzentrum in Peru gegründet, das Nihue Rao Centro Espiritual. Auch ich leite Pflanzenretreats in Peru, im Temple of the Way of Light.

Ayahuasca ist allerdings auch kein Allheilmittel. Menschen, die an bestimmten psychischen Erkrankungen wie Psychosen oder Manien leiden, müssen diese Pflanze meiden. Im Allgemeinen ermöglicht sie für viele Menschen eine Öffnung, jedoch ist die Heilung damit noch lange nicht abgeschlossen. Ich selbst weiß es, und Joe Tafur rät ebenso dazu, nach einer psychedelischen Erfahrung die Themen langfristig zu bearbeiten und zu integrieren, um den vollen Nutzen aus dem Erlebten zu ziehen. Er schreibt dazu: »Eine offene spirituelle Praxis wie die Meditation ist ein ausgeglichener Weg zu einem erweiterten Bewusstsein. Bei anhaltender Belastung braucht der Geist kontinuierliche Unterstützung … Ohne eine Art von Integration, der emotionalen Verarbeitung und/oder ein neues Verhalten, führt sogar das erleuchtendste psychedelische Erlebnis nur zu einer kurzweiligen veränderten Denkweise. Kurzfristig kann eine solche Erfahrung jedoch einen Anstoß geben, einen ausgewogeneren Weg zu finden.«

Dieser Anstoß kann allerdings sehr wirkungsvoll und für viele Menschen vollkommen lebensverändernd sein. Joe Tafur hat uns hier einen faszinierenden Bericht über seine persönliche Reise und seine Beschreibungen der Heilerfahrungen durch die Augen eines klassisch ausgebildeten Mediziners vorgelegt und bringt uns somit unserem Ziel, zwischen der scheinbar unvereinbaren Welt der schamanischen Heilung und der Welt der westlichen Medizin eine Brücke zu schlagen, ein gutes Stück näher.

Gabor Maté
Herbst 2016

1

»The Fellowship of the River«

Sind Sie jemals zum Arzt gegangen, weil Sie sich Sorgen über irgendwelche Beschwerden gemacht haben, nur um dann zu hören: »Sie sind vollkommen gesund, Sie bilden es sich nur ein«? Ja, manchmal spielen sich die Dinge tatsächlich nur in Ihrem Kopf ab, manchmal geht es jedoch um mehr. Ich weiß noch, wie ich während meines Medizinstudiums einen Arzt aufsuchte, weil es mir nicht gut ging. Ich hatte unbestimmte, subjektive Beschwerden. Am meisten beunruhigte mich meine Atmung. Meine Lunge fühlte sich zäh an, und ich konnte kaum tief Luft holen. Der Arzt untersuchte mich, veranlasste eine Röntgenaufnahme der Lunge und forderte ein paar Laborwerte an. Es war alles in Ordnung. Der Arzt meinte, ich hätte das »Medizinstudium-Syndrom« und sollte mir nicht so viele Gedanken machen.

Auch wenn mich das etwas beruhigte, fühlte ich mich nicht besser. Mein Problem lag jenseits von Blutuntersuchungen und Röntgenbildern. Meine Seele war erkrankt, mir ging es spirituell schlecht. Der Arzt hatte mich während des kurzen Besuchs kaum danach gefragt, wie ich mich innerlich, in meinem Herzen, fühlte. Ich kann es ihm nicht übel nehmen, denn vermutlich hat er sich mit solchen Themen während seiner Ausbildung nie befasst. Das sollte ich wissen, denn ich bin selbst Arzt. Aber als Erstes bin ich ein Mensch. Es stellte sich heraus, dass meine Atembeschwerden etwas mit meiner psychischen Gesundheit zu tun hatten. Das Medizinstudium deprimierte mich. Damit es mir wieder besser ging, musste ich mich aus den Begrenzungen der klassischen Schulmedizin herauswagen. Ich brauchte spirituelle Heilung.

Als ich sie schließlich fand, beruhigte sich mein Geist, und meine Atmung normalisierte sich. Mir wurde klar, dass ich viel mehr über spirituelle Heilung lernen musste. Als der richtige Zeitpunkt gekommen war, ließ ich meine Bücher und Aufsätze liegen und reiste in den Amazonas-Regenwald. Dort verbrachte ich viele Jahre mit Arbeiten und Lernen. Auf der Basis meiner klassischen Ausbildung entwickelte ich ein umfassendes Verständnis von Gesundheit und Krankheit. Diese neue Perspektive achtet die moderne Biochemie, Anatomie und Pharmakologie, erkennt aber auch den grundlegenden Einfluss des Immateriellen in der Medizin, die emotionale und spirituelle Dimension von Gesundheit. So geht es in diesem Buch um die Schnittpunkte zwischen Biologie, Emotionen und Spiritualität. Um Ihnen diese neue Sichtweise zu vermitteln, werde ich meine Theorien in verschiedene Geschichten einbetten – Geschichten über meine eigene Reise durch den Schamanismus.

Mein Interesse am Amazonasgebiet lag zum Teil an meinem Wunsch, die Depression, die mich während des Medizinstudiums eingeholt hatte, auf einer tieferen Ebene zu verstehen. Durch das Studium hatte ich zwar Fachwissen, Fähigkeiten und Kompetenzen erworben, aber es hatte mich auch in die Knie gezwungen.

Wie viele andere Kommilitonen hat auch mich meine westliche ärztliche Ausbildung ziemlich traumatisiert. Ich brauchte Hilfe, um sie durchzustehen. Trotz meiner anfänglichen Skepsis gegenüber psychedelischen Drogen, entdeckte ich einen kraftvollen Verbündeten in der Pflanze Peyote (siehe Kapitel 4 über meine Peyote-Erlebnisse). Mitten in der Wüste von Arizona gelang es mir, mithilfe von Peyote meinen Geist zu beruhigen und mich mit meinem Herzen zu verbinden. Meine Erfahrung in der Wüste weckte in mir die Neugier auf die schamanische Pflanzenmedizin und psychedelische Drogen. Während meiner Facharztausbildung interessierte ich mich weiterhin für verschiedene medizinische Traditionen und lernte andere indigene Heilmethoden kennen.

Schließlich besuchte ich im Jahr 2007 zum ersten Mal das Amazonasgebiet: Ich flog nach Iquitos, Peru, mit meinem Kollegen und guten Freund Keyvan (ausgesprochen: cave-on). Keyvan und ich hatten während unserer medizinischen Ausbildung zufällig dieselben Stationen durchlaufen: Das Medizinstudium hatten wir an der University of California, Los Angeles (UCLA) und der University of California, San Diego (UCSD) absolviert, dann wieder an der UCLA die Facharztausbildung zum Familienmediziner. Über zehn Jahre lang hatten Keyvan und ich das Ausbildungsprogramm der klassischen Schulmedizin über uns ergehen lassen. Nach unserer Facharztausbildung waren wir beide bereit für etwas mehr Abenteuer. Nach dem Facharzt kann man sich als Stipendiat noch weiter spezialisieren, beispielsweise in Sportmedizin oder Geriatrie. Wir hingegen reisten ins Amazonasgebiet und entwickelten aus Spaß unser eigenes Stipendienprogramm, das Keyvan das »Fellowship of the River«*, also des Amazonas, taufte. Diese erste Reise konfrontierte mich mit der traditionellen Amazonas-Pflanzenmedizin (TAPM – Traditional Amazonian Plant Medicine) und mit der mystischen Welt des Ayahuasca-Schamanismus.

Ich hatte bereits über Ayahuasca gelesen und wusste um diese heilige Pflanzenmedizin aus dem Amazonas-Regenwald, die kraftvolle Visionen auslösen kann, wofür sie außerordentlich geschätzt wird. Unser fünfwöchiges »Fellowship of the River« begann mit einer erstaunlichen Ayahuasca-Zeremonie in einem traditionellen Heilzentrum außerhalb von Iquitos. Nach unseren unglaublichen Erlebnissen dort fuhren wir den Amazonas hinunter nach Brasilien. Als unser Abenteuer beendet war, fuhren wir wieder nach

* Wörtlich übersetzt: »Stipendium des Flusses«; Anm. d. Ü.

Hause, um unsere medizinische Karriere anzugehen. Für mich war das »Fellowship of the River« jedoch keineswegs beendet, es sollte erst jetzt richtig losgehen.

Nach Abschluss meiner Promotion begann ich am Institut für Psychiatrie der UCSD mit meiner Forschungsarbeit im Bereich Mind-Body-Medizin. Während einer Pause kehrte ich allein zurück nach Iquitos, um mehr über die traditionelle Pflanzenmedizin und die Ayahuasca-Zeremonie zu erfahren. Nach diesem zweiten Besuch bekam das »Fellowship of the River« seine eigene Dynamik, und es begann die nächste Phase meiner medizinischen Ausbildung. Ich reiste immer wieder zum Amazonas. Anfangs war ich mir nicht sicher, wohin mich das alles führen würde, ich folgte lediglich meiner Neugier. Das Leben hatte jedoch andere Pläne für mich.

Ich war Arzt geworden, weil ich immer ein Heiler sein wollte. Ayahuasca öffnete mir die Augen für die Welt der spirituellen Heilung.

Im Jahr 2009, zwei Jahre nach meiner ersten Reise mit Keyvan, brachte ich regelmäßig Gruppen nach Iquitos, um andere Menschen in den traditionellen Ayahuasca-Schamanismus einzuführen, aber auch um mich selbst auf einer tieferen Ebene darauf einzulassen. Auf diesen Reisen verbrachte ich viel Zeit mit einheimischen Schamanen und beobachtete, wie immer mehr Menschen von ihren kraftvollen Heilmethoden profitierten. Als Arzt war ich beeindruckt vom Einsatz heiliger Pflanzen zu medizinischen Zwecken und von den tiefgreifenden Heilerfolgen. Ich spielte mit dem Gedanken, mich als Ayahuasca-Schamane ausbilden zu lassen.

Mit der Zeit entwickelte ich eine enge Beziehung zu einem *Ayahuasquero*-Lehrmeister, Ricardo Amaringo. Ich hatte ihn bei meiner ersten Reise 2007 getroffen, im Laufe der Jahre half ich ihm immer wieder beim Übersetzen, und wir wurden Freunde. Er wollte aus meinen Erfahrungen als Arzt lernen. Im Jahr 2010 teilte er mir seine Vision für ein neues Heilzentrum in der Umgebung von Iquitos mit. Er bat einige von uns, ihn bei diesem Projekt zu unterstützen, und 2011 wurden die kanadische Künstlerin und Heilerin Cvita Mamic, Ricardo und ich schließlich Geschäftspartner. Wir gründeten das traditionelle Heilzentrum Nihue Rao (ausgesprochen: nee-way rao) Centro Espiritual. Mit der Hilfe eines wunderbaren Teams von Menschen setzten wir Ricardos Vision um.

Im Nihue Rao, wie wir es nennen, begann ich mit der klassischen Ausbildung bei Meister Ricardo. Er ist ein Shipibo-Schamane. Shipibos sind Ureinwohner vom Ucayali River im oberen Amazonasgebiet von Peru. Sie haben viel von ihrer präkolumbianischen Kultur erhalten, einschließlich ihrer Sprache und ihrer geheimnisvollen Tradition der Pflanzenmedizin.

Wie viele andere war Ricardo Schamane geworden, nachdem er selbst geheilt worden war. Nach einer schweren Kindheit und vielen Jahren, in denen er unter Depressionen litt, hatte er mit Ende zwanzig in seiner Ahnenkultur nach Hilfe gesucht. Die traditionelle Shipibo-Medizin und der Ayahuasca-Schamanismus haben sein Leben gerettet, wie er sagt. Die Pflanzen holten ihn aus seiner Verzweiflung heraus und unterstützten ihn dabei, neu anzufangen. Er verpflichtete sich daraufhin, mit diesen Pflanzen, die ihn geheilt hatten, zu arbeiten. Er ist ein ernst zu nehmender Schamane mit einem jugendlichen Geist.

Jahrelang begleitete ich Ricardo in den Ayahuasca-Zeremonien. Sie waren der Klassenraum, in dem ich mithilfe des »Fellowship of the River« lernen konnte. So wie man die Chirurgie letztlich im Operationssaal lernt, lernt man den Schamanismus in der Zeremonie. Im Nihue Rao konnte ich durch viele unterschiedliche Fälle wertvolle Erfahrungen sammeln.

In jenen Jahren erlebte ich Hunderte von Menschen, hauptsächlich aus Nordamerika und Europa, die sehr von der traditionellen Behandlung mit schamanischer Pflanzenmedizin profitierten. Ihr Leben verwandelte sich durch intensive Visionen und eine veränderte Wahrnehmung. In den folgenden Kapiteln werde ich die Geschichten von Russ, Colleen, Nathan und vielen anderen erzählen. Ich werde berichten, wie sie gesund wurden, um zu erklären, wie schamanische Pflanzenmedizin und die dazugehörigen spirituellen Techniken moderne Krankheiten und Beschwerden heilen können. Die Bandbreite erstreckt sich von posttraumatischer Belastungsstörung (PTBS) über chronischen Husten und Morbus Crohn bis hin zu Angststörung, Depression und verschiedenen psychosomatischen Erkrankungen.

Als Arzt habe ich in den USA viele Patienten gesehen, die jahrelang verzweifelt auf der Suche nach Heilung genau dieser Beschwerden und Erkrankungen waren. Obwohl sie Tausende von Dollar ausgaben und eine Armada von Spezialisten aufsuchten, konnten sie nicht bis zur Wurzel ihres Problems vordringen. Denn die westliche Schulmedizin klammert die emotionale und spirituelle Dimension dieser chronischen Erkrankungen in der Regel aus. Es werden lediglich körperliche Symptome berücksichtigt. Die schamanische Pflanzenmedizin hingegen heilt, indem sie tiefer in die emotionalen und spirituellen Ebenen vordringt. Sie funktioniert durch eine Änderung des Bewusstseins, wie es auch bei anderen Formen der spirituellen Heilung der Fall ist. Der Geist wird jenseits seiner illusorischen Beschränkungen durch die aktuelle Betriebssoftware erweitert, wie der Autor Stephen Buhner nahelegt.[1] Der Geist öffnet sich für das Herz und für die Energien, die unser emotionales Wesen stören.

In traditionellen medizinischen Systemen wie dem Schamanismus gibt es einen »Emotionalkörper«, durch den wir Emotionen und Gefühle erleben. Auch die moderne Wissenschaft ist inzwischen auf diesen Emotionalkörper gestoßen und kann mittlerweile sogar seine Anatomie beschreiben: ein komplexes Netzwerk, das unsere Psyche, unser Nervensystem, unser Hormonsystem und unser Immunsystem miteinander verbindet. Emotionale Traumata und »spirituelle Wunden« beeinträchtigen dieses Netzwerk, was wiederum unsere Gesundheit gefährdet.

Die Schamanen wissen schon lange, dass der physische Körper nicht gesunden kann, wenn der Emotionalkörper krank ist. Schamanische Pflanzenmedizin verschafft uns Zugang zu den mystischen Bereichen der Seele, in denen wir diese alten Wunden finden und heilen und emotionale Belastungen lösen können. Somit erlangen wir wieder emotionale Gesundheit und damit unsere angeborene Fähigkeit, Körper und Geist zu heilen.

Nachdem ich fünf Jahre lang mit Ricardo gearbeitet hatte, schloss ich mein erstes schamanisches Training ab und wurde ein *Ayahuasquero*-Neuling – besaß also die Befähigung, eigene Ayahuasca-Zeremonien zu leiten und mit schamanischen Gesängen zu heilen. Bis Ende 2016 arbeitete und praktizierte ich weiterhin am Nihue Rao. Mit dem vorliegenden Buch ist das Fellowship für mich abgeschlossen, und ich werde mich neuen Vorhaben widmen. Meine enge Verbindung zur Amazonas-Gemeinschaft wird natürlich bestehen bleiben.

Es gibt noch immer viel zu lernen, zu erfahren und zu üben, ich befinde mich weiterhin mitten im Lernprozess. Dennoch habe ich das Gefühl, es ist an der Zeit, mein Wissen weiterzugeben.

Bei chronischen Krankheiten, die auch den Emotionalkörper belasten, kann eine dauerhafte Heilung nur erzielt werden, wenn die Bedürfnisse von Herz und Seele berücksichtigt werden. Nach meiner Erfahrung wird dies auf eine tiefgreifende Art in der Ayahuasca-Zeremonie erreicht im Rahmen eines verantwortungsvollen Umgangs mit der traditionellen Amazonas-Pflanzenmedizin (TAPM).

Das »Fellowship of the River« führte mich wieder in die Kunst der Medizin ein, zeigte mir die Bedeutung von spiritueller Heilung und führte mich zu einer weiteren Bestimmung. Ich wollte dabei helfen, eine Brücke zu bauen zwischen der Welt der modernen medizinischen Wissenschaft und der des traditionellen Schamanismus mit seinen metaphysischen Ebenen.

In den folgenden Kapiteln werde ich meine eigenen mystischen Erfahrungen mit dem Schamanismus beschreiben und über die beeindruckenden spirituellen Heilerfolge berichten. Als Arzt werde ich versuchen, die moderne klinische Forschung in die mystischen Geschichten der Menschen einzubinden. Dafür verweise ich auf relevante medizinische Forschungen in Bereichen wie der »psychedelischen Medizin«, der Mind-Body-Medizin und der Epigenetik, um so ein breiteres medizinisches Bezugssystem beleuchten zu können.

Das »Fellowship of the River« ist eine Geschichte – eigentlich eine Reihe von Geschichten – über die Magie der Natur und was sie uns lehren will. Reisen Sie mit mir zum Amazonas, und ich zeige Ihnen, was ich meine.

2

Die Pflanze spricht: »Wenn du mir hilfst, helfe ich dir«

Für Keyvan und mich begann unser Fellowship mit einem Flug nach Iquitos in Peru. Ehrlich gesagt hatte ich Angst davor, Ayahuasca zu trinken. Ich hatte gehört, dass es ein äußerst intensives Erlebnis werden könnte. Keyvan meinte aber, ich solle mir keine Sorgen machen. Er hatte schon einmal Ayahuasca getrunken, und er versicherte mir, es würde nichts Schlimmes passieren, *la Madre Ayahuasca* sei ein vertrauter Begleiter, ein schützender Geist.

Keyvan und ich hatten uns während eines Feldbiologie-Kurses an der Uni angefreundet. Er ist Amerikaner iranischer Abstammung und war als Kind vom Iran nach Los Angeles gekommen. Er machte ein Jahr vor mir seinen Abschluss, weshalb wir uns eine Zeit lang aus den Augen verloren. In dieser Zeit reiste er durch Brasilien, Uruguay, Argentinien und Bolivien und landete schließlich in Iquitos. Dort begegnete er Ende der Neunzigerjahre zum ersten Mal *la madrecita*, dem Mütterchen, der »Liane der Seele«.

Im Jahr 2003, nach Abschluss meines Praktischen Jahres in meinem Heimatstaat Arizona, begegnete ich Keyvan wieder in der

Facharztausbildung für Familienmedizin an der UCLA in Los Angeles. Nach unserem Abschluss planten wir unser »Fellowship of the River«, unsere erste gemeinsame Reise nach Peru. Wir wollten Südamerika bereisen, Iquitos besuchen und danach mit einem Boot den Amazonas herunter von Iquitos zur Nordküste von Brasilien fahren.

Durch meine transformierenden Erfahrungen mit Peyote in Arizona war ich sehr neugierig auf das südamerikanische Ayahuasca geworden. Ich hatte bereits Bücher wie Jeremy Narby, *Die kosmische Schlange* und Rick Strassman, *DMT – Das Molekül des Bewusstseins* gelesen und wusste um die Fähigkeit von Ayahuasca, tiefgreifende und teilweise lebensverändernde Visionen hervorzurufen, und um ihre Verwendung in Heilzeremonien im gesamten Amazonas-Regenwald. Ich hatte schon länger das Gefühl, Ayahuasca könnte mir etwas beibringen und mich persönlich weiterbringen. Nun war endlich der Zeitpunkt gekommen, die Pflanze selbst zu erleben.

Wenn im Westen von Ayahuasca gesprochen wird, ist damit ein Tee gemeint, der aus der Ayahuasca-Liane (*Banisteriopsis caapi*) und anderen starken psychotropischen Pflanzen, die im Amazonasbecken heimisch sind, gewonnen wird. Wird sie allein genommen, leitet die Ayahuasca-Liane keine psychedelische Erfahrung ein. Wird aus ihr jedoch zusammen mit anderen Pflanzen ein Tee zubereitet, kann sie starke Visionen hervorrufen. In der Tradition der Shipibo aus dem Amazonasbecken, in die ich später eingeweiht werden sollte, gilt Ayahuasca als ein heilender Geist der Natur, zu dem man durch das Trinken des Ayahuasca-Tees in einer heiligen Zeremonie Zugang erhält. In einer Ayahuasca-Zeremonie können wir uns mit einer spirituellen Intelligenz jenseits unseres gewöhnlichen Verständnisses verbinden. Meistens berichten Menschen von einem Kontakt mit einer Art Pflanzenbewusstsein. Sie nennen es den Geist von *la Madre Ayahuasca.* In dieser Tradition gilt Ayahuasca als weiblich, eine Seele des Urwaldes, von Mutter Natur. Durch die Mutter Ayahuasca erhalten wir Zugang zur heilenden Weisheit ihrer mithelfenden Pflanzenseelen.

Das Wort *Ayahuasca* stammt aus der Quechua-Sprache. *Aya* bedeutet Tod oder Seele, und *huasca* bedeutet Ranke, die Seelenranke. Für diese traditionelle Pflanzenmedizin gibt es neben *Ayahuasca* unter den indigenen Gruppen im riesigen Amazonasbecken noch viele andere Bezeichnungen, zum Beispiel *Yagé, Hoasca* oder *Caapi.*

Der Bekanntheitsgrad von Ayahuasca als spirituelles Werkzeug ist in den letzten Jahren stark angestiegen. Immer mehr Menschen strömen aus allen Teilen der Erde in den Amazonas-Regenwald, um *la Medicina* zu erleben. Genau wie Keyvan und ich reisen sie zu Orten wie Iquitos, um Erfahrungen mit den Amazonas-Schamanen zu machen, mit den *Ayahuasqueros* und den *Ayahuasqueras,* den männlichen und den weiblichen Schamanen. Es gab also noch andere *Gringos* auf unserem Flug von Lima nach Iquitos. Wahrscheinlich waren einige von ihnen auch auf der Suche nach Ayahuasca. Andere wollten nur den Amazonas-Regenwald bereisen und seine großartige Schönheit erleben.

Iquitos ist eine vom Dschungel umgebene Hafenstadt am Amazonas. Das bedeutet es gibt keine Straßen, die Iquitos mit dem Rest von Peru verbinden. Man muss entweder per Flugzeug oder per Boot anreisen. Beim Anflug sieht man den schlammigen, braunen Amazonas, wie er sich durch ein endloses Meer von smaragdgrünem Urwald windet. Der Ort befindet sich tief im Dschungel. Beim Aussteigen aus dem Flugzeug wird man sofort von der warmen, dampfenden Regenwaldluft begrüßt. An dem Tag, als wir dort ankamen, war es nicht zu heiß, etwas bewölkt und es regnete nicht.

Nachdem wir unser Gepäck abgeholt hatten, gingen wir zur Bushaltestelle. Wir hatten den Transport zum Ayahuasca-Heilzentrum vorbestellt, und Marco Antonio, unser Fahrer, wartete mit seinem dreirädrigen Mototaxi bereits auf uns. Er navigierte uns geschickt durch den chaotischen Verkehr. Das Mototaxi, halb Motorrad und halb Rikscha, verwandt mit dem asiatischen *Tuk-Tuk*, gehört zum Haupttransportmittel in dem belebten Zentrum von Iquitos. Marco Antonio ist ein Einheimischer, der schon seit Jahren die *Pasajeros* (»Reisende«, die auf dem Weg zu einem Ayahuasca-Ritual sind) zum Ayahuasca-Heilzentrum fährt. Er spricht etwas Englisch und ist ein Seelenverwandter, der die Sorgen der Suchenden aus dem Westen gut versteht. Marco arbeitet noch heute für Nihue Rao, trägt noch immer sein Bandana und fährt nach wie vor wie ein Irrer.

Wir sagten ihm, wir hätten es eilig, zum Zentrum zu gelangen. Er versicherte uns, es bliebe genügend Zeit. Iquitos hat gut hunderttausend Einwohner, und die Straßen sind unorganisiert und chaotisch. Ein Ausländer fühlt sich etwas überwältigt, aber den Einheimischen macht das Fahren in Iquitos Spaß. Marco Antonio raste mit uns über den Belén-Markt und hupte sich durch die überfüllten Gassen, vorbei an unzähligen Ständen, die von Tupperware bis zu Buschfleisch alles feilboten.

Das Zentrum liegt außerhalb, und als wir die Stadt hinter uns ließen, weitete sich die Umgebung, die Luft wurde frischer, die Dschungellandschaft fängt an. Ich liebe diese Gegend. Nach etwa vierzehn Kilometern auf der Straße Richtung Nauta bogen wir in den Wald ein, auf eine Schotterstraße Richtung Norden.

Es waren kaum mehr Menschen zu sehen, und nach etwa einem Kilometer über sandiges Terrain erreichten wir den bewachten Eingang zum Heilzentrum. Man öffnete uns das Tor, und Marco Antonio bekam grünes Licht, um im Indiana-Jones-Stil eine wackelige Holzbrücke hinunterzubrettern. Schließlich landeten wir im Herzen des Zentrums. Nach dieser wilden und holprigen Fahrt, auf der wir regelmäßig nervös nach Luft schnappen mussten, hatten wir es geschafft.

Wir befanden uns auf einem weitläufigen Urwaldgelände mit stabilen Holzbauten, die um einen großen Raum für Zeremonien gruppiert waren. Dieser Raum war das Maloka, das sogenannte Medizinhaus.

Es gab Duschen, Toiletten und sogar einen Pool. Die einfachen strohgedeckten Häuser befanden sich im Wald, und dahinter führten zahlreiche Pfade in den Dschungel. Wir machten es uns in unseren Zimmern gemütlich. Sie befanden sich in einem schlichten zweistöckigen Holzhaus, in dem Platz für mehrere Gäste war. Die Räume waren spartanisch eingerichtet und gegen Moskitos geschützt. Die Managerin des Zentrums erklärte uns alles. Sie war freundlich und sehr auskunftsfreudig. Wir erkundeten das Zentrum, machten uns mit dem Ort vertraut und lernten die anderen *Pasajeros* kennen.

Ein Einheimischer namens Wilder saß am offenen Feuer und bereitete den Ayahuasca-Trunk zu. Er trug ein Phoenix-Suns-Basecap. Ich erzählte ihm, ich sei aus Phoenix. Er lächelte. Für ihn war es einfach nur ein Basecap. Mich interessierte die Zubereitung von Ayahuasca, und ich wollte mehr darüber erfahren. Wilder erklärte mir, dass in Peru für den Ayahuasca-Sud normalerweise zerkleinerte Stängel der hölzernen Liane zusammen mit den tryptaminhaltigen Blättern des Chacruna-Strauches (*Psychotria viridis*) gekocht werden. Chacruna enthält viel Dimethyltryptamin (DMT), ein sehr wirksames Halluzinogen, das Ayahuasca-Visionen induzieren kann. Es gibt noch weitere Verfahren, um das Ayahuasca-Gebräu herzustellen, bei dem verschiedene Tryptaminquellen und andere Pflanzen verwendet werden.

Zur Vorbereitung auf die Zeremonie wird von den Teilnehmern eine traditionelle Shipibo-Diät eingehalten, die von manchen als *Vegetalista*-Diät* bezeichnet wird. Es gibt sehr unterschiedliche Vegetalista-Diäten, die Zusammensetzung ist abhängig von dem Schamanen, der sie verordnet. In diesem Heilzentrum nahmen wir

---

* »Vegetalista« ist zum einen die Bezeichung für eine spezielle Ernährungsweise, die auf schamanischen Heilpflanzen basiert, zum anderen wird der Begriff für Menschen verwendet, die sich auf diese Weise ernähren; Anm. d. Ü.

als Erstes ein pflanzenbasiertes Brechmittel ein (und es wirkt genau so, wie es klingt). Es bestand aus einer wässrigen Suppe aus Azucena (*Lilium spp.*) und Ojé (*Ficus insipida*). Man erklärte uns, dass der durch die Pflanzen eingeleitete Brechdurchfall uns reinigt und unsere Mägen auf das Ayahuasca vorbereitet. Sagen wir einfach, das Mittel hat gute Arbeit geleistet.

Anschließend beginnt die eigentliche Diät: kein Salz, kein Zucker, kein rohes Fleisch, kein Schweinefleisch, keine Milchprodukte, keine fettigen Speisen, kein scharfes Essen, kein Alkohol, keine Drogen und kein Sex. Das galt für unseren gesamten fünftägigen Aufenthalt. Unsere Mahlzeiten bestanden hauptsächlich aus Fisch und Kochbananen und noch ein paar anderen geschmacklosen stärkehaltigen Nahrungsmitteln. Die Shipibos glauben, dass eine solche Reinigungsdiät entscheidend ist für eine tiefere Heilung durch die Pflanzen, weil eine engere Verbindung mit den sogenannten Meisterpflanzen aufgebaut wird. Nach traditionellem Brauch haben die Pflanzen selbst diese strengen Diätauflagen gefordert und sie den Schamanen durch Träume und Ayahuasca-Visionen mitgeteilt.

In der Nacht nahmen wir an unserer ersten Zeremonie teil. Ich erinnere mich lebhaft daran. Ich war besorgt und hatte Angst, als ich in das schummrige Maloka trat. Ich steuerte eine freie Matte an. Dieses spezielle Maloka oder Medizinhaus war ein großes Dschungelrundhaus, groß genug für etwa fünfundzwanzig Menschen. Als ich nach oben blickte, konnte ich im Kerzenschein die traditionelle Amazonas-Architektur bewundern. Naturholzbalken formten eine hohe konische Decke, die von einer zentralen Säule gestützt wurde. Durch die hohe Decke wirkte das Maloka wie eine Kathedrale mit Reetdach. Der Raum besaß einen Lehmboden, bedeckt mit schönen gewebten Matten aus irgendeiner Naturfaser. Diese Matten waren glatt, weich und fein, wie die Haut einer Schlange. In der Mitte des Raumes war der Boden jedoch nackt. In dem weitläufigen Raum über uns war genügend Platz für unsere hochfliegenden Gedanken und Visionen.

Es war kurz nach acht Uhr abends. Im Schein der einzigen Kerze beobachtete ich, wie die Teilnehmer der Reihe nach aufgerufen wurden, um sich vor dem Schamanen hinzusetzen und das Ayahuasca zu empfangen. Nacheinander erhielten wir unsere Dosis des Tees, eine kleine Tasse mit trüber Flüssigkeit, die ein leichtes Rumoren in meinem Darm auslöste. Glücklicherweise konnte ich meine erste Portion Ayahuasca ziemlich gut herunterschlucken. Das ist nicht immer der Fall, wie ich später erfahren sollte.

Mit dem eigenartigen Geschmack dieses zähen Dschungeltrunks im Mund ging ich zurück zu meiner Matte. Ich setzte mich auf meine dünne Matte und steckte mir eine Mapacho-Zigarette an, gerollt aus dem heimischen schwarzen Tabak. Von meinen neuen Freunden im Heilzentrum wusste ich, das würde dabei helfen, den komischen Geschmack im Mund loszuwerden. Es half tatsächlich, und ich lehnte mich paffend an die stabile Holzwand, die den heiligen Raum umgab.

Als alle Gäste ihr Ayahuasca empfangen hatten, nahmen die Schamanen ihren Trank ein. Dabei folgten sie einem speziellen Ritual und sangen kurz vor dem Trinken in den kostbaren Ayahuasca-Tee hinein. Diese Gesänge hörten sich an wie ein gepfiffenes »Pst«, wie eine rhythmische Verzauberung. Im Spanischen sagt man dazu *soplando la ayahuasca*, das heißt, in das Ayahuasca hineinblasen, um es mit den Wünschen der Schamanen für die Heilrituale zu tränken. Dieses Blasen (*soplo)* ist eine schlichte Form der Icaro-Gesänge, der mystischen Heilgesänge der Ayahuasca-Schamanen.

Gemäß der Shipibos lernen Schamanen die Icaros von den Pflanzen selbst. Jeder *Ayahuasquero* hat seine eigenen Icaros, die er durch die Reinigungsdiät mit Meisterpflanzen gelernt hat. Meisterpflanzen lehren und leiten uns spirituell. Die Melodie wird von den Pflanzen vorgegeben, die Worte werden in Shipibo gesungen und drücken das aus, was in den Visionen wahrgenommen wird. Als der Ayahuasca-Tee später am Abend zu wirken begann, fingen die *Ayahuasqueros* aus voller Kehle an, ihre Icaros zu singen. Es waren die Pflanzengeister, die durch die Stimmen der Schamanen eine geheimnisvolle Melodie und Schwingung zum Ausdruck brachten. Die Icaro-Gesänge begleiteten unsere Reise durch die Welt von Ayahuasca und seinen Visionen.

An der Zeremonie an dem Abend nahmen etwa ein Dutzend Ausländer teil, sowohl Frauen als auch Männer, inmitten einer pulsierenden Regenwaldnacht. In der Ferne hörte man, wie der Strom abgestellt wurde und der dröhnende Generator langsam zum Stillstand kam.

Wir waren mitten im Dschungel. Als die Kerze erlosch, umhüllte uns die Dunkelheit, und die Luft füllte sich mit Dschungelmelodien, mit Zirpen, Summen, Quaken und Gepfeife, den Geräuschen der Dschungelnacht. Meine Augen gaben sich der Dunkelheit hin, und ich suchte in meinem Geist und meinem Körper nach Anzeichen von Übelkeit, Schwindel, Desorientierung als Auswirkungen des Ayahuasca-Tees (auf Spanisch nennt man diesen Zustand »*la mareación*«).

Nach etwa einer halben Stunde spürte ich, wie Energie in Wellen durch meinen Kopf und meinen gesamten Körper strömte. Ich merkte, wie sich mein Geist und mein Brustkorb ausdehnten und wie meine Wahrnehmung beeinträchtigt wurde. Meine Atmung verlangsamte sich. Meine Gedanken verschmolzen zu Gefühlen, die durch mich, meine Eingeweide und jenseits meines Körpers pulsierten. Es dauerte nicht lange, und mich überkam eine bleierne Schwere, sodass ich mich hinlegen musste.

Irgendwann sah ich Farben, die die Dunkelheit erleuchteten. Als sich die Pforten der Wahrnehmung langsam einer außergewöhnlichen Dimension öffneten, durchbrachen die Schamanen das dunkle Schweigen mit ihrem Gesang, zunächst leise, dann immer lauter. Die Zeremonie wurde intensiver, als zwei oder drei der Schamanen zusammen sangen. Einen solchen Sprechgesang hatte ich bislang noch nie gehört, und seine Wirkung war unter dem Einfluss von Ayahuasca besonders stark. Die Gesänge und ihre Schwingungen schienen die Energien der Visionen zu ergreifen, Energien, die in mich hinein- und durch mich hindurchflossen. Ich meinte, jemanden kotzen zu hören, aber es störte mich nicht.

Die Icaro-Gesänge füllten das Maloka und vermischten sich rhythmisch mit den Geräuschen der Regenwaldnacht. Sie beseelten meine Sinne – als ob ich mich mit einer neuen Bewusstseinsebene verband, der Welt der Pflanzen, die so fremdartig und dennoch so vertraut war.

Als die Gesänge in ihrer rhythmischen, geheimnisvollen, fremden und wunderschönen Art weitergingen, fühlte sich alles immer tiefgreifender und seltsamer an. Die Chants schienen direkt durch meine Seele zu pulsieren und riefen Visionen mit geometrischen Mustern und Urwaldlandschaften hervor, wie in einem intensiven Traum. Inmitten dieser Visionen fühlte ich mich keineswegs berauscht. Mein Geist war klar. Ich wusste, dass ich in einem Maloka war, dass ich unter dem Einfluss von Ayahuasca stand, und … mir war auch klar, dass ein geistiges Wesen in meiner Nähe war.

Ich nahm hallende Klänge und blitzartige visuelle Wellen wahr. Ein weibliches Geistwesen begrüßte mich inmitten rasch wechselnder Bilder von Regenwäldern, traumhaften Fledermäusen und knurrenden Fratzen. Dieses Geistwesen war sowohl angsteinflößend als auch wunderschön, freundlich und verführerisch, lieblich und streng. Das Gesicht verwandelte sich schnell und zeigte verschiedene Ausdrücke, die alle gleichzeitig erschreckend, liebevoll, anregend und sexy waren. Das Haar und der Körper bestanden aus wild fließenden Lianen, die mit Blättern in Orange- und Grüntönen bedeckt waren. Ein tanzendes Licht umgab dieses Geistwesen.

Ich war völlig hypnotisiert von ihm. Es streckte mir seine Hand entgegen und lud mich ein, ihm Gesellschaft zu leisten. Es sah, dass ich etwas einsam war. Es flirtete mit mir, als es mich in den Traum hineinzog und mich auf eine Reise mitnahm. Wir verließen das Maloka, wir verließen die Nacht. Das Wesen führte mich sanft zum Ufer eines Sees, an dem wir im Sonnenlicht entlangspazierten. Mal gab es einen lichtdurchlässigen Schleier, mal war alles von unten erhellt. Die Landschaft war sehr klar, die Sonnenstrahlen glitzerten auf dem Wasser, wir waren von sattgrünem Wald umgeben, der Himmel war herrlich blau. Wir fanden einen ruhigen Platz mit Gras und Sand und legten uns hin. Da waren wir nun. Ich verbrachte den Nachmittag mit diesem Geistwesen am Ufer des Sees und genoss seine zauberhafte Gesellschaft.

Ich wusste, wer es war. *La Madre Ayahuasca.* Ich konnte mir nicht sicher sein, dennoch war ich mir sicher. Ich hatte von ihr gehört – ein Geist der Natur, eine Pflanzenseele, eine lebende Ausdehnung der Erde und des göttlichen Lichts. Sie zog mich in ein magisches Reich hinein, das sich sehr real anfühlte und mit dem mein Bewusstsein anscheinend lückenlos verbunden war.

Nach unserem sehr angenehmen und jenseitigen Nachmittag, an einem Ort jenseits der Zeit, führte *la Madre* mich zurück in die Nacht, zu meinem Platz im Maloka. Sie schaute mich ein letztes Mal intensiv an und verabschiedete sich mit den Worten: »Wenn du mir hilfst, helfe ich dir.« Sie schien diese Worte direkt in mein Bewusstsein zu pusten, wo sie widerhallten, unauslöschlich.

Wenn du mir hilfst, helfe ich dir.

Nach einer Weile ließen die intensiven Eindrücke nach. Ich rollte mich auf die Seite, um nach meinem Freund Keyvan zu schauen: »Wie geht's dir?«, flüsterte ich.

»Das war krass! Und wie verrückt war es bei dir?«, sagte er.

»Auf jeden Fall krass«, erwiderte ich, während die inneren Bilder nur langsam verblassten.

Die Gesänge wurden allmählich ruhiger, und die Zeremonie schien sich in eine zweite Phase zu bewegen. Ricardo, der Assistent der Schamanen, unterbrach die Stille und fragte in die Runde: »*Alguien quiere más ayahuasca*?« – Will jemand noch mehr Ayahuasca?

Er bot uns eine zweite Runde an. Mir ging es einigermaßen gut, mir war nicht übel, aber nach dieser Erfahrung mit fast katatonischen visuellen Eindrücken, die eine Ewigkeit zu dauern schienen, wollte ich lieber passen. Doch aus dem Nichts heraus setzte sich ein erstaunlich gelassener Keyvan auf und rief aus: »Yo sí!« – Ich, ja! Okay, dachte ich mir, dann auf ein Neues. Wir nahmen eine zweite Portion.

In dieser zweiten Runde ging es mehr um eine tiefgreifende innere Reise. Ich lag friedlich in der Dunkelheit und ließ mein Leben und meine Probleme Revue passieren. Auch diese Entdeckungsreise wurde von den geheimnisvollen Icaro-Gesängen der Schamanen angefeuert und begleitet, und wieder bemerkte ich nicht, wie die Zeit verging.

Als die Wirkung etwas nachließ, hörte ich mit meiner Innenschau auf. Ich wunderte mich, wo diese wunderbare Ayahuasca-Seele geblieben war. Als ich daran dachte, sie zu suchen, sah ich sie aus dem Augenwinkel aus der Tür des Malokas schlüpfen … ich hatte sie gerade verpasst. Ob ich sie tatsächlich gesehen hatte oder nicht, ich wusste, dass sie bei mir war.

Der Schamane Ricardo Amaringo kam kichernd zu mir. In der Dunkelheit war ich überzeugt, er sei jemand anderes. Ich dachte an den Ayahuasca-Koch mit der Phoenix-Suns-Kappe, den ich vor ein paar Stunden getroffen hatte. Ich fragte ihn: »*Quién eres?*« – Wer bist du?

Ricardo merkte, dass ich mich unter dem Einfluss des Ayahuasca etwas verloren fühlte. Anstatt meinen Verstand mit Worten noch mehr anzustrengen, setzte er sich neben mich und stimmte sich auf mich ein. Ich versuchte mich zusammenzunehmen und sagte: »Ich weiß, wer du bist.« Er lachte wieder und beobachtete mich weiterhin. Er saß dicht neben mir in der absoluten Finsternis. In einem bestimmten Moment begann er mit seinem Gesang. Durch sein Icaro explodierte ein glänzendes Licht in mir, das Ayahuasca raste förmlich durch meinen gesamten Körper. Ich fühlte, wie jede Zelle in meinem Körper voller Leben vibrierte. Irgendwann streifte sein Bein meins. Dabei spürte ich eine glatte Schlangenhaut und das enorme Gewicht einer großen Boa constrictor. Muster von Schlangenhäuten blitzten vor meinem geistigen Auge auf.

Ich war überwältigt von dem glänzenden Licht, das in meinen

Visionen erschien, und als es vorbei war, bedankte ich mich für sein Lied. Ricardo fragte mich nach meinem Erlebnis. Ich erzählte ihm, wie sein Bein zu einer Schlange wurde. Er lachte und flüsterte durch die Dunkelheit: »Das ist Ayahuasca.« Er blies etwas Mapacho-Rauch aus seiner Pfeife zu mir und ging dann leise zur nächsten Person.

Die Zeremonie ging ihrem Ende zu. Nach einem letzten Gesang wurde sie als beendet erklärt, und wir durften unser Schweigen brechen und wieder miteinander reden. Die Gespräche mit den anderen bestätigten, dass wir gerade eine unglaubliche Erfahrung gemacht hatten. Einige der Teilnehmer gingen in ihre Zimmer, um sich auszuruhen, ich blieb jedoch im Maloka.

Ich war voller Ehrfurcht. In dieser Nacht machte ich kein Auge mehr zu. Dennoch erlebte ich den Sonnenaufgang vollkommen klar und erfrischt.

Wenn du mir hilfst, helfe ich dir. Diese Worte waren in meinem Kopf hängen geblieben.

3

Der verwundete Heiler

Oft fragen mich Menschen, wie ich, ein Mediziner aus den USA, in Peru gelandet bin und mit Pflanzen kommuniziere. Meine Antwort ist, dass ich schon immer ein Faible für die integrative Medizin hatte. Für einen im Westen ausgebildeten Arzt mag es ungewöhnlich sein, sich für alternative Arten der Heilung zu interessieren. Allerdings bin ich nie nur den konventionellen medizinischen Weg gegangen.

Ich bin in einer spirituell orientierten kolumbianisch-amerikanischen Familie aufgewachsen mit Geschichten über wundersame Heilungen in Südamerika und anderen Teilen der Welt. Als Kind von Immigranten haben mich die Sichtweisen verschiedener Kulturen schon immer interessiert.

Mein Vater war Arzt und praktizierte als Allgemeinmediziner in Kolumbien, als er beschloss, sich in den USA auf Psychiatrie zu spezialisieren. Als mein älterer Bruder noch ein Baby war, zogen meine Eltern zuerst nach Missouri, dann nach Kansas. Dort wurden ich und mein jüngerer Bruder geboren. Nachdem mein Vater seine Facharztausbildung in Psychiatrie beendet hatte, fand er Arbeit in Phoenix, Arizona. Dort verbrachte ich meine prägenden Jahre.

Von Kindheit an wollte ich Arzt werden wie mein Vater. Ich interessierte mich jedoch auch für andere Medizinsysteme. In Arizona lernte ich die traditionelle Medizin der Indianer kennen, in Kalifornien begegneten mir die Traditionelle Chinesische Medizin (TCM) und das spirituelle Heilen aus Westafrika. Weil ich mich früh mit verschiedenen Heiltraditionen auseinandergesetzt hatte, war ich offen und neugierig gegenüber anderen Dimensionen von Gesundheit und Krankheit, die die westliche Medizin oft übersieht.

Auf dem College bereitete ich mich auf das Medizinstudium vor, doch nach meinem Examen 1996 entschied ich mich anders. Ich hatte den Eindruck, nicht ins Schema des typischen Medizinstudenten zu passen und begann nach Alternativen zu suchen. Ich beschäftigte mich kurz mit der Ausbildung zum Feldbiologen, landete aber bald wieder beim Gesundheitswesen. Etwa neun Monate lang arbeitete ich in Los Angeles als Berater für lateinamerikanische Aids-Patienten. Durch diese Arbeit beschäftigte ich mich mit Akupunktur, Energieheilung und ein paar anderen alternativen Behandlungsmethoden. In Los Angeles wurde ich auch mit verschiedenen religiösen und spirituellen Praktiken konfrontiert, von japanischer Zen-Meditation bis hin zur afrokubanischen Santería.

Im Jahr 1998 folgte ich meiner damaligen Freundin nach San Diego. Dort arbeitete ich zunächst in einer Einrichtung, die sich um psychisch gestörte Teenager kümmerte. Einige Monate später fand ich einen Job im Bereich Gesundheitsaufklärung an der Student Healthcare Clinic der UCSD, die direkt gegenüber der medizinischen Fakultät der Uni lag. Während ich dort arbeitete, belegte ich einen Einführungskurs am Pacific College of Oriental Medicine (PCOM). Eine Zeit lang dachte ich daran, Akupunktur und Pflanzenheilkunde zu studieren.

Mein Vater machte sich Sorgen über mein berufliches Mäandern. Er sah mein Interesse an der integrativen Medizin und riet mir: Ein System lässt sich am besten von *innen* heraus verändern. Wenn ich Arzt werde, könne ich eines Tages im Bereich der integrativen Medizin praktizieren. Schließlich befolgte ich seinen Rat und bewarb mich um einen Studienplatz an der medizinischen Fakultät der UCSD.

Im Zuge meines Bewerbungsverfahrens wurde ich zu einem Vorstellungsgespräch eingeladen. Als ich über den Campus lief, traf ich zufällig meinen alten Studienfreund Keyvan. Wir hatten uns einige Jahre nicht mehr gesehen und tauschten kurz ein paar Neuigkeiten aus. Keyvan studierte seit einem Jahr an der medizinischen Fakultät, und es war ihm ein Bedürfnis, mich vor dem Studium zu warnen. Er beschrieb die Atmosphäre am Institut als ziemlich kühl und machte sich Sorgen darüber, ob die Ausbildung für mich und meinen unkonventionellen Geist nicht zu hart sei. Sein erstes Jahr war gnadenlos gewesen, und er überlegte gerade selbst, eine Zeit lang zu pausieren.

Trotz Keyvans Warnung schrieb ich mich im Herbst 1999 an der medizinischen Fakultät der UCSD ein. Letzlich bin ich der School of Medicine sehr dankbar, ich bin stolz darauf, Arzt zu sein. Mein Doktortitel hat mir in meinem Leben viele Türen geöffnet, und die Arbeit als Arzt war häufig sehr bereichernd. Aber es ist nicht alles Gold, was glänzt, wie man so schön sagt. Die Ausbildung war eine harte Zeit für mich, und hielt ein paar schwierige Lektionen über psychisches Leiden und Erkrankungen der Seele bereit. Dieses Leid brachte mich dazu, nach Heilung durch Pflanzen zu suchen. Ironischerweise war es das Medizinstudium, das mich zum »Fellowship of the River« führte.

Nach einer Studie aus dem Jahr 2016 leidet fast ein Drittel aller amerikanischen Medizinstudenten an Depressionen.[1] Ich war einer von diesen depressiven Studenten. Wenn ich an diese Zeit zurückdenke, kommt mir in den Sinn, was der Schamane Ricardo einmal gesagt hat: Die meisten Depressionen entstehen durch aufgestaute Wut.

Während meines Medizinstudiums hatte ich mich oft darüber geärgert, dass das Gesundheitssystem sich nicht genügend um angehende Ärzte kümmerte, die schließlich die Zukunft der Medizin sind. Wir fühlten uns nicht unterstützt, vielmehr hatten wir Angst. Ein Problem anzusprechen bedrohte die eigene berufliche Zukunft. Ich erinnere mich daran, wie ich meinen Leistungsabfall in einem Semester mit der Universitätsverwaltung besprach. Ich hatte im zweiten Jahr die Klausur zu einer Vorlesung nicht bestanden. Die Frau aus der Verwaltung sagte mir: »Vielleicht erzählen Sie mir, was Ihr Problem ist. Wenn Sie es uns nicht erklären können, muss ich Ihre depressiven Tendenzen den Zuständigen in der Facharztausbildung melden und einen Vermerk in Ihren Unterlagen machen.« Ich wollte der Frau nichts über meine Befindlichkeiten erzählen. Vielleicht war ich zu stolz, aber ich spürte keine echte Anteilnahme in ihrem Tonfall. »Schreiben Sie einfach das, was Ihnen richtig erscheint«, erwiderte ich.

Ich war wütend darüber, das respektlose Verhalten von Menschen tolerieren zu müssen, die das Klima der Angst ausnutzten. Vielleicht waren es nur ein paar schwarze Schafe, aber ich war es leid mitzuerleben, wie Professoren und Dozenten uns demütigten. Menschen, die meiner Meinung nach ebenso deprimiert und unglücklich waren. Mein Vater und seine Freunde liebten ihre Arbeit, aber vielleicht war der Medizinbetrieb im Umbruch oder ich hatte das Pech, in meiner Ausbildung nur unzufriedene Ärzte kennenzulernen. (Laut Berichten der Medscape Physician Lifestyle litten im Jahr 2015 über sechsundvierzig Prozent der Ärzte an Burnout, gegenüber vierzig Prozent im Jahr 2013.)[2]

Nachdem ich bei der Klausur durchgefallen war, ärgerte mich außerdem die Vorstellung, dass all die harte Arbeit möglicherweise umsonst gewesen sein sollte. In meiner Frustration richtete ich die Wut gegen mich. Ich wurde überkritisch mir selbst gegenüber und zunehmend unsicher. Ich drehte mich gedanklich im Kreis und verlor den Kontakt zur Welt um mich herum. Es war mir peinlich, mich so verloren zu fühlen, ich wusste nicht, was ich tun sollte. Schließlich ging ich zum studentischen Gesundheitsdienst und klagte über Atembeschwerden. Wie Sie sich erinnern, erhielt ich die Diagnose »Medizinstudium-Syndrom«.

Später, im dritten und vierten Ausbildungsjahr, vermittelte mir die Arbeit mit Patienten einen Sinn und motivierte mich, diese bedenkliche Entwicklung im Medizinbetrieb zu ertragen. Die Indoktrination in den ersten beiden Ausbildungsjahren hatte mich jedoch zu viel Kraft gekostet und deprimiert. Obwohl mich einige Freunde unterstützten, verdunkelte sich meine Welt zusehends. Ich suchte den Kontakt mit den Dingen, die mich nährten, bevorzugte natürliche Umgebungen und natürliche Menschen. Trotzdem wurde mir alles zu viel.

Es gelang mir nicht, meine negativen Gefühle, meinen Zorn, meine Unsicherheit und meine Trauer zu verdrängen. Ich wollte nichts mehr spüren. Ich versuchte mich von meinen Gefühlen abzuschotten. Leider verlor ich dadurch auch das Vertrauen.

Warum ist für manche Menschen die Ausbildung zum Arzt dermaßen deprimierend? Warum führt die Tätigkeit als Arzt so häufig zum Burnout?

Meiner Meinung nach liegt es an unserer materialistischen Kultur, die ein System hervorgebracht hat, das zu hart für uns, für unsere Herzen, ist. Unsere Kultur und unser Gesundheitssystem werden zunehmend von ökonomischen Interessen bestimmt. Wir verlieren die Verbindung zu menschlichen Werten. In unserem derzeitigen Gesundheitssystem steht der Gewinn im Vordergrund, Gesundheit und Zufriedenheit sowohl der Patienten als auch der Ärzte verlieren an Priorität. Wir sind viel zu beschäftigt, als dass wir uns in Ruhe fragen können, wie es uns geht.

Eine Kultur, die ihre natürliche Empathie leugnet, ist entmenschlicht. Der Körper kann diese Verleugnung nicht auffangen, er zerbricht daran. Der Verstand kann das Herz nicht lange ignorieren. Wir Menschen können unsere Menschlichkeit nicht lange unterdrücken.

Als Kultur erinnern wir uns langsam wieder daran. Nur wenn wir in Verbindung mit uns selbst sind, mit unserer Gemeinschaft und unserer Umgebung, fördern wir unsere Gesundheit und Ganzheitlichkeit. Für den afrikanischen traditionellen Heiler und Gelehrten Malidoma Somé hat sich die westliche Gesellschaft von drei menschlichen Grundbedürfnissen entfernt: der Natur, der Gemeinschaft und den Ritualen, die einen Zugang zur geistigen Welt ermöglichen.

Vor dem Medizinstudium fühlte ich mich mit der Welt verbunden, mit mir selbst, mit meiner Seele, der Natur und der Gemeinschaft. Irgendwann während dieser ersten zwei Jahre verlor ich diese Verbindung. Dementsprechend verlor ich das Vertrauen und wurde depressiv.

In der traditionellen Medizin aller Kulturen der Welt hat das persönliche Wohlbefinden des Heilers Priorität. Auch dann, wenn die Ausbildung selbst möglicherweise traumatisierend ist. Die Ausbildung zu einem traditionellen Shipibo-Schamanen ist schwer und extrem. In der Übertragungslinie, die ich von meinem Lehrmeister Ricardo Amaringo kenne, beinhaltet die offizielle Vorbereitung eine strenge einjährige Vegetalista-Diät, während dieser der Lehrling isoliert im Urwald lebt, ohne soziale Einflüsse, ohne Alkolhol und Drogen, ohne Sex, ohne Salz, Zucker, Gewürze, Fette, Milchprodukte, Schweinefleisch oder rohes Fleisch. In einer sehr strengen Variante dürfen Lehrlinge nur bestimmte Sorten von gegrilltem Fisch und Kochbananen zu sich nehmen, etwas Wasser und eventuell etwas Kochbananen-Saft. Das ist alles. Gesprochen wird nur das Allernötigste. Andere Personen haben die Aufgabe, sich um die Lehrlinge zu kümmern, die nach einiger Zeit unterernährt sind und schwach werden. Die Lehrlinge opfern sich und werden in ihrer Persönlichkeit reduziert. Ihr Ego und ihre äußere Fassade verblassen, um Raum für das Geistige entstehen zu lassen.

Trotz der offensichtlichen Erschwernisse werden sie während des gesamten Prozesses dazu angeregt, ihren Verstand zu öffnen und mit ihrem Herzen verbunden zu bleiben. Im Nihue Rao habe ich einige Menschen erlebt, die diese strenge einjährige Diät durchgemacht haben. Zwar leiden sie in dieser Zeit, gehen jedoch gestärkt aus dem Prozess hervor. Wie Ricardo sagt: Ihr Körper ist schwach, aber ihr Geist und ihre Seele werden stärker.

Ist die Diät erst einmal abgeschlossen, essen und leben diese Menschen wieder normal weiter. Nach ein oder zwei Monaten hat sich ihr geschwächter Körper erholt. Normalerweise geht es den »Diäthaltern« (*dieteros*) hinterher besser als zu Beginn. Sie haben die Ganzheit von Körper, Geist und Seele wiederentdeckt.

Ich habe eine Variante dieser Ausbildung absolviert, später werde ich darüber berichten. Nach meiner Vegetalista-Diät war ich auf jeden Fall gesünder als vorher.

Das kann ich von meiner schulmedizinischen Ausbildung nicht behaupten. Sie hat mich traumatisiert und erschöpft, und es gab keinen Plan, um mich wieder aufzubauen. Es ist eine Hamsterradkultur, in der sich die Menschen ohne die Möglichkeit zur Erholung selbst überfordern. Für die Aussicht auf materiellen Gewinn werden Gesundheit und Lebenskraft ignoriert.

Während meines Medizinstudiums lernte ich viele wichtige und faszinierende Dinge kennen, doch ich erfuhr auch, was es bedeutet, nicht mit seinem Herzen verbunden zu sein. Wie viele andere Kommilitonen wurde ich zu einem Gefangenen meines Verstandes und steckte fest in negativem Denken, Selbstzweifel und Selbstkritik.

Wenn ich heute zurückblicke, erkenne ich, dass diese Depression etwas war, durch das ich hindurchmusste. Ich war ein frustrierter Heiler, der eine notwendige Initiation durchstehen musste. *Jetzt* bin ich dankbar dafür, aber *damals* war es heftig.

In jenen Jahren besuchte ich meine Familie in Arizona. Ich war sehr niedergeschlagen und trübsinnig, was untypisch für mich war. Ich konnte es selbst nicht erklären. Das Medizinstudium sollte eine herausragende Chance sein, aber für mich schien es nicht so. Ich glaube, mein Vater hatte während seiner medizinischen Ausbildung in Kolumbien ganz andere Erfahrungen gemacht. In jener Kultur wurde den Gefühlen und der Spiritualität der Menschen mehr Respekt entgegengebracht. Zu Hause bei meiner Familie zog ich mich zurück und versuchte, zur Ruhe zu kommen, aber es dauerte nicht lange, bis ich damit anfing, mich über meine Entscheidung für das Medizinstudium zu beklagen. Ich erzählte meiner Familie, wie mich der Universitätsbetrieb krank machte, wie ich mich bei Menschen, die ich nicht respektierte, einschleimen musste, und wie gnadenlos diese Erfahrungen oftmals waren.

Ich ging wieder zurück zur Uni. Mir ging es immer schlechter, etwas half mir jedoch sehr: Ich besuchte eine Schwitzhüttenzeremonie einer Apache-Schamanin, Maria. Sie hatte eine Gastvorlesung in medizinischer Anthropologie an der Uni gehalten, ihre indianische Sichtweise gefiel mir, sie gab mir Mut und Kraft.

Meine Familie machte sich zunehmend Sorgen, besonders mein Vater. Bis dahin hatte ich ihn noch nicht als Heiler kennengelernt, denn in der Psychiatrie ist Diskretion entscheidend, und zu Hause erzählte er nur sehr wenig von seiner Arbeit. Eines Tages wurde jedoch der Schalter umgelegt.

Wieder besuchte ich meine Eltern in Arizona. Mein Vater merkte, dass es mir ziemlich beschissen ging, und er sprach mich darauf an. Er wollte wissen, warum ich so niedergeschlagen war. Aus irgendeinem Grund erstarrte ich in diesem Moment. Irgendetwas an seiner Ausstrahlung, seinem Tonfall, der Art, wie er mich anschaute, ließ alle Emotionen in mir hochsteigen. In diesem Augenblick wurde mein Vater zum Heiler. Seine Präsenz öffnete etwas in mir, ich brach in Tränen aus, und viel von dem Leid, das ich mit mir herumtrug, konnte sich lösen. Ich hatte seit Langem nicht mehr geweint.

Ich sprach mit meinem Vater und später auch mit meiner Mutter über meine Gefühle. Sie waren beide betroffen, gaben mir Halt, unterstützten mich. Das war zum Ende des zweiten Ausbildungsjahres und ich hatte noch einiges an Strecke zu bewältigen. Mein Vater schlug ein Antidepressivum vor, das ich einige Zeit einnehmen könne. Er kannte meine Einstellung und war sich ziemlich sicher, dass Citalopram, ein selektiver Serotonin-Wiederaufnahmehemmer (SSRI), helfen würde. Mir war es peinlich, dieses Mittel zu nehmen, aber ich brauchte unbedingt Entlastung – später sollte ich feststellen, dass einige meiner Kommilitonen ebenfalls mit Antidepressiva behandelt wurden.

Ich nahm Citalopram sechs Wochen lang. Es half tatsächlich. Meine negativen Gedanken waren zwar noch da, aber sie überfluteten mich nicht mehr. Ich fühlte mich wieder mehr mit der Außenwelt verbunden und konnte einen schönen Tag wieder so genießen, wie ich es früher gekonnt hatte. Ich spürte mich wieder und konnte sogar wieder lächeln.

Zwar war ich mit dem Effekt zufrieden, doch ich bemerkte auch einige seltsame Nebenwirkungen. Mir fiel eine ungewöhnliche Aura an der Peripherie meines Blickfeldes auf, was mich an eine Erfahrung erinnerte, die ich während meines Experimentierens mit psilocybinhaltigen Pilzen gemacht hatte. Auch spürte ich eine Spannung im Kiefer, ähnlich wie damals bei meinem Erlebnis mit Ecstasy, einer populären bewusstseinserweiternden Droge.

Das Antidepressivum tat also seine Wirkung, allerdings war mir Heilung wichtig, weshalb ich es nach sechs Wochen absetzte. Nicht wegen der Nebenwirkungen – es fühlte sich für mich einfach nicht stimmig an. (Bevor man ein Antidepressivum absetzt, sollte man immer mit einem Arzt darüber sprechen. Es gibt Medikamente, die man ausschleichen muss.) Meinem Vater erzählte ich nichts davon.

Ich wollte eine natürlichere Methode finden. Der Schlüssel lag für mich in einer spirituellen Herangehensweise. Das wurde mir bei meiner Peyote-Erfahrung klar.

4

Der Weg des Peyote

Meine erste Erfahrung mit spiritueller Pflanzenmedizin machte ich während meines Medizinstudiums, und zwar mit einer Peyote-Zeremonie bei der Peyote Way Church of God in Arizona. Diese gesetzlich anerkannte Kirche setzt Peyote seit ihrer Gründung in den späten siebziger Jahren als ein Sakrament ein. Peyote wird dort in einer Zeremonie erlebt, in einer Art Seelenwanderung, dem Spirit Walk. Mein erster Spirit Walk gab mir die Kraft, mein Medizinstudium abzuschließen.

Wie bereits erwähnt, war ich während des Studiums zum Gefangenen meines Geistes geworden. Ich hatte mich in negativen Gedankenschleifen verloren und war von meinem Herzen und meinen Gefühlen abgeschnitten. In nur einer Nacht schaffte es Peyote, mich wieder mit allem, was mir wichtig war, zu verbinden. Er half mir, meinen Geist zu öffnen und zu beruhigen und dadurch wieder eine Verbindung mit meinem Herz und meinen Gefühlen herzustellen. Natürlich hatte ich noch mehr zu bearbeiten, aber Peyote brachte mich wieder in die Spur.

Da ich in Arizona aufgewachsen bin, hatte ich bereits einiges vom Peyote-Kaktus gehört, seine stark psychoaktive Wirkung und die Verwendung in der traditionellen Medizin einiger Indianerstämme waren mir bekannt. An der Universität hatte ich in Carlos Castanedas *Die Lehren des Don Juan* einiges über Peyote (»Mescalito«) gelesen. In diesem Buch begegnete ich zum ersten Mal der Vorstellung, mit einem Pflanzengeist als Verbündeten zu arbeiten. Diese Idee gefiel mir.

Peyote (*Lophophora williamsii*) ist ein kleiner, stachelloser, langsam wachsender Kaktus, der in Mexiko und im Südwesten der USA beheimatet ist. Er enthält unter anderem das psychedelisch wirkende Alkaloid Meskalin, das sich vor allem in der Spitze der kleinen Pflanze konzentriert. Ohne der Pflanze zu schaden, kann der obere Teil des Kaktus vorsichtig geerntet und als »peyote button« (Peyote-Knopf) für Zeremonien verwendet werden. Diese Knöpfe werden frisch oder getrocknet gegessen oder zu Pulver oder Tee verarbeitet. Archäologische Funde haben gezeigt, dass Peyote in Nordamerika seit über fünftausend Jahren im Rahmen von Zeremonien verwendet wird.[1]

Wie Ayahuasca hat Peyote eine zentrale Bedeutung in verschiedenen Traditionen in Mexiko und den Vereinigten Staaten. In den USA ist es heute vor allen anderen die Native American Church (NAC), in welcher der rituelle Genuss von Peyote ein zentrales Element ist. Obwohl Peyote teilweise als »Droge« bezeichnet wird, hat der Oberste Gerichtshof der USA offiziell das Recht der NAC anerkannt, Peyote im Rahmen religiöser Zeremonien einzusetzen. (Dieser Präzedenzfall führte zu weiteren Vorschriften, die den Einsatz von Peyote in Organisationen wie der Peyote Way Church of God gestatten.)

Ich spielte mit dem Gedanken, Peyote ausprobieren, um meine Depression in den Griff zu bekommen. Denn auch wenn das Antidepressivum mir geholfen hatte, wollte ich lieber eine grundlegende Behandlung, die über die tägliche Regulierung meiner Gehirnchemie hinausging. Ich war auf der Suche nach einer natürlichen Methode. Peyote einzunehmen fand ich allerdings bedenklich, da ich von der starken psychedelischen Wirkung gehört hatte. Bis dahin hatte ich nur ein paar Erfahrungen mit psychelischen Pilzen und Ecstasy gemacht und hatte Angst, mich mehr darauf einzulassen. Mir war auch bewusst, dass Halluzinogene als gefährliche Substanzen gelten. Sie können dazu führen, dass man durchdreht – für immer. Antidepressiva haben ebenfalls einen bestimmten Ruf: Sie sind für schwache Menschen gedacht, die ihr Leben nicht in den Griff bekommen. Dennoch wird die Forschung im Bereich Antidepressiva mit großzügigen Budgets von der Pharmaindustrie unterstützt, sie sind anerkannt durch die Regierung, durch Ärzte und haben eine wohlwollende Presse. Bei Peyote ist das nicht der Fall.

Irgendwie machte ich mich immer mehr mit dem Gedanken vertraut, dass Peyote mir helfen könnte. Ich beschloss, es auszuprobieren, Stigma hin oder her. Im dritten Jahr meines Medizinstudiums bekam ich die Gelegenheit, bei einer Peyote-Zeremonie mitzumachen.

Die Geschichte der psychedelischen Medizin

Mein guter Freund und Kommilitone Barack hatte sich für das Medizinstudium entschieden, weil er veränderte Bewusstseinszustände erforschen wollte, insbesondere solche, die durch Meditation und psychedelische Substanzen hervorgerufen werden. Gerade an unserer allgemein konservativen Fakultät schien diese Motivation verrückt. Aber die Zeiten hatten sich geändert, und er zog es durch.

Barack führte mich in die erstaunliche Welt der psychedelischen Forschung ein. Seit die Wissenschaft in den Vierzigerjahren die psychedelischen Drogen entdeckt hat, wurden zum Beispiel LSD und Meskalin jahrzehntelang untersucht, um herauszufinden, ob sie sich als Medikamente eignen. In dieser Zeit entstand das Gebiet der Psychopharmakologie, im dem untersucht wird, wie sich pharmazeutische Substanzen auf Stimmung, Wahrnehmung, Denken und Verhalten auswirken. Im Grunde basiert unser ganzes Wissen über die Chemie des Gehirns auf psychopharmakologischen Studien. Seit dreißig Jahren sind psychedelische Drogen Teil dieser Bemühungen.

Die frühe psychedelische Forschung begann 1943 mit der zufälligen Entdeckung von LSD durch den Schweizer Chemiker Albert Hoffman. Die anschließende Forschung führte zur chemischen Isolierung von Psilocybin aus den »magischen« Pilzen, die traditionell von Schamanen der Mazateken im Süden von Mexiko verwendet wurden. Die Erforschung dieser psychedelischen Substanzen spielte eine entscheidende Rolle beim Verständnis der Aktivität von Neurotransmittern im menschlichen Gehirn.[2] Neurotransmitter, wie zum Beispiel Serotonin, sind molekulare Botenstoffe, durch die die Nervenzellen im Gehirn miteinander kommunizieren können. Diese Botenstoffe stehen bei der modernen Psychopharmakologie im Mittelpunkt, sie werden in den meisten psychiatrischen Therapien eingesetzt.

Nach drei Jahrzehnten vielversprechender Forschung im Bereich psychedelischer Medikamente waren sie in den späten Sechzigerjahren plötzlich verpönt. LSD war inzwischen zur Partydroge der Hippies geworden, die es zur Bewusstseinserweiterung nutzten, und wurde auf der Straße verkauft. Für das Establishment war sein Einfluss unerwünscht. 1968 war der Besitz der meisten psychedelischen Drogen in den Vereinigten Staaten illegal, und die klinische Forschung wurde eingestellt, trotz der vielversprechenden Beweise, dass Substanzen wie LSD und MDMA (Ecstasy) in der Behandlung von Sucht und schwerwiegenden psychologischen Traumata eingesetzt werden konnten.

Durch die Forschung hat sich unser Verständnis über das stimmungsverändernde Serotonin (5-Hydroxytryptamin) und seine Rolle in der Psychologie entwickelt. Einige der am häufigsten verschriebenen Antidepressiva, einschließlich der SSRI (selektiven Serotonin-Wiederaufnahmehemmer) zielen darauf ab, das Serotonin-System, also die Freisetzung, die Wirkung, die Wiederaufnahme und den Abbau von Serotonin im Gehirn zu beeinflussen.

Beispielsweise gehören Prozac und Citalopram, die mir verschrieben wurden, dazu. Bevor ich mich mit Barack austauschte, hatte ich nicht erkannt, dass die Beeinflussung des Serotonin-Systems auch eines der Hauptziele psychedelischer Pharmazeutika wie LSD, Psilocybin und DMT ist.[3]

SSRI-Antidepressiva und psychedelische Drogen sind biochemisch miteinander verwandt. Diese biochemische Gemeinsamkeit ist die Basis für ihren Einsatz bei der Behandlung bestimmter psychischer Probleme. Sie erklärt auch, warum das Antidepressivum Citalopram mir das Gefühl gab, eine niedrige Dosis psilocybinhaltiger Pilze eingenommen zu haben.

Mit der Kriminalisierung psychedelischer Substanzen wurden diese neu klassifiziert und auf die Liste der »Klasse-1-Drogen« (Schedule I Narcotics) gesetzt. Diese Liste der amerikanischen Drogenvollzugsbehörde Drug Enforcement Agency (DEA) umfasst Substanzen, die angeblich ein hohes Missbrauchspotenzial aufweisen und bei denen kein nachgewiesener medizinischer Nutzen besteht. Die Klassifizierung wird kontrovers beurteilt, da sich auf Schedule I einige psychedelischen Drogen befinden, die die Kriterien erwiesenermaßen nicht erfüllen.[4]

Substanzen aus Schedule I dürfen nicht ärztlich verordnet werden und sind ohne eine DEA-Ausnahmeregelung weder für therapeutische noch für Forschungszwecke verfügbar. (Staaten können diese bundesweite Verordnung jedoch anfechten, wie im Fall von medizinischem Marihuana geschehen.)

Ich nehme an, es verwundert nicht, dass die Geschichte psychedelischer Drogen in meinem Medizinstudium in keiner Form behandelt wurde.

Die offizielle wissenschaftliche Forschung über die Aktivität dieser psychoaktiven Mittel begann erst wieder in den Neunzigerjahren. Im Jahr 1991 erhielt Rick Strassman die Erlaubnis der DEA, mit seiner DMT-Studie an der University of New Mexico die Erforschung psychedelischer Drogen wiederaufzunehmen.[5] Seitdem haben Wissenschaft und Medizin verschiedene psychedelische

Substanzen noch einmal genauer unter die Lupe genommen. Die DEA hat weitere Ausnahmen für Forschungszwecke gewährt, die eine wachsende Zahl von Untersuchungen und klinischen Studien zur Folge hatten. Diese Studien und auch Forschungen im Ausland erwiesen sich als vielversprechend in der Behandlung einer Reihe psychischer Probleme, einschließlich PTBS (posttraumatische Belastungsstörung), Sucht, Angst und Depression.[6]

Religiöse Verwendung von Peyote

Als ich mehr über die Beziehung zwischen psychedelischen Drogen und Psychiatrie lernte, fühlte ich mich bei der Vorstellung, mithilfe eines geheimnisvollen Kaktus möglicherweise gesund zu werden, immer wohler. Auf einer Fahrt durch die Sonora-Wüste von San Diego nach Arizona überzeugte mich Barack, Kontakt mit der Peyote Way Church of God in Klondyke aufzunehmen. Nach einem umständlichen E-Mail-Austausch mit der Pfarrerin der Kirche, in dem sie uns den Rat gab, besser nicht zu kommen, und einer Fahrt von vierzig Kilometern über eine Schotterpiste, landeten wir schließlich an einem Sonntagnachmittag vor der Kirche. Barack hatte einen recht flexiblen Zeitplan, ich hingegen musste am nächsten Morgen wieder in San Diego (fast tausend Kilometer entfernt) sein, um meine Rotation in der Chirurgie anzutreten, was mir sehr wichtig war.

Die Pfarrerin Anne Zapf hatte unsere E-Mails gesammelt. Sie erklärte uns, eine Peyote-Zeremonie in der Kirche verlange eine anständige Planung. Unsere Pläne erschienen ihr übereilt, so könne man kaum einen Spirit Walk beginnen. Das war für uns jedoch in Ordnung, wir wollten die Leute in der Kirche kurz kennen lernen und nur ein paar Stunden bleiben. Dann hätten wir noch genügend Zeit, rechtzeitig am Montagmorgen zurück zu sein.

Die Kirche befindet sich in einem abgelegenen Wüstengebiet für Viehwirtschaft im Südosten von Arizona. Das Grundstück liegt in der Nähe des Aravaipa Canyon, ein herrliches, bewaldetes Naturparadies mit einem Fluss, der das ganze Jahr über Wasser führt. Das Gebiet wird seit Jahrtausenden von einheimischen Völkern bewohnt, zuletzt vom Stamm der Apachen. Es ist ein wunderschöner Ort, der traditionell für seine Tonkeramik bekannt ist.

Die Hauptkirche ist ein umgebautes Haus, liebevoll mit Kunstwerken dekoriert, die von den Kirchengründern Pfarrer Immanuel Trujillo, Pfarrerin Anne Zapf, ihrem Ehemann Rabbi Matthew Kent und ihrer Familie hergestellt wurden. Sie sind Spiritualisten und Künstler, die mit visueller Kunst und Keramik arbeiten. Bei unserer Ankunft kam uns der freundliche und auskunftsfreudige Rabbi Matthew entgegen, ganz mit weißem Tonstaub bedeckt.

Wir erklärten ihm, dass wir gerne eine Zeremonie erleben würden, obwohl wir wussten, dass dies sehr unwahrscheinlich war. Doch wir hofften einfach auf eine Chance. Er wies uns an, mit seiner Frau Anne zu sprechen. Wir baten sie respektvoll um diese Chance, und sie sagte uns, wir sollten uns die Bibliothek anschauen, während sie darüber nachdachte. Nach etwa einer Stunde kam Anne zurück und war bereit, uns die Gelegenheit für einen Spirit Walk zu bieten. Sie erklärte uns, was dafür erforderlich sei.

Wir mussten vierundzwanzig Stunden fasten, damit sollten wir gleich nach dem Abendessen anfangen. Unser Spirit Walk wäre am Montag. Wir würden etwas Geld spenden, den nächsten Tag auf dem Gelände der Kirche verbringen und in ehrfürchtiger Vorbereitung die fünfundsechzig Hektar Wüste erkunden. Frühestens am Dienstag könnten wir nach San Diego zurückfahren. Das bedeutete für mich, dass ich erst am Mittwoch meine Rotation in der Chirurgie antreten könnte, zwei Tage später. Ich zögerte, wollte diese Gelegenheit jedoch nicht ablehnen. Ich war entschlossen herauszufinden, was Peyote bewirken konnte. Wir erklärten uns also einverstanden.

An diesem Nachmittag halfen wir bei der Vorbereitung der Peyote-Knöpfe für unseren Tee. Wir saßen am Küchentisch, und Anne bereitete uns auf die Erfahrung vor. Sie erklärte uns den

Grundriss des Geländes und wo wir während der Zeremonie hingehen könnten.

In dieser Nacht las ich eine Ausgabe von *Der Kleine Prinz* von Antoine de Saint-Exupéry, die ich in der Kirchenbibliothek gefunden hatte. Besonders berührte mich, wie an einem Punkt in der Geschichte der Fuchs zum kleinen Prinzen sagt: »Man sieht nur mit dem Herzen gut. Das Wesentliche ist für die Augen unsichtbar.«

Die Wüste war in dieser Nacht sehr still. Diese Stille half mir, meine Bedenken wegen der Rotation zu zerstreuen. Montagmorgen rief ich die medizinische Fakultät an, um dem Zuständigen mitzuteilen, dass ich mich um zwei Tage verspäten würde, weil mein Auto in der Wüste von Arizona liegen geblieben sei. Es war kein gutes Gespräch. Meine Entschuldigung ließ den Koordinator kalt bzw. glaubte er mir einfach nicht. Wir diskutierten am Telefon, und er drohte mir damit, ich müsse die zwölfwöchige Rotation wiederholen. Weitere zwölf Wochen!!! Nicht zu fassen – nur weil ich die ersten zwei Tage der Einführungsvorlesung verpassen würde. Das Herz rutschte mir in die Hose. Doch es war bereits zu spät.

Dann seufzte er, und zu meiner Überraschung änderte sich sein Tonfall. Er meinte, er würde in dieser Angelegenheit mit meiner Studienberaterin sprechen müssen, bevor er irgendetwas entscheiden könne. Das war Musik in meinen Ohren. Meine Studienberaterin Joyce war definitiv einer der Engel, die mir durch das Medizinstudium geholfen haben. Ich hinterließ ihr eine Nachricht auf dem Anrufbeantworter und schilderte ihr das Problem mit meinem Auto. Ich bekniete sie, mir zu helfen, und legte auf. Dann ließ ich die Angelegenheit los. Ich machte mir zwar noch Sorgen, bekam aber langsam das Gefühl, dass alles gut gehen würde.

Beim Spirit Walk trinkt man als Erstes eine zeremonielle Dosis des Peyote-Tees. Dies geschieht an einem Ort im Freien auf dem Kirchengelände. Dann bleibt man in der Natur, idealerweise allein und unter dem Sternenhimmel. Wie Pfarrer Immanuel es ausdrückte, drängen einen soziale Kontakte dazu, die eigene Persönlichkeit und das Ego in den Vordergrund zu stellen. Beide jedoch verhindern einen tieferen spirituellen Kontakt. Dennoch ist es erlaubt, mit anderen den Spirit Walk zu gehen. So wollten Barack und ich diese Erfahrung gemeinsam machen, er war bereits sehr erfahren im Umgang mit psychedelischen Drogen, und ich hatte etwas Angst. Wir einigten uns darauf, den Raum des anderen zu respektieren und nur wenig miteinander zu sprechen.

Den Morgen verbrachten wir damit, das Terrain zu erkunden, um einen guten Platz zu finden. Die Mitarbeiter der Kirche halfen uns dann dabei, mit einer Feuerstelle und Sesseln einen bequemen Lagerplatz einzurichten. Am späten Nachmittag trafen wir uns mit Anne, um die Einmachgläser voller Peyote-Tee in Empfang zu nehmen. Wir erhielten jeder einen halben Liter des starken Tees, den wir langsam über zwei Stunden trinken sollten (diese Menge ist viel größer als die in einer Ayahuasca-Zeremonie). Den Tee langsam zu trinken hilft dabei, ihn nicht wieder auszuspucken. Peyote kann ziemlich ekelhaft schmecken. Wenn man nicht aufpasst, erbricht man alles wieder, bevor es richtig resorbiert wurde.

Sobald man den Tee getrunken hat, befindet man sich auf dem Spirit Walk, egal ob man im Sessel sitzt oder herumläuft. Das Erlebnis kann bis zum nächsten Morgen dauern, mit anhaltender Wirkung bis in den nächsten Tag hinein.

Wir gingen mit dem Tee zu unserem Lagerplatz und begannen am frühen Abend mit der Zermonie. Anfangs schmeckte der Tee nicht so schlecht, er wurde jedoch zunehmend bitter, und die letzten Schlucke waren widerlich. Meine Lippen weigerten sich instinktiv, dieses Einmachglas noch einmal zu brühren. Aber nach einem langsamen und stetigen Kampf schaffte ich es, alles herunterzuschlucken. Barack ging es genauso.

In dieser Nacht geschahen viele Dinge, von denen ich nur ein paar erwähnen möchte. Der Anfang war etwas unangenehm für mich. Ich beneidete Baracks Ruhe, er saß auf dem Boden neben dem Feuer und schien still zu meditieren. Im Gegensatz zu mir. Ich rollte mich mit Höllenqualen in dem Sessel hin und her und betete, dass sich mein Bauch wieder beruhigte. Irgendetwas stimmte überhaupt nicht. Es erschien mir alles wie ein schrecklicher Fehler. Ich hatte mich leichtsinnig auf eine elende Nacht eingelassen, und zu allem Übel würde ich wohl meine Rotation wiederholen müssen. So ein Mist!

Da lag ich nun und litt in meiner Reue stundenlang, wie mir schien. Bis in einem magischen Moment alles anders wurde. Mein Magen beruhigte sich etwas. Ich schaute hoch in den wunderschönen Nachthimmel, schillernde Sterne strahlten zur Erde hinab. Die Temperatur war angenehm, und ich fühlte mich wohl. Ich setzte mich auf. Ich merkte, wie sich etwas in meinem Geist verschob. Ich spürte eine Präsenz in mir und um mich herum. Es war Peyote, »Mescalito«. Ich schaute zu Barack am Lagerfeuer hinüber.

»Mescalito ist hier«, berichtete ich.

Er nickte zustimmend. Wir saßen noch einige Zeit am Feuer und beschlossen dann, schweigend einen Spaziergang zu machen. Die Stille der Wüste durchstach meine Sinne. Ein Klingeln in meinem Ohr durchtrennte meine Gedanken, wobei das nicht unangenehm war. Wir spazierten eine Weile nebeneinander her, dann ging ich vorneweg. Irgendwann kniete Barack auf einem Bein nieder, um etwas zu empfangen, das wie eine kosmische Übermittlung zu sein schien. Ich lief den Weg weiter, und die Peyote-Medizin schien ihren Höhepunkt zu erreichen. Meine Sicht erschien verpixelt, und ich näherte mich etwas, das wie ein Pferd in der Ferne aussah. In meinem veränderten Bewusstseinszustand fragte ich mich, ob ich im Originalfilm von *Kampf der Titanen* war und mich dem geflügelten Pegasus näherte. Tatsächlich war es nur die Stute, die zur Kirche gehörte. Ich kam ziemlich nah an sie heran. Irgendwann stand Barack wieder auf und suchte nach mir. Als er mich entdeckte, holte er mich schnell ein. Wir erschreckten das Pferd, und es lief davon.

Barack fragte mich: »Riechst du das, was das Pferd gerade von sich gegeben hat?«

Ich konnte es auch riechen, eine Art Mischung aus Urin und Heu und etwas Moschusartigem. In diesem Moment kam ein Hengst durch die Dunkelheit angestürmt, schnaubend und fauchend, und erschreckte wiederum uns. Wir hatten die Pheromone der Stute gerochen, genauso wie der Hengst. Es war überraschend und unglaublich. Wir entschuldigten uns und wichen zurück, die Situation löste sich auf.

Wenig später setzten wir uns auf einen kiesbedeckten Hügel. Bis dahin hatte sich meine Sicht weitgehend normalisiert. Insgesamt fühlte ich mich großartig, war friedlich und überglücklich. Eine getigerte Katze, die zur Kirche gehörte, kam zu uns, strich an uns vorbei und wanderte weiter.

Ich saß einfach nur da und spürte eine immense Dankbarkeit. Mein Geist war ruhig, ohne inneren Dialog, gar nichts. Ich kritisierte mich nicht selbst, ich fühlte mich nicht unsicher. Mein Bewusstsein war angefüllt mit meinem sinnlichen Erleben, mit dem schlichten Sein. Anstatt mir darüber den Kopf zu zerbrechen, wer ich bin, war ich einfach nur ich selbst… ohne Kommentar. Da mein Geist ruhig und still war, konnte ich in diesem Zustand endlich Mitgefühl für mich empfinden. Ich erkannte, wie sich mein Leben allgemein in eine positive Richtung entwickelte. Ich fühlte mich verbunden mit meinem Herzen und dem Universum, mein Geist war sehr offen, und ich empfand Hoffnung. Vertrauen war nicht nur ein abstraktes Konzept, sondern eine greifbare Verbindung zu einem größeren Universum, ein Gefühl von Verbundenheit mit allem, was ist.

Dann dachte ich an die Art und Weise, wie ich andere in meinem rücksichtslosen Leiden verletzt, wie ich die Gefühle meiner Freundin nicht beachtet hatte, wie ich gewisse Dinge hätte besser machen können. Peyote hatte einen Raum geöffnet, in dem ich alles ohne Wertung betrachten durfte und Pläne machen konnte, um mein Verhalten zu ändern.

Während der Zeremonie musste ich mich nicht übergeben, wie es bei Peyote oft üblich ist. Aber spät in der Nacht ließ ich Barack wissen, dass ich zur Kirche zurückmusste, um auf die Toilette zu gehen. Als wir uns der Veranda näherten, stießen wir auf Pfarrer Immanuel. Es muss etwa drei oder vier Uhr morgens gewesen sein. Er hatte die ganze Nacht in seinem Zimmer gemalt, nun stand er draußen und schaute hinaus in die Dunkelheit. Er war bereits älter, ein Veteran des Zweiten Weltkriegs, der zu seinen indianischen Wurzeln zurückgefunden hatte. Als Medizinmann der Native American Church hatte er zusammen mit Matt und Anne die Peyote Way Church ins Leben gerufen. Da er in dieser Gegend lebte, kannte er die Stille. Er stand dort in seinem Bademantel, seinem langen weißen Haar und seinem unmissverständlichen Blick. Es war, als wartete er auf uns. An seinem Atem konnte ich riechen, dass er einen Peyote-Knopf kaute. Wir sprachen eine Weile über Medizin und das Leben in der Wüste. Er war sehr freundlich in dieser Nacht.

Am nächsten Tag kaufte ich ein schönes »Peyote-Way«-T-Shirt, als Erinnerung an meine Erlebnisse in der Wüste. Schließlich machten wir uns auf den Weg zurück nach San Diego. Am Mittwoch erschien ich zu der Einführungsvorlesung für meine Rotation in der Chirurgie. Eigentlich bemerkte es niemand. Zwei meiner Kommilitoninnen waren nämlich in Cabo San Lucas in einen Hurrikan geraten und steckten eine ganze Woche fest. Die Nachrichten über ihre dramatische Situation überlagerte alles, auch meine Abwesenheit. Wie sich herausstellte, war es kein Problem gewesen. (Die beiden Kommilitoninnen kehrten auch sicher zurück.)

Der Spirit Walk war dieses Risiko auf jeden Fall wert gewesen. Diese Nacht hatte mich verwandelt. Nach monatelangem psychischen Leiden hatte die Peyote-Zeremonie nicht nur meinen Geist beruhigt, sondern mir gezeigt, was alles möglich war. Sie hatte mir die Chance gegeben, den Reset-Knopf bei mir zu drücken.

5

Geist, Gefühl und Vertrauen

Dank Peyote war es mir möglich, den Rest meines Medizinstudiums zu bewältigen. Der Spirit Walk hatte mich wieder ins Gleichgewicht gebracht und mir ein Gefühl der Verbundenheit und von Sinn in meinem Leben gegeben. Einige Zeit später beschloss ich, mich auf Familienmedizin zu spezialisieren. Diese Spezialisierung schien mir das breiteste Spektrum an Ausbildungsmöglichkeiten zu bieten und war für mich damit ein potenzieller Weg, um im Bereich integrativer Medizin zu arbeiten.

Nach dem Medizinstudium zog ich für ein Jahr nach Phoenix zurück und absolvierte mein Praktisches Jahr in Familienmedizin am St. Joseph's Hospital. Das war die Gelegenheit, mein hart erarbeitetes medizinisches Wissen anzuwenden, und ich genoss es. Die westliche Medizin hat einige Schwachpunkte, dennoch weiß ich sehr wohl, dass sie Leben retten und vielen kranken Menschen helfen kann.

Ich sammelte viele Erfahrungen am St. Joseph's Hospital, wollte jedoch unbedingt wieder nach Kalifornien zurück. Gegen Ende des Jahres rief mich Keyvan an und erzählte mir von einer freiwerdenden Stelle beim UCLA-Programm: Ein angehender Facharzt wurde vom Militär eingezogen und sollte im Nahen Osten stationiert werden. Somit zog ich im Jahr 2004 wieder zurück ins milde Los Angeles, um meine Facharztausbildung abzuschließen.

Die UCLA-Facharztausbildung in Familienmedizin war ebenfalls eine positive Erfahrung. Die Mitglieder der Fakultät waren freundlich und aufgeschlossen, und ich hatte die Gelegenheit, mich am UCLA Center for East-West Medicine intensiver mit Akupunktur und Diagnostik der Traditionellen Chinesischen Medizin zu befassen. Als Assistenzarzt verbrachte ich immer mehr Zeit im ambulanten Bereich der Klinik für Familienmedizin. Ich sammelte Erfahrung mit Patienten, der Gemeinschaft und dem Gesundheitssystem. Die Peyote Way Church besuchte ich noch einige Male, entweder allein oder mit Freunden.

Inzwischen war auch mein älterer Bruder Mario in die Gegend von Los Angeles gezogen. Seit einigen Jahren arbeitete er bei Amnesty International und setzte sich dort für die Menschenrechte ein. Hier unterstützte er die Angelenos im globalen Kampf gegen Unterdrückung. Bei seiner Arbeit traf er auf eine Vielzahl unterschiedlicher Menschen, darunter Prominente aus Hollywood, politische Dissidenten und indianische Häuptlinge.

Eines Abends kam Mario zu mir nach Hause und fragte mich, ob ich mit ihm und »einigen Buschmännern aus der Kalahari« etwas trinken wolle. Die sogenannten Buschmänner aus Südafrika sind vielmehr bekannt als San und gelten als die Nachfahren der ältesten Kultur der Welt. Ich hatte von ihnen durch den Film *Die Götter müssen verrückt sein* aus den Achtzigerjahren erfahren. Außerdem hatte ich in der Zeitschrift *National Geographic* einiges über sie gelesen und Dokumentarfilme über ihr einfaches Leben tief in der Wildnis gesehen. Ich erinnerte mich an ihre unverwechselbare Sprache mit den verschiedenen Tönen und Klicklauten. Ja! Ich wollte unbedingt den Abend mit den Buschmännern verbringen.

Zu dieser Zeit reiste eine Gruppe von San aus Botswana und Südafrika durch das Land, um Spenden zu sammeln und das Bewusstsein für ihre Landrechte in Botswana zu schärfen. Sie und ihre Unterstützer waren im Haus eines Freundes von Mario in West Los Angeles untergebracht. Mario war zu der Zusammenkunft eingeladen worden und nahm mich als seinen Gast mit.

Es war ein klarer, kühler Abend. Mario kannte den Weg. Als wir ankamen, gelangten wir durch das Seitentor in einen großen Hinterhof und gesellten uns zu der Gruppe von etwa zwölf Leuten. Sie hatten einige Zelte aufgestellt und ein anständiges Lagerfeuer gemacht. Wir grüßten jeden und mischten uns unter die freundlichen Leute. Ich hatte mein Peyote-Way-T-Shirt an. Auf der Vorderseite waren ein stilisierter Hirsch und ein Peyote-Kaktus in Blaugrün abgedruckt. Ich wanderte umher und stieß auf den politischen Kopf der Gruppe, Roy Sesana, ein Einheimischer aus der Kalahari-Wüste. Wir wechselten ein paar Worte, und dann sprach er mich auf mein T-Shirt an.

»Mir gefällt dein Shirt«, meinte er in seinem holprigen Englisch. »Schenk es mir!«

Es wurde langsam kühl, und ich sagte, ich würde es ihm später geben. Wir sprachen über das Design des Shirts, ich erzählte ihm von Peyote und dem amerikanischen Südwesten. Das weckte sein Interesse. Nach ein paar weiteren Fragen wollte er wissen, wo man dieses Peyote bekommen könnte. Ich erklärte ihm, das sei nicht so leicht.

Im Laufe des Abends freundeten wir uns an. (Am nächsten Tag schenkte ich ihm das T-Shirt. Als Gegenleistung gab er mir eine Fliegenklatsche, hergestellt aus dem Schwanz einer Antilope.)

Irgendwann setzte ich mich mit den anderen ans Feuer. Unsere neuen San-Freunde fingen an Geschichten zu erzählen, wie sie es seit Zehntausenden von Jahren getan haben. Viele von ihnen waren im Busch geboren und aufgewachsen oder hatten wenigstens viele Jahre im Busch gelebt und zwischen Nashörnern und Elefanten gejagt und gesammelt. Sie erzählten Geschichten darüber, wie sie auf Pferden Kudus jagen, Leopardenangriffen trotzen und Löwen mit ihrem Blick niederzwingen.

Einer der Gäste war ein traditioneller San-Heiler aus Südafrika.

Warm angezogen für die kalifornische Nacht, stand er auf, grinste und versuchte uns auf die Schippe zu nehmen.

»Wieso bekommen Menschen Albträume? Wisst ihr es, kann sich jemand daran erinnern?«, fragte er. »Weiß jemand, warum Menschen Albträume haben?«

Es kamen verschiedene Antworten, doch er wies jede zurück und winkte ab. »Nein! Nein! Nein! Ihr habt alles vergessen! Ihr habt alles vergessen! … Vergesst diese Frage.«

»Ich frage euch etwas anderes: Warum schläft ein Buschmann immer so?«, dabei zeigte er die Körperhaltung.

»Der Buschmann schläft immer zusammengerollt auf einer Seite und ruht seinen Kopf auf seiner hohlen Hand aus. Seine Hand legt sich dabei schalenförmig an sein Ohr. Warum schläft der Buschmann so?«

Wir riefen sofort: »Natürlich wegen der Insekten, ist doch klar!« Und wieder reagierte er enttäuscht mit »Nein, nein, nein, nein! Ihr habt alles vergessen«.

Schließlich erklärte er es. Im Busch schlafe der Buschmann in dieser Körperhaltung, um es bequemer zu haben. Die zur Schale geformte Hand verstärke die Schwingungen und Geräusche des Bodens. Somit könne er Schritte hören, die sich aus weiter Entfernung näherten. Während des Schlafs wären somit seine Sinne mit der unmittelbaren Umgebung verbunden. Dieser Kontakt erlaube es ihm, friedlich zu schlafen und trotzdem eine potenzielle Gefahr wahrzunehmen.

Er kehrte auf die vorherige Frage zurück: Was passiert bei einem Albtraum? Der Geist reist zu einem weit entfernten Ort … einem Land aus purer Angst, einer Welt aus Gedanken, die vollkommen vom Hier und Jetzt, in dem ihr euch gerade befindet, losgelöst sind. Indem ihr euch mit euren Sinnen verbindet, könnt ihr aus dieser Illusion ausbrechen. Das hilft dabei, echte Bedrohungen besser einzuschätzen. Geist und Körper reagieren entsprechend, und wenn die Lage sicher ist, könnt ihr entspannt schlafen und angenehme Träume haben.

Umgang mit beängstigenden Visionen

Der Ansatz des San-Heilers beim Umgang mit Angst und Albträumen ist interessanterweise vergleichbar mit dem, was ich später bei den Shipibos lernte. In einer Ayahuasca-Zeremonie erleben Teilnehmer manchmal albtraumhafte Visionen und haben das Gefühl, an einem Ort aus purer Angst zu sein. Das kann sie überwältigen, und sie brauchen manchmal Hilfe. Shipibo-Schamanen helfen der Person, indem sie ihr ihre Icaros vorsingen. Dabei wirken nicht nur die Schwingung und die Energie der Icaros, sondern auch die Worte. In der Shipibo-Tradition sind die Liedtexte weitgehend improvisiert und wirken auf den Teilnehmer und seinen Zustand in Echtzeit ein.

Jahre später brachte mir Ricardo bei, zu den fünf Sinnen der Menschen zu singen, um sie durch angsteinflößende Visionen zu begleiten. Die Icaros des Schamanen sollen die fünf Sinne des Teilnehmers stärken und ins Gleichgewicht bringen. Das beruhigt den Geist. Mit seinem Gesang bringt der Schamane den Geist dazu, sich mit dem Herzen und schließlich mit allen Energiezentren zu verbinden. Das Ziel ist, den Geist einer Person wieder mit den fünf Sinnen und der inneren Wahrnehmung zu verbinden: Wie fühlst du dich in deinem Körper, deinem Herzen, deinem Bauch und überall? Dieses Gespür nennt man Interozeption. Durch diese innere Wahrnehmung erleben wir nicht nur unsere Emotionen, sondern auch den physiologischen Zustand unseres Körpers.

Wenn wir Angst haben oder negativ denken, werden wir zu einem Gefangenen unseres Geistes. Nach den Erklärungen des San-Heilers kann uns der Geist, der sich selbst überlassen ist, zu einem »entfernten Ort« führen, an dem wir von unserer Umgebung und unserem Körper getrennt sind. Dadurch wird es sehr schwierig, uns sicher und entspannt zu fühlen. Ein überaktiver Geist, der von den Sinnen und dem Körper abgeschnitten ist, verliert sich in Engstirnigkeit und wiederkehrenden Gedanken. Unkontrolliertes

Grübeln geht mit bestimmten psychischen Problemen einher, wie Depressionen, Ängsten, Süchten und Zwangsstörungen. Bei Ängsten dominieren angstbesetzte Gedanken, bei Depressionen sind es negative und pessimistische Gedanken.

Das Ruhemodusnetzwerk

Antidepressiva halfen mir dabei, mich von meinen sich wiederholenden und negativen Gedanken zu lösen. Ich konnte mich wieder mit der Außenwelt verbinden und einen schönen Tag als solchen wertschätzen. Peyote beruhigte meinen Geist auf eine sehr tiefgreifende und wirkungsvolle Weise. Es gibt einige neue Theorien darüber, wie Antidepressiva und psychedelische Substanzen dies erreichen. Beide beeinflussen den Botenstoff Serotonin auf eine Art, die ein bestimmtes Netzwerk im Gehirn reguliert, das Ruhemodusnetzwerk (DMN – *Default Mode Network*).[1]

Die Überaktivität bestimmter Regionen dieses Netzwerkes steht in Wechselbeziehung mit einer verminderten Wahrnehmung der Außenwelt und des Körpers (verminderte Interozeption, emotionale Aufmerksamkeit). Sie wird mit engen und sich wiederholenden Denkmustern in Verbindung gebracht, zugleich wird aufgeschlossenes Denken mit Optimismus, engstirniges Denken mit Pessimismus assoziiert.[2]

So steht eine Überaktivität im DMN auch im Zusammenhang mit verschiedenen psychischen Gesundheitszuständen, einschließlich Depression, Angststörung, Suchtverhalten und Zwangsstörungen.[3] Denn jeder dieser Zustände ist verknüpft mit starren und grüblerischen Denkmustern und einer Abspaltung von der Außenwelt und seinen eigenen Gefühlen. Diese Zustände werden mit unterschiedlichen Ergebnissen mit Antidepressiva behandelt, vermutlich wegen ihrer Auswirkungen auf die DMN-Aktivität.[4] Psychedelische Drogen wie LSD, Psilocybin und Ayahuasca haben sich in der Behandlung von Depression, Angststörung,

Süchten und Zwangsstörungen ebenfalls als vielversprechend erwiesen.[5]

Die Überwindung einschränkender Denkmuster ist entscheidend, um die genannten Störungen zu bewältigen. Emotionales Trauma und übermäßiger Stress (beispielsweise durch ein Medizinstudium) beeinträchtigen den Geist erheblich und schränken den Zugang zur Kreativität, zu den Gefühlen und zur Welt um uns herum ein. Traumähnliche psychedelische Erlebnisse, wie mein Spirit Walk, führen dazu, die geistigen Tore wieder zu öffnen, ermöglichen eine »offenherzige und frei fließende emotionale Erfahrung und eine erhöhte Sinneswahrnehmung«.[6] Psychedelische Substanzen und spirituelle Praktiken, wie das Meditieren, erweitern das Denken und lösen fehlangepasste Denkgewohnheiten auf.[7] Diese Bewusstseinserweiterung ist unentbehrlich für die spirituelle und emotionale Heilung, weil sich dadurch der Geist wieder für das Herz öffnet.

In dieser Nacht am Lagerfeuer erinnerte uns der San-Heiler daran, mit unseren Sinnen in Verbindung zu bleiben, um unsere innere Ruhe zu bewahren. In der Kalahari hatten er und seine Freunde mehrfach sehr bedrohliche Situationen erlebt, aber sie wirkten nicht ängstlich, deprimiert oder besorgt. Wenn man sich mit der Gegenwart verbindet, beruhigt sich der Geist sowohl innerlich als auch äußerlich. Peyote hatte mich aus meiner Depression geführt und mir dabei geholfen, mich wieder verbunden zu fühlen. Um gesund zu bleiben, musste ich jedoch Wege finden, dieses Gefühl der Verbundenheit aufrechtzuerhalten.

Aufgeschlossene spirituelle Praktiken wie Meditation bieten einen beständigen Weg zu einem erweiterten Bewusstsein. Da Stresssituationen immer wieder auftauchen, muss der Geist kontinuierlich unterstützt werden. Meditation ist zwar ein langsamer Weg, aber ihre Wirkung ist dauerhafter als die der psychedelischen Substanzen. Nach meiner Erfahrung fördert eine dienende Tätigkeit als spirituelle Praxis ebenfalls die psychische Gesundheit. Ohne irgendeine Form von Integration, emotionaler Unterstützung oder neuem Verhalten wird sich sogar die erleuchtendste psychedelische Erfahrung nur in einem vorübergehenden Umdenken erschöpfen. Kurzfristig kann eine solche Erfahrung jedoch den nötigen Anstoß dazu geben, einen stabileren Weg im Leben zu finden.

Ich habe es selbst erfahren, dass dieser psychedelische Impuls – mit Änderungen in der DMN-Aktivität und einem erweiterten Bewusstsein – oft eine mystische Erfahrung auslösen kann. Und mystische Erfahrungen verändern tiefgreifend unser Streben nach Sinn und Zweck, womit wir wieder beim Thema Ayahuasca wären.[8]

6

Tukuymanta

Im Jahr 2006 schloss ich meine Facharztausbildung in Familienmedizin ab, und 2007 reiste ich zusammen mit Keyvan zum ersten Mal nach Peru. Wie in Kapitel 2 beschrieben, erlebte ich auf dieser Reise meine erste Ayahuasca-Zeremonie. Danach nahm ich noch an zwei weiteren Zeremonien teil, die ebenfalls tiefgreifende Erlebnisse waren. Und jedes Mal wurde die Erfahrung vertrauter. Nach der dritten Zeremonie war es Zeit zu gehen. An diesem Tag musste ich weinen. Es waren Tränen der Dankbarkeit. Ich merkte, wie ich mich durch die Zeremonien wieder mit dem südamerikanischen Boden verbunden fühlte. Obwohl ich in den Vereinigten Staaten geboren und aufgewachsen bin, hatte meine Seele sich immer irgendwie entwurzelt gefühlt. Die Shipibos hatten es geschafft, mich wieder mit meinen Wurzeln und der Erde zu verbinden. Mir war die Sehnsucht nach dieser Verbindung bislang nicht klar gewesen. Doch nun regte sich in mir ein Gefühl der Bestimmung.

Von Peru aus reisten wir mit dem Fellowship frohgemut auf dem Amazonas nach Brasilien. Diese Reise war unglaublich. Wir hatten viel Spaß, und ich hatte genug Zeit, meine Erfahrungen in Peru nachwirken zu lassen. Als unser Abenteuer zu Ende war, fuhr ich nach Los Angeles zurück in dem Wissen, dass ich eines Tages wieder in den Regenwald zurückkehren würde. Zuerst wollte ich mich jedoch um meine medizinische Laufbahn kümmern.

Schon während meiner Assistenzzeit hatte ich in der Notfallambulanz einer großen Health Maintenance Organization gearbeitet. Nach Abschluss meiner Facharztausbildung blieb ich dort und übernahm einige Dienste in der allgemeinen Ambulanz. Ich arbeitete in Teilzeit, um genügend Zeit zu haben, mich intensiver mit der integrativen Medizin zu beschäftigen.

Vor allem wollte ich mehr über die Forschung in diesem Bereich wissen. Die Integration der Traditionellen Chinesischen Medizin und der Schulmedizin hatte mich bereits an der UCLA beschäftigt, ich hatte auch eine Form der Lichttherapie selbstständig erforscht. Sandra Daley, eine Panama-Amerikanerin, eine meiner Mentorinnen und ein weiterer Engel während meines Medizinstudiums, ermutigte mich zum wissenschaftlichen Arbeiten und unterstützte mich darin, ein Stipendium für die UCSD School of Medicine zu erhalten. So kehrte ich Mitte 2007 nach dem ersten »Fellowship of the River« zurück nach San Diego, um in der Abteilung für Psychiatrie der USCD ein Bona-Fide-Postdoc-Forschungsstipendium anzutreten. Dieses Forschungsstipendium führte mich in die Wissenschaft der Mind-Body-Medizin ein. Dabei wird untersucht, auf welche Art und Weise Gedanken und Gefühle die körperliche Gesundheit beeinflussen. Ich war zwei Jahre an der UCSD, und die Arbeit in der Forschung inspirierte und begleitete meine nachfolgenden Studien der »Amazonas Psychiatrie«, wie Ricardos Kollegen es bezeichneten.

An der UCSD arbeitete ich unter Paul Mills in der Abteilung für Verhaltensmedizin. Er widmet sich seit vielen Jahren der klinischen Forschung und wird vom National Institute of Health (NIH) unterstützt. Sein Spezialgebiet sind die Prozesse der Psychoneuroimmunologie (PNI) bei Gesundheit und Krankheit. Die Psychoneuroimmunologie, untersucht die Wechselwirkung zwischen den psychologischen Prozessen, dem Nervensystem und dem Immunsystem. Bei ihrer erweiterten Form, der Psychoneuroendokrinoimmunologie (PNEI), wird auch das Hormonsystem miteinbezogen. Im Jahr 2007 führte Mills' Labor eine Reihe von Untersuchungen durch, die den Einfluss von körperlicher Bewegung auf Entzündungen im kardiovaskulären System und die Wirkung von Depressionen auf kardiovaskuläre Erkrankungen erforschten. PNI und PNEI befassen sich hauptsächlich mit den Mechanismen, die der sogenannten Verbindung von Körper und Geist zugrunde liegen.

Paul ist ein spiritueller Mann und hat viel Erfahrung mit Meditation. In seiner Promotion an der Maharishi University in Iowa beschäftigte er sich mit den Auswirkungen der Meditation auf das autonome Nervensystem und das Immunsystem. Paul hatte großen wissenschaftlichen Einfluss auf mich und war einer meiner wichtigsten spirituellen Lehrer. Während meines Forschungsstipendiums war er Mitte fünfzig, ein hochgewachsener, schlanker Mann mit tiefblauen Augen. Ein Blick in diese Augen ließ einen spüren, dass er gerne bis zum tiefen Ende des menschlichen Bewusstseins taucht.

Als ich für Paul arbeitete, hatte ich Gelegenheit, an einigen wissenschaftlichen Konferenzen teilzunehmen. So besuchte ich 2008 im Scripps Center eine Konferenz über integrative Medizin und natürliche Nahrungsergänzungsmittel. Bei einem Vortrag ging es um Forschungsarbeiten zu traditionellen pflanzlichen Arzneimitteln aus allen Teilen der Welt. Die einstündige Powerpoint-Präsentation deckte tatsächlich viele Regionen ab. Zur Traditionellen Chinesischen Medizin und ayurvedischen Medizin aus Indien wurde eine Folie nach der anderen gezeigt. Als der Referent aber zur traditionellen Amazonas-Pflanzenmedizin kam, wurde nur eine einzige Folie gezeigt. Zu sehen war ein Esel, vor einen Wagen gespannt, der so mit Pflanzen überladen war, dass ihr Gewicht den Wagen am hinteren Ende zu Boden und den Esel vorne in die Höhe drückte, wo er strampelnd in der Luft hing. Es gab keinen weiteren Kommentar dazu. Es waren einfach zu viele Pflanzen für einen einzigen Esel. Als ich genauer hinschaute, stellte ich fest, dass das Foto nicht einmal in Südamerika aufgenommen war – die Menschen um den Wagen herum schienen ihrer Kleidung nach zu urteilen aus Südasien zu stammen. Als kolumbianisch-amerikanischer Arzt mit Interesse an Naturheilkunde fand ich das sehr peinlich.

Es ist richtig, dass es nur wenige placebokontrollierte Doppelblindstudien aus dem Urwald gibt, aber zu diesem Thema nur eine einzige Folie mit einem Esel zu zeigen …? Für mich gab es zur Pflanzenmedizin aus dem Amazonasgebiet sehr viel mehr Diskussionsbedarf. Ich hatte selbst erlebt, was einige dieser Pflanzen bewirken konnten.

Der beste Freund meines Großvaters mütterlicherseits hatte das Studium traditioneller Amazonas-Pflanzenmedizin zu seinem Beruf gemacht. Hernando Garcia-Barriga war Ethnobotaniker und lebte in Bogotá, Kolumbien. Garcia hatte sich in den Vierzigerjahren einen Namen gemacht, als er auf dem Rücken eines Pferdes in das kolumbianische Amazonasgebiet ritt, um einheimische Stämme zu erforschen. Er verbrachte viel Zeit mit einheimischen Heilern, was seine wissenschaftliche Karriere sehr förderte. Garcia wurde ein herausragender Gelehrter für Botanik und Pflanzenheilkunde und half das erste botanische Institut und den ersten botanischen Garten in Kolumbien zu gründen. Im Jahr 1974 veröffentlichte er das seinerzeit fundierte dreibändige Werk *Flora Medicinal de Colombia*. Meine Mutter erzählte mir oft, dass Garcia sogar eine besondere Anerkennung von Harvard dafür erhalten hatte.

Mein *abuelito* (Opa) Pepe verstarb, als ich sehr klein war. Zu der Zeit lebten wir in den USA, und alle paar Jahre besuchten wir Bogotá und Medellín in Kolumbien, um dort Zeit mit unseren

Großeltern, Tanten, Onkel, Cousins und Cousinen zu verbringen. In Bogotá sorgte meine Mutter immer dafür, dass wir auch Hernando Garcia und seiner Familie einen Besuch abstatteten, damit wir etwas über unseren Großvater erfuhren, mit dem Garcia sein Leben lang befreundet gewesen war.

Neben seiner Tätigkeit an der Universität hatte Garcia auch eine eigene Marke pflanzlicher Arzneimittel entwickelt. Diese halfen meinem jüngeren Bruder in seiner Kindheit bei Asthma und auch Freunden und anderen Familienmitgliedern, die diverse Leiden hatten. Als ich älter wurde und meine Mutter mein Interesse für alternative Heilmethoden bemerkte, ermutigte sie mich, die Arbeit von Garcia intensiver zu verfolgen. Damals konnte ich mir nicht vorstellen, eines Tages so viel Interesse am Amazonas-Schamanismus zu entwickeln.

Da ich hauptsächlich in Phoenix aufwuchs, dachte ich nicht besonders oft an Garcia. Über die Jahre besuchten wir ihn einige Male, und ich habe ihn als einen älteren, freundlichen und gütigen Mann in Erinnerung. Ich weiß noch, dass in der Wohnung seiner Familie Ozelotfelle an den Wänden hingen und exotische Pflanzen verstreut herumlagen.

Irgendwann und irgendwo, vielleicht im Fernsehen, hörte ich von *Yagé*, der kolumbianischen Version von Ayahuasca. Bei einem unserer Besuche bei Garcia fragte ich ihn danach. Ich war noch ein Teenager, und er wollte mir nicht viel darüber erzählen. Er murmelte etwas über die schlechte Ernährung der Stämme und dass ich deren Lebensstil nicht romantisieren solle. Mehr erfuhr ich nicht von ihm. 2005 verstarb Garcia im Alter von zweiundneunzig Jahren. Zu Hause in Arizona, im Büro meines Vaters, standen noch seine Bücher im Regal, die ich hin und wieder anschaute.

Während dieser Präsentation auf der Konferenz erinnerte ich mich an Garcia und erzählte Paul Mills von ihm. Er wurde neugierig auf meine Erfahrungen im Amazonas und war bereit, mein Interesse am Ayahuasca-Schamanismus zu unterstützen. Also nahm ich Urlaub und reiste allein nach Iquitos, dieses Mal für zwei Wochen. Ich wollte noch tiefer in die Welt der Pflanzen eindringen.

Fast ein Jahr nach meinem ersten Besuch in Iquitos kam ich dorthin zurück. Es tat gut, aus dem Flieger in das warme Urwaldklima zu treten. Dieses Mal wartete ein anderer Mototaxi-Fahrer auf mich und fuhr mich zum Heilzentrum. Ich hatte gehofft, Ricardo wiederzusehen, aber dieses Mal arbeitete der Meister mit einem anderen Schamanenassistenten, dem sehr erfahrenen Lehrling Rolando Tangoa Murayari. Rolando ist ein etwas rauerer Typ als Ricardo. Er erzählt für sein Leben gerne Witze, und sein unverwechselbares Lächeln wird stolz von seinen Eckzähnen betont – aus irgendeinem Grund fehlen ihm alle oberen Schneidezähne. Spirituell gesehen hat das Lachen für ihn eine besondere Bedeutung. Er ist ein intelligenter Mensch und ein hingebungsvoller Heiler, den ich im Laufe der Jahre mehr und mehr kennenlernen durfte.

Rolando wuchs mit vielen Geschwistern in der ländlichen Umgebung von Pucallpa auf. Einige von ihnen haben eine berufliche Laufbahn im Bereich Politik und Technik eingeschlagen, Rolando war Schamane. Wie viele Bewohner des Amazonasgebietes lebte auch seine Familie im Schwemmland des Amazonas, das jedes Jahr im Winter, während der Regenzeit, überflutet wird. Das Haus seiner Eltern ist ein Pfahlbau, auf Stelzen gebaut. In der Regenzeit wird es zu einer Anlegestelle für kleine Kanus. Roland schwört, dass seine Mutter, eine Cocama-Einheimische, ihren Dschungelhund so trainiert hatte, dass er sich bei Hochwasser zum Pinkeln vorsichtig auf die Kante eines Kanus stellte. Alles andere war unsittlich. Zu der Zeit, als ich ihn kennenlernte, war Rolando Anfang vierzig, einige Jahre jünger als Ricardo. Rolando hatte Ricardo auf den schamanischen Weg gebracht, nachdem er ihn vor Jahren während einer einmonatigen Behandlung begleitet hatte.

Ich hatte Ricardo eine Hängematte als Geschenk mitgebracht. Da er jedoch nicht da war, schenkte ich sie Rolando. Wir wurden schnell Freunde. Rolando musste oft mit den *Pasajeros* kommunizieren, und er bat mich, für ihn zu dolmetschen. Wie bereits erwähnt, hatte ich schon für Ricardo und andere Schamanen gedolmetscht. Ich half gerne, und zugleich war es immer eine gute Gelegenheit, die Schamanen näher kennenzulernen.

Damals bot das Zentrum sechs Zeremonien pro Woche an. Die Gäste hatten zwei Möglichkeiten: Sie konnten während ihres Aufenthaltes für einen bestimmten Preis jeden zweiten Abend an einer Ayahuasca-Zeremonie teilnehmen oder für einen Aufschlag an allen sechs Zeremonien in der Woche. Dieses war ein ungewöhnlich intensives Programm und eine einmalige Gelegenheit. Ich war zwei Wochen dort und meldete mich für zwölf Zeremonien an, jeweils von Sonntag bis Freitag.

Als Erstes nahm ich wieder das *vomitivo* (Brechmittel) ein und begann mit der traditionellen Vegetalista-Diät. Mit den Schamanen besprach ich, was ich vorhatte, und sie verschrieben mir eine Pflanzenmischung, die mir nach meiner langen medizinischen Ausbildung helfen würde, wieder in meine Kraft zu kommen. Diese Mischung wurde als *»21 plantas«* bezeichnet. Anstatt in einem der Gästezimmer zu wohnen, entschied ich mich dafür, die Zeit in einer der Dschungel-Tambos (Hütten) zu verbringen. Um intensiver mit den Pflanzen zu arbeiten, wird empfohlen, während der Diät allein zu sein, damit sich die eigene Energie nicht mit der von anderen Menschen vermischt. Wie ich bei der Peyote Church gelernt hatte, stimulieren soziale Kontakte das Ego und die Persönlichkeit, manchmal auf Kosten einer tieferen spirituellen Selbsterforschung. In der Tambo-Hütte würde ich mich besser zurückziehen können.

Die Tambo-Hütte war in einer offenen Bauweise errichtet und befand sich im Urwald an einem der vielen Pfade auf dem weitläufigen Gelände des Zentrums. Sie bestand aus einem Strohdach über einem Fleck Erde, einem Bett mit Moskitonetz, einer Hängematte und einem kleinen Holztisch. Zum Zentrum war es ein kurzer Spaziergang, also waren Waschmöglichkeiten, Toiletten, Duschen, Küche, Essecke und Aufenthaltsraum nicht weit entfernt. Die Tambo war auf jeden Fall ein Ort, in dem ich allein sein konnte.

Das Zentrum war voller Gäste und manchmal wurde die Zeremonie in zwei Zeremonien aufgeteilt, eine im Hauptmaloka, die andere in einem großen Holzhaus. Jede Nacht verwandelten sich diese Zeremonien in furiose, von Icaros erfüllte Spektakel. Ungewöhnliche und mysteriöse Erlebnisse waren die Regel. Tagsüber verbrachte ich meine Freizeit im Austausch mit den anderen *Pasajeros* und den Schamanen. Ansonsten verbrachte ich viel Zeit in meiner Tambo, ruhte mich aus und dachte nach. Da es im Dschungel noch mehr Mücken gab als im Haus, blieb ich meistens unter dem Schutz des Moskitonetzes auf meinem Bett liegen.

Sobald die Nacht hereinbrach, wurde es Zeit für die nächste Zeremonie. Dabei war jede Nacht mit Ayahuasca anders, jede Zeremonie einzigartig. In den sechs Zeremonien der ersten Woche schien ich jedes Mal etwas weiter zu gehen, ich erforschte die Ayahuasca-Welt immer intensiver. Tagsüber lernte ich sehr viel – durch das Dolmetschen für die Schamanen, durch ihre Anleitungen, durch die unterschiedlichen Erfahrungen der *Pasajeros*. Als meine zweite Woche begann, wurden die Zeremonien für mich immer bildhafter.

Zwischen zwei Welten

In der neunten Zeremonie (meiner zwölften Ayahuasca-Erfahrung) erlebte ich zum ersten Mal einen Zustand zwischen zwei Welten. Ich saß auf meiner Matte und lauschte. Die Schamanen sangen auf der anderen Seite der Maloka-Hütte, der zeremonielle Raum war rabenschwarz. Dann hatte ich eine Vision. Anfangs sah ich einen weißen, aufwendig bestickten Schleier vor mir schweben. Dahinter spielten Kinder. Das war die Einladung. Schatten tanzten hinter dem Schleier, der Schleier hob sich, und ich sah mich plötzlich in einem hell erleuchteten Wohnzimmer sitzen. Dieses Wohnzimmer überlagerte meine Realität im dunklen Maloka. Es war meine erste dreidimensionale Ayahuasca-Vision, die mich umgab wie eine Art Paralleluniversum, wie im Holodeck bei Star Trek.

Als ich meinen Kopf drehte und mich in dem Maloka umschaute, bewegte ich mich gleichzeitig im visuellen Raum dieser anderen Dimension hin und her. Ich konnte nach oben, nach unten und zu allen Seiten schauen. Ich saß in einem extravaganten Wohnzimmer, es schien das wunderschön eingerichtete Apartment meiner Großmutter in Bogotá zu sein. Mit dem Unterschied, dass es hier um eine kosmische Großmutter ging oder vielleicht die Großmutter Ayahuasca oder eine Mischung von alledem. In der Vision saß ich auf einer bequemen weißen Couch. Ich hatte das Gefühl, noch andere Geistwesen zu spüren, die warteten, war mir jedoch nicht sicher. Es war, als warteten wir auf eine Audienz bei dieser Großmutter. Sie war irgendwo im Flur, der sich am anderen Ende des Raumes befand, hinter einem anderen Schleier.

Von Zeit zu Zeit flirrte alles vor Energie, bildeten sich wellenartig zarte Muster auf allen Oberflächen im Raum. Alle Wände und Möbel leuchteten in strahlendem Weiß. An der Wand links hing ein großes Kunstwerk, das ein goldenes Krokodil auf rotem Hintergrund darstellte. Es war ein Flachrelief aus Massivgold, und Kopf, Rücken und Schwanz des Krokodils schwebten auf einer flachen roten, samtigen Oberfläche, der Körper gebogen durch die Schwimmbewegung. An einer anderen Wand befand sich eine farbige Kristallleuchte in Form einer aufgerichteten Schlange, in strahlendem Rosa, Blau und Violett. Es gab mehrere Sofas zum Sitzen und einen großen weißen Kaffeetisch. Ich wartete und genoss die einladende Stimmung. Es schien, als würde jemand Erfrischungsgetränke, Tee oder etwas anderes servieren. Es war sehr ansprechend, aber weit und breit war kein anderer Mensch zu sehen. Ich schaute mich um. Kunstvolle Lichtdesigns pulsierten wieder durch die Szenerie. Schließlich verblasste der Raum, es wurde dunkel. Ich legte mich zurück, um einfach nur zuzuhören und zu reflektieren.

Rolando hatte mir erklärt, dass mir die Diät dabei half, mich zu reinigen und mich für die visionäre Ebene zu öffnen. Die Zeremonien, die Pflanzen und die Icaro-Gesänge taten ihr Übriges, und ich wurde mehr und mehr bereit für die spirituelle Dimension. Bis zur zehnten Zeremonie in diesen zwei Wochen hatte ich bereits etwa zehn Tage lang Diät gehalten. In der Nacht zuvor hatte ich eine dreidimensionale virtuelle Realität erlebt, war jedoch nicht in der Lage gewesen, meinen Körper zu verlassen, um mich mehr darauf einzulassen. Ich hatte nicht hinter den Schleier am anderen Ende des Raumes sehen können.

Am Mittwoch, in der Nacht der zehnten Zeremonie, entführte mich Ayahuasca wieder in die Welt der Visionen.

Es begann wie in allen anderen Nächten. Ich saß in Stille und Achtsamkeit. Dann ging ich nach vorne und nahm den Ayahuasca-Trank in Empfang. Ich meditierte über meine Motive für diese Zeremonie. Dann rauchte ich in der Dunkelheit eine Mapacho und wartete auf das, was sich zeigen wollte. Nach einiger Zeit kam die Zeremonie in Gang. Mehrere Schamanen sangen, aber Rolandos Gesang schien tonangebend zu sein. Sein Icaro fesselte meine ganze Aufmerksamkeit. Seine Gesänge kommen normalerweise aus dem tiefsten Inneren und haben manchmal etwas Trauriges. Dieser spezielle Gesang war jedoch lebhafter.

Ich konzentrierte mich auf Rolandos Icaro, stimmte mich auf seine Medizin ein, ließ sie in mich hinein, damit sie in mir wirken konnte. Eine neue Vision tauchte in mir auf. Vor mir erschien ein Weg.

Ohne nachzudenken, mitten im Zustand von Übelkeit, Schwindel und Desorientierung (*mareación*), erhob sich meine Seele aus dem Körper und lief den Weg entlang. Auf beiden Seiten des Weges befanden sich viele bunte Pflanzen aller Formen und Größen, die von unten her beleuchtet waren. Ich konnte keine besondere Pflanze erkennen. Für mich war es ein Pfad durch eine abwechslungsreiche Dschungellandschaft. Wie in den Nachtszenen in dem Film *Avatar* schienen die Pflanzen wach zu sein und leuchteten in Rosa und Lila.

Als ich diesen geschlängelten Weg hinunterlief, näherte ich mich Rolando auf der anderen Seite des Malokas und drang immer tiefer in seine Stimme ein. An einem Punkt stand ich vor ihm und sah ihn ganz deutlich. Er saß mit gesenktem Kopf da, vollkommen in seinen Gesang vertieft. Sein Körper hatte sich in den einer großen Katze verwandelt, ein Löwe oder ein Jaguar, mit einem glatten, roten Fell, der auf seinen Hinterbeinen saß. Sein Kopf war zu dem einer großen schwarzen Anakonda mit starrenden Augen geworden. Rolando war tief versunken in seinen Icaro-Gesang, den er vor sich hin summte. Eine üppige Mähne aus riesigen gelben Blütenblättern umgab seinen dunklen Schlangenkopf. Sein Gesang zog mich an. Auf rhythmische und geheimnisvolle Weise drang er in meinen Geist ein.

Voller Ehrfurcht stand ich vor diesem Schlangen-Blüten-Löwen-Schamanen, der seinen Icaro sang. Gerade als ich mich damit angefreundet hatte, sprang eines der übergroßen Blütenblätter von seinem Kopf und schob sich vor mein Gesicht. Der Gesang ging weiter, und das gelbe Blütenblatt beherrschte schnell mein Gesichtsfeld. Dann verwandelte es sich in ein großes grünes Blatt. Mit digitaler Präzision zeichneten helle Lichter jede seiner Adern auf. Mit zunehmender Intensität brannten sich die Form des Blattes, seine Gestalt, seine Zellen, seine Moleküle und alle anderen Merkmale in mein Gehirn ein.

In einem gleißenden Blitz sprach eine Stimme leise zu mir: »Joe … du hast nicht aufgepasst. Diese Pflanzen, die ich dir gezeigt habe, sind echte Pflanzen. Wenn du einfach nur fragen würdest, könntest du etwas lernen … morgen wirst du dieses Blatt finden.«

Die Vision löste sich auf, und ich merkte, wie ich wieder auf meiner Matte saß. Rolando und die anderen Schamanen auf der anderen Seite des Maloka sangen immer noch weiter.

Ich wusste, dass Schamanen in Ayahuasca-Visionen etwas über

Heilpflanzen erfahren. Anscheinend hatte ich gerade so etwas erlebt – ich war begeistert.

Als die Zeremonie zu Ende ging, verließ ich das Maloka. Ich lief, geleitet von meiner Taschenlampe, den Pfad entlang zu meinem Tambo, kroch unter mein Moskitonetz, schaltete die Taschenlampe aus und legte mich zurück. Ich schloss meine Augen und lächelte. Jetzt konnte ich mich ausruhen. In der absoluten Finsternis und inmitten der Symphonie des Dschungels schlief ich ein.

Als ich am nächsten Morgen aufwachte, wusste ich instinktiv, dass ich dieses Blatt aus meiner Vision finden würde. Ich schlüpfte in meine Flipflops und machte mich auf den Weg zum Frühstücksraum. Es war noch kühl, aber das Morgenlicht drang bereits durch die Bäume. Im Vorbeigehen warf ich einen Blick auf die Pflanzen und hielt Ausschau nach etwas Bekanntem. Nach ein paar Schritten hatte ich es gefunden. Da war es, ein Unkraut am Wegesrand. Diese kleine Pflanze hatte ich schon oft gesehen. Sie hatte sehr ausgeprägte rote Blüten, die an die »Hot Lips« der Rolling Stones erinnerten. Ich zögerte. Wahrscheinlich war es nur meine Hoffnung, meine Fantasie. Meine Intuition war allerdings eindeutig. Die Blätter sahen genauso aus wie die, die ich in der nächtlichen Zeremonie gesehen hatte. Die roten Blütenblätter waren ausgeprägt und fast plastisch mit einem gelben Mittelpunkt wie die Farben in meiner Vision. Ich pflückte ein Blatt und nahm es mit zum Frühstück.

Auf dem Weg dorthin lief ich dem Meister-Schamanen über den Weg. Ich erzählte ihm, was ich erlebt hatte, und zeigte ihm das grüne Blatt. Er erkannte es als *beso de la novia*, der »Kuss der Freundin«, so genannt wegen ihrer »Hot Lips«-Blüten. Ich wollte wissen, wozu sie verwendet wird. Er erklärte, dass die Shipibos diese Pflanze manchmal ihrer *Curare*-Mischung beimengen (*beso de la novia*, auch *Psychotria poeppigiana,* ist eng verwandt mit Chacruna, die ein Bestandteil des Ayahuasca-Tees ist). Curare wird von den Amazonas-Stämmen auf verschiedene Art hergestellt und ist ein pflanzliches Gift, das traditionellerweise für die Jagd verwendet wird.

Ich spitzte meine Ohren. Das war seltsam. Während meines Medizinstudiums waren die Schamanen aus dem Amazonasgebiet eigentlich nur in einem Zusammenhang erwähnt worden: der Entdeckung von Arzneimitteln für Muskellähmungen. Westliche Wissenschaftler und Ärzte haben ihr Wissen über Paralytika, die in der Chirurgie eingesetzt werden, von den Amazonas-Schamanen erworben. Curare enthält Alkaloide, die die Skelettmuskulatur lähmen, indem sie die Nervenübertragung zu diesen Muskeln blockieren. Am Amazonas wird Curare für die Jagd von Tieren verwendet, die hoch in den Bäumen leben, wie zum Beispiel Affen.

Beispielsweise schießt ein Einheimischer mit einem Blasrohr einen Giftpfeil auf einen Affen. Das Gift blockiert die Nervenübertragung auf die Skelettmuskeln des Tiers, einschließlich der Arme und Beine. Die Muskeln werden schlaff, und der Affe fällt vom Baum. Das Gift lähmt auch den Zwerchfellmuskel und stoppt die Atmung. Das Curare-Gift führt nicht unbedingt zum Tod des Affen, er wird schwach und fällt zu Boden. Auch wenn der Sturz gefährlich ist, könnte der Affe überleben. Der vergiftete Affe wird jedenfalls vom Jäger erlegt, dann gebraten und gegessen (Curare wird nicht vom Magen-Darm-Trakt absorbiert, kann also gegessen werden).

Als westliche Wissenschaftler Proben dieser giftigen Pflanzenmischung erhielten, begannen sie zu experimentieren. Ich kenne eine Geschichte, in der man einen Esel mit Curare vergiftete (übrigens ein anderer Esel, als der bereits erwähnte), ihn jedoch am Leben erhalten konnten, indem man seine gelähmte Lunge belüftete. Nach einiger Zeit ließ die Wirkung des Gifts nach, und die Muskeln des Esels nahmen ihre normale Funktion wieder auf. Der Esel stand auf und lief davon. Diese vorübergehende Lähmung erwies sich im OP-Saal und im Krankenhaus als sehr nützlich. Seitdem werden aus Curare verschiedene Narkosemittel gewonnen.

Dieses Paralytikum revolutionierte die Chirurgie. Frühere Anästhesieverfahren erforderten gelegentlich lebensbedrohliche Dosen, damit der Patient nicht reflexartig auf die Schnitte des

Skalpells reagierte. Mit einem aus Curare abgeleiteten Paralytikum muss der Patient nicht so stark narkotisiert werden, solange die Atmung aufrechterhalten wird. Die Narkose wird unabhängig vom Paralytikum/Beruhigungsmittel durchgeführt, beide können unabhängig voneinander eingestellt werden, was die Toxizität verringert. Dieser Durchbruch führte unter anderem zu Horrorfilmen, in denen Patienten unter Narkose und dennoch bei vollem Bewusstsein operiert wurden. Gleichwohl sorgte Curare vom Amazonas insgesamt für große Fortschritte in der Sicherheit der Anästhesie und ermöglichte einen Quantensprung in der chirurgischen Praxis.

Als Arzt war ich verblüfft, als dieser Amazonas-Schamane Curare erwähnte. Schon die Vision mit dem Blatt war sehr beeindruckend gewesen, aber nun Curare? Das war doch kein Zufall. Ich fing an, mir Gedanken zu machen. Der Schamane ging seines Weges.

Familiäre Verbindungen

Nach ein paar weiteren Zeremonien kehrte ich nach Kalifornien zurück und erzählte sofort meiner Familie und meinen Freunden von meinen Erlebnissen in Iquitos. Ich fand, man müsste einen Dokumentarfilm über diese geheimnisvolle Medizin drehen.

Bei einem Besuch in Los Angeles sprach ich mit meinem Freund Fred, der Dokumentarfilme für den Discovery Channel produzierte. Fred fand meine Erfahrungen interessant und war auch neugierig auf das Phänomen des Ayahuasca-Tourismus. Er war jedoch mit anderen Projekten beschäftigt und machte mir klar, ich müsse mich erst einmal intensiver damit auseinandersetzen, wie ein solches Projekt aussehen könnte, bevor er es in Betracht ziehe. Ich müsse bestehende Ayahuasca-Dokumentationen anschauen und prüfen, ob sie nicht bereits ein ähnliches Thema abdeckten.

Fred recherchierte und nannte mir ein paar Filmtitel. Insbesondere interessierte ihn der Film *Peyote to LSD: A Psychedelic Odyssey*, der damals allerdings nur im Fernsehen bei »History Channel« verfügbar war. In meinem Apartment in San Diego hatte ich jedoch kein Kabelfernsehen. Als ich ein paar Wochen später meine Eltern in Arizona besuchte, zappten wir uns durch das Fernsehprogramm und witzigerweise tauchte der Kanal plötzlich auf. Das war nicht nur eine angenehme Überraschung, es war auch die Gelegenheit, meinen Eltern zu zeigen, womit ich mich die letzte Zeit beschäftigt hatte. Wie Sie sich vorstellen können, waren sie nicht gerade darüber begeistert, dass ihr Sohn, dem sie ein Medizinstudium ermöglicht hatten, wieder zurück in das Amazonasgebiet wollte, um dort halluzinogene Tees mit einheimischen Schamanen zu trinken. Dieser Dokumentarfilm vermittelte ihnen nun einen Einblick in die Welt der visionären Pflanzenmedizin, und dies in einem wertschätzenden und wissenschaftlichen Kontext.

Peyote to LSD: A Psychedelic Odyssey ist ein Dokumentarfilm über das Leben des Ethnobotanikers Richard Evans Schultes. Die Geschichte wird von Schultes' ehemaligem Studenten Wade Davis erzählt, unter anderem auch Autor von *One River*, das zum Teil eine Biographie über Schultes' Leben ist. Schultes lebte von 1915 bis 2001, er war ein Pionier auf dem Gebiet der Ethnobotanik und ein ausgesprochen inspirierender Professor. Davis beschreibt in *One River*, wie Schultes eine Zeit lang vor seinem Büro einen Korb mit Peyote-Knöpfen stehen hatte, als optionale Laboraufgabe. Das war natürlich, bevor Peyote als Betäubungsmittel der Kontrolle unterlag.

Bevor ich diesen Film sah, hatte ich noch nie von Richard Evans Schultes gehört. Ich saß auf der Couch bei meinen Eltern und war vollkommen fasziniert. Wie ich aus dem Film erfuhr, hatte Schultes eine einzigartige Karriere als Ethnobotaniker gemacht. Thema seiner Diplomarbeit war der zeremonielle Gebrauch von Peyote bei den Kiowa-Indianern in Oklahoma, zu seiner Feldforschung gehörte die Teilnahme an mehreren Peyote-Zeremonien der Kiowa. Seine Doktorarbeit beschäftigte sich mit traditionellen psychedelischen Pflanzen und Pilzen, die in Oaxaca, Mexiko, verwendet wurden, und umfasste ähnliche Feldforschungen. Mich überraschten seine Erfolge und sein tiefgreifendes Wissen über Pflanzenschamanismus.

Schultes gehörte zu den ersten Wissenschaftlern, die Psychedelika erforschten und mit dem Schweizer Chemiker Albert Hofmann (Entdecker des LSD) intensiv zusammenarbeitete. Im Jahr 1942 wurde er zu Forschungsarbeiten in den kolumbianischen Amazonas geschickt. Die Alliierten suchten im Zweiten Weltkrieg nach neuen Kautschukquellen für ihre Reifen und nach weiteren natürlichen Ressourcen im Amazonasgebiet. Schultes sollte den südamerikanischen Gummi untersuchen und gleichzeitig finanzielle Mittel für seine eigene ethnobotanische Forschung sichern. Diese Arbeit gab ihm die Gelegenheit, in die Fußstapfen seines Helden, des Amazonas-Forschers Richard Spruce aus dem 19. Jahrhundert, zu treten, der damals über den Ayahuasca-Trunk berichtet hatte. Schultes setzte seine persönlichen Erkundungen über die zeremonielle Verwendung psychoaktiver Pflanzen fort. Im kolumbianischen Amazonasgebiet nahm er an vielen Zeremonien mit Meisterpflanzen teil.

Im Rahmen eines Stipendiums des National Research Councils gehörte es zu Schultes' Aufgaben, die Ausgangspflanzen des Curare-Giftes zu identifizieren. Obwohl sich westliche Wissenschaftler bereits mit Curare-Zubereitungen beschäftigt hatten, mussten sie noch die Ausgangspflanze finden, aus der die wichtigsten Alkaloide isoliert werden konnten. Schultes war der ideale Mann für diesen Job, da er Erfahrung mit der Kultur der amerikanischen Ureinwohner hatte. Seine Begeisterung für die schamanische Pflanzenmedizin half ihm dabei, mit den Einheimischen gut zurechtzukommen.

Schultes werden viele ethnobotanische Entdeckungen zugeschrieben. Interessant für mich war die Erkenntnis, dass er der Amerikaner war, der die Curare-Ausgangspflanzen entdeckt und damit die chirurgische Praxis bereichert hatte. Darüber hinaus war er der erste Forscher, der Ayahuasca wissenschaftlich untersuchte. Da saß ich nun bei meinen Eltern und schaute Fernsehen. Curare – schon wieder… Das Blatt aus meiner Vision und die Worte des Schamanen kamen mir wieder in den Sinn.

Ich ging zurück nach San Diego und direkt ins Labor. Dort suchte ich meinen guten Freund Chris auf. Er ist gläubiger Spiritualist, Wissenschaftler, Forscher und darüber hinaus ein selbsternannter Paradigmasponsor. Anonym führt er gleichgesinnte Forscher zusammen, damit sie ihre Paradigmen besser verbreiten konnten. Chris war etwa zwanzig Jahre älter als ich und hatte die sechziger Jahre miterlebt. Er hatte mich über die erste Welle der Forschungsarbeiten zu psychedelischen Substanzen aufgeklärt und war sehr neugierig auf meine Abenteuer im Amazonasgebiet. Ich erzählte ihm von meiner Vision und wie ich zufällig von Schultes erfahren hatte. Es erschüttert ihn, dass ich Schultes und seine Arbeiten nicht schon längst kannte.

»Du musst dir unbedingt seine Bücher besorgen und lesen. Nimm sie mit zum Amazonas und erforsche sie zusammen mit den Schamanen!«, riet er mir.

Ich bestellte ein paar gebrauchte Exemplare bei Amazon, unter anderem *Pflanzen der Götter*, unter Mitwirkung von Schultes und Albert Hofmann, *One River* von Wade Davis und einige von Schultes wissenschaftlichen Werken. Beim Lesen von Schultes' Arbeiten fiel mir auf, dass er oft auf den kolumbianischen Botaniker Hernando Garcia-Barriga verwies! Das war überraschend, ergab jedoch Sinn. Die beiden akademischen Botaniker in Kolumbien, Schultes und der Freund meines Großvaters, waren Zeitgenossen gewesen.

Eines Abends war ich allein in meiner Wohnung und arbeitete an einem Kunstwerk für meinen Bruder Mario. Es war inspiriert von Rafaela Bernal, der Großmutter meines Großvaters Pepe. Sie galt als eine mystische Frau. Ich saß auf dem braunen, zotteligen Teppich in meinem Schlafzimmer und arrangierte in aller Ruhe eine Collage. Die Bücher von Schultes lagen verstreut über den Boden. Es war sehr ruhig, es lief keine Musik, einfach nur Stille.

Da spürte ich plötzlich zum ersten Mal in meinem Leben die Gegenwart meines Großvaters Pepe. Mein *abuelito* sprach zu mir. Es war eine unsichtbare Präsenz, ein Hauch eines Gedankens, der durch meinen Verstand wehte und mir sagte: »Joe, Schultes war mit Hernando Garcia befreundet. Er war unser Freund.«

So wie sich das gelbe Blütenblatt plötzlich in ein grünes Blatt verwandelt hatte aus all seinen atomischen Bestandteilen heraus, so tauchte diese Geschichte plötzlich auf. Mein Großvater war Hernando Garcias bester Freund. Und Schultes war ein enger Kollege von Garcia. Sie waren alle gut miteinander befreundet.

Ich sah mein Exemplar von *One River* auf dem Boden liegen, und ich wusste einfach, dass ich Garcia im Stichwortverzeichnis finden würde. Ich schaute ins Buch und da war er, auf Seite 204, »sein Kollege und Freund« und »der einzig andere Botaniker, der in Sibundoy (dem Heimatland einer gut etablierten indigenen Gemeinschaft) gearbeitet hat.«[1]

Bei all unseren Besuchen hatte Garcia mir nie viel über Ayahuasca erzählt. Selbst Schultes berichtete nach unzähligen Zeremonien, er habe nur Farben gesehen. Später, nachdem all dieses bekannt wurde, begann ich mehr über Garcia und seine glanzvolle Karriere zu lesen. Im Jahr 1958 schrieb Garcia über die Ayahuasca-Schamanen: »Sie waren wilde Indianer, die ihren Urwald nie verlassen haben und die natürlich keine Vorstellung vom zivilisierten Leben haben können. In ihrer speziellen Sprache beschreiben sie mehr oder weniger präzise die Einzelheiten von Häusern, Burgen und Städten, die von vielen Menschen bevölkert sind.«[2]

Bevor ich Ayahuasca kennengelernt hatte, die Vegetalista-Diät, die Pflanzen, die Icaros, war mir Richard Evans Schultes vollkommen unbekannt gewesen. Die Pflanzen hatten mich auf diese sehr geheimnisvolle Weise zu ihm geführt. Das ist ein Beispiel dafür, wie die Pflanzen lehren.

Nun wollte ich wissen, welche Auszeichnung Garcia von Harvard erhalten hatte. Schließlich hatte mir meine Mutter immer davon erzählen wollen. Meine Recherchen ergaben: Es war die

Richard-Evans-Schultes-Auszeichnung. Garcias Sohn Darrio bestätigte mir, dass Schultes ein enger Freund der Familie Garcia gewesen war. Er erzählte mir von den berühmten Fotos von Schultes, die im tiefsten kolumbianischen Amazonasgebiet aufgenommen worden waren – es war tatsächlich sein Vater gewesen, der sie gemacht hatte. Ich konnte mir gut vorstellen, wie sie alle zusammen irgendwo in Bogotá einmal Kaffeetrinken waren – Richard, Hernando und Pepe.

Hernando Garcia ist der unbesungene kolumbianische Held in der Curare-Geschichte. Unbeachtet, genauso wie die indigenen Meister, die ihn und Schultes lehrten. Sowohl die westliche als auch die moderne lateinamerikanische Kultur haben das Wissen und die Weisheit der indigenen Traditionen weitgehend missachtet. Nur wenige Akademiker waren bescheiden genug, um an der Seite eines Schamanen aus dem Amazonasgebiet die traditionellen Methoden zu lernen. Auf respektvolle Weise betrieben Schultes und Garcia zusammen mit den Meister-Schamanen ihre Forschungen. Beide machten schließlich steile Karrieren als Botaniker und Ethnobotaniker.

Nach dieser Erkenntnis wurde mir klar, dass auch ich ein Brückenbauer zwischen zwei Welten sein wollte, zwischen der westlichen Wissenschaft und dem einheimischen Schamanismus. Ich wollte mein kulturelles Erbe aufgreifen und in einem traditionellen Rahmen unter der Anleitung von Schamanen aus dem Amazonas lernen. Ich folgte also dem Beispiel des besten Freundes meines Großvaters. Diese Entscheidung ließ mein Medizinstudium in einem neuen Licht erscheinen. Die naturwissenschaftliche Grundausbildung, gegen die ich mich immer gewehrt hatte, hatte mir im Grunde eine einzigartige Sichtweise vermittelt, wie ich diese Welten verbinden konnte. Ich arbeitete weiterhin im Labor und kehrte immer wieder zum Amazonas zurück.

Im Frühjahr 2009 hatte ich die Ehre, diese Curare-Geschichte einem kleinen Kreis vorzustellen, den meine Tante in Bogotá als eine Tukuymanta-Versammlung organisiert hatte (*tukuymanta* ist Quechua und heißt so viel wie »Wohlbefinden«). Paul Mills, Hernandos Sohn Darrio Garcia und ein Meisterschamane der Shipibos nahmen daran teil. Es war ein wunderbares Treffen, das viele interessante Diskussionen anregte. Ich hatte dabei die Gelegenheit, meine Wertschätzung für die Ahnenmedizin unseres Landes zum Ausdruck zu bringen. Nach wie vor gibt es nicht genügend Dialog zwischen Wissenschaftlern und einheimischen Männern und Frauen, die über das traditionelle Wissen verfügen. Leider haften noch Überreste des spanischen Kolonialismus im Bewusstsein der Lateinamerikaner. Sie schämen sich nach wie vor ihrer indigenen Wurzeln und haben ihnen gegenüber Vorurteile. Ich bin der Überzeugung, dass Lateinamerika mit Stolz auf diesen wertvollen Wissensschatz der indigenen Gemeinschaften zurückblicken sollte und natürlich auch auf die Praxis der traditionellen Amazonas-Pflanzenmedizin.

7

Verantwortungsvolle Praxis

Die traditionelle Amazonas-Pflanzenmedizin basiert auf kultureller Erfahrung und Weisheit. Diese Weisheit wurzelt in Ehrfurcht und Respekt für Meisterpflanzen, für Lehrerpflanzen, die über viele Generationen hinweg erkannt und eingesetzt wurden. Die meisten dieser Pflanzen haben nur eine subtile Wirkung auf den Geist. Der Ayahuasca-Tee ist jedoch stark psychoaktiv und man muss sich ihm sehr vorsichtig annähern, da er bestimmte Risiken birgt. Ayahuasca-Touristen, die intensive visionäre Erlebnisse suchen, denken dabei mehr an diese Erfahrungen als an ihre eigene Heilung. Viele bekommen mehr als das, wofür sie bezahlt haben, und manche drehen tatsächlich durch.

Obwohl ein erfahrener Schamane in der Lage sein sollte, Teilnehmer durch die atemberaubendsten Erlebnisse zu begleiten, ist es dennoch wichtig, daran zu denken, dass es auch unvorhergesehene Entwicklungen geben kann. Die Weisheit hat uns gelehrt, vorsichtig zu sein und aus den Erfahrungen anderer zu lernen.

Während meines zweiwöchigen Aufenthaltes im Zentrum, als ich die Vision mit der Curare-Pflanze hatte, lernte ich einige der Mitreisenden, der *Pasajeros*, etwas näher kennen. Da gab es einen Franzosen namens Jean, ein dünner und intelligenter Mann mit einem Schopf aus sandfarbenen Dreadlocks. Als es um Ayahuasca ging, wollte er mehr und mehr davon. Er wollte die Erfahrung bis ins Letzte ausreizen.

In den Zeremonien reichten die Schamanen den Ayahuasca-Trunk nach eigenem Ermessen, und sie waren auch bereit, die Dosis zu erhöhen, wenn es für die betreffende Person angebracht war. Jean signalisierte wiederholt, er wolle mehr trinken. Rolando war jedoch dagegen. Da Jean jedoch hartnäckig jede Nacht nach mehr verlangte, entschied Rolando schließlich, ihn das finden zu lassen, wonach er so sehnsüchtig suchte. Er machte Jean allerdings deutlich, dass er allein für die Konsequenzen verantwortlich war.

Wie ich bereits Schamanen in ähnlichen Situationen habe sagen hören, sagte auch Rolando zu Jean, als er ihm den Ayahuasca-Trunk reichte: »*Castígate*«, bestrafe dich selbst. (Tatsächlich hatte Rolando bereits festgestellt, dass Jean ohne Weiteres mit der höheren Dosis umgehen könnte, und wenn nötig, würde er ihm helfen. Aber grundsätzlich sollte Jean zunächst leiden und daraus lernen.)

In dieser Nacht saß Jean rechts von mir auf seiner Matte. Wieder einmal warteten wir darauf, dass die Wirkung des Ayahuasca einsetzte. Es fing langsam an. Ich selbst hatte eine sehr intensive Erfahrung und konnte über längere Zeit weder sprechen noch mich bewegen. Meinen Kopf konnte ich jedoch ein wenig bewegen, und ich bemerkte, wie Jean sich vor Schmerzen krümmte. Er stöhnte leise und schaffte es irgendwann, zum Rand der Matte zu kriechen. Dort beugte er sich über den Boden und nahm alle möglichen seltsamen Körperhaltungen ein. Er war die meiste Zeit ruhig und starrte in die Ferne, in einen anscheinend furchterregenden Raum.

Wie immer dauerte die Zeremonie stundenlang. Ich war wieder ruhiger geworden, war mir wegen Jean jedoch nicht sicher. Als die Zeremonie zu Ende war, sah Jean ziemlich erschüttert und aufgewühlt aus. Nachdem ich ein paar Worte mit Rolando und den anderen gewechselt hatte, ging ich hinaus, um nach dem jungen Franzosen zu schauen.

Jean war in seine kleine Hütte gegangen, ich sah ihn dort von Weitem mit einer Kerze sitzen. Als ich im Dunkeln mit meiner Taschenlampe langsam näher kam, rief er: »Joe!« Dabei war ich noch etwa zwanzig Meter entfernt. Er wusste jedoch, dass ich es war. Seine Sinne waren vollkommen wach, und seine Intuition war übersteuert. Er hatte gerade eines der schrecklichsten Erlebnisse seines Lebens gehabt.

Er lud mich in sein Zimmer ein. »Ich wusste, dass du es bist«, sagte er. »Ich habe versucht, dich während der Zeremonie um Hilfe zu bitten«, fuhr er fort. Ich erklärte ihm, dass ich seine Schwierigkeiten gespürt hatte, aber zu dem Zeitpunkt selbst nicht in der Lage gewesen war, ihm zu helfen. Es war mir unmöglich gewesen, irgendeinen Laut von mir zu geben, geschweige denn mit ihm zu sprechen.

Jean beschrieb, wie Ayahuasca ihn wie ein Güterzug getroffen hatte. Wie geplant, hatten Rolando und die anderen Schamanen ihn seiner Erfahrung selbst überlassen. Bevor Jean sich klar darüber werden konnte, hatte er sich in eine Eidechse verwandelt und sich auf ein seinen Worten nach sehr niederes Bewusstsein reduziert. Er hatte die Kontrolle komplett verloren. Er hatte das Wesen und das Verhalten einer Eidechse angenommen. Sein Ego und seine Identität waren vollkommen zerstört. Dieser Zustand dauerte eine halbe Ewigkeit. Voller Schrecken und total verloren war er der Gnade von *la Madre Ayahuasca* und ihrer grausamen Vormundschaft ausgeliefert gewesen.

Nachdem er das Erlebnis der Eidechse durchgestanden hatte, hatte er sich in eine Reihe von Gestalten verwandelt und war schließlich zu einer kläglichen Pfütze aus Energie destilliert, die sich über den Boden des Malokas ergoss.

Den Rest der Nacht verbrachte Jean mit dem Versuch zu begreifen, was passiert war. Einige Zeit danach bemerkte er, dass diese Erfahrung tatsächlich eine Art außersinnliche Wahrnehmung in Gang gesetzt hatte. Am nächsten Tag erholte er sich langsam, und mit der Zeit konnte er diese Erfahrung integrieren.

Menschen machen alle möglichen Arten von Erfahrungen mit Ayahuasca. Schamanisch gesehen muss man sehr vorsichtig sein, denn unter dem Einfluss dieser Medizin wird man mit unterschiedlichen energetischen Ebenen konfrontiert. Während der Zeremonie erhalten die einen bestimmte Botschaften, die anderen nehmen außergewöhnliche Dinge wahr. Für andere wiederum ist die Erfahrung rein körperlich, ohne irgendwelche Visionen. In anderen Fällen können die Erlebnisse sehr düster und verstörend, ja sogar angsterregend sein.

Wie gesagt, dolmetschte ich für Rolando, wenn er mit den *Pasajeros* sprach. Wir diskutierten über schwierige Erfahrungen mit Ayahuasca, über sehr persönliche Erlebnisse, wie auch das von Jean. Dabei wiederholten sich bestimmte Fragen und Klagen der Teilnehmer.

»Warum kommt das gerade in meiner Ayahuasca-Zeremonie hoch?«

»Das will ich gar nicht sehen.«

»Ich dachte, das hätte ich überwunden.«

»Ich dachte, damit wäre ich durch! Wo bleiben die wunderschönen Visionen?«

So wie die Fragen, habe ich auch Rolandos Antworten auf diese und ähnliche Fragen immer wieder übersetzt. Rolando hatte Ayahuasca nicht einfach auf einer Reise durch das Amazonasgebiet kennengelernt. Als *Ayahuasquero* aus dem Amazonasbecken lernte er von der Erfahrung mehrerer Generationen seiner eigenen Familie und der Gemeinschaft. Er war überrascht, immer wieder diese Fragen zu hören. Er bemerkte, dass Gringos immer schöne Visionen erleben wollten. Er meinte, dass sie es vielleicht nicht verstehen, oder vielleicht sei Ayahuasca nicht für sie gedacht. Düstere Visionen sind Teil der Erfahrung, auch für Fortgeschrittene und sogar für diejenigen, die meinen, sie seien über alle ihre Probleme hinweg. Die Fortgeschrittenen müssen lernen, durch diese Erfahrungen mit den dazugehörigen Ängsten und Zweifeln zu navigieren.

Rolando erzählte mir, wie es für ihn war, ein sehr bekannter Schamane zu werden und mit Ausländern zu arbeiten. Menschen, die er nicht kannte, begannen ihn zu beurteilen, über ihn zu reden und im Internet Kommentare über ihn zu verbreiten. Er wurde immer genauer beobachtet. Da er sich mit spiritueller Heilung befasste, erwartete man von ihm, dass er perfekt sei. Und wenn er den Erwartungen nicht entsprach – was jedem einmal passieren kann – kritisierten sie ihn und erzählten manchmal schreckliche Dinge über ihn.

Für Rolando war diese Situation wie eine dunkle Ayahuasca-Vision, die er ertragen musste. Seine Aufgabe bestand darin, mit diesen negativen Hieben umzugehen. Ihm wurde klar, dass er nicht leiden musste, egal was die Leute über ihn sagten. Stattdessen musste er vielmehr lernen, sich zu bedanken.

Warum sollte er sich bedanken? Weil die Aussagen der Leute wahrscheinlich der Wahrheit entsprachen. Und wenn sie wahr waren, dann waren sie es schon vorher, bevor Rolando überhaupt davon erfahren hatte, zu einem Zeitpunkt also, als es ihm gut ging und er lächelnd durchs Leben ging. Eigentlich hatte sich nichts verändert. Es war die gleiche Wahrheit wie vorher. Er bedankte sich, weil die Kritik und die Negativität der Menschen ihm zu mehr Bewusstheit verholfen hatten.

Die Dunkelheit erhöht unsere Bewusstheit, stellte Rolando fest, und wir sollen dankbar dafür sein. Jean durfte dies am eigenen Leib erfahren.

Schamanische Pflanzenmedizin ist nicht für jeden das Richtige

Jean hatte seine furchterregende Erfahrung überlebt und letztlich die Chance bekommen, sein Bewusstsein zu erhöhen und daraus zu lernen. Obwohl der Zustand der *mareación* durch den Ayahuasca-Trunk manchmal überwältigend war und scheinbar »ewig«

dauerte, war er nach vier oder fünf Stunden vorbei. Das ist jedoch nicht immer der Fall. Es gibt intensive Ayahuasca-Erlebnisse, die weder sicher noch konstruktiv sind.

Während seiner schockierenden Ayahuasca-Reise hatte sich Jeans Ego vollkommen aufgelöst. Forscher haben diese Erfahrung zu psychedelisch induzierten Veränderungen im Gehirn (im DMN) in Beziehung gesetzt.[1] Eine solche schnelle Auflösung des Ego kann sehr intensiv und manchmal sogar problematisch sein. Das Ego dient dazu, uns zu erden, die Realität richtig einzuschätzen, zu planen und Unsicherheiten zu vermeiden. Wenn wir nicht gut vorbereitet sind, dann führt eine schnelle Auflösung des Egos zu magischem Denken, Paranoia und Wahnvorstellungen. Eine Offenheit im Denken zu pflegen ist gesund, aber ein Denken, das nicht in der Realität verwurzelt ist, kann gefährlich werden.

Menschen mit einer Vorgeschichte bipolarer Störungen, Schizophrenie oder psychotischen Symptomen wird die Einnahme schamanischer Pflanzenmedizin derzeit nicht empfohlen. Solche Menschen sind besonders anfällig für die psychisch destabilisierende Wirkung von Ayahuasca. Wenn sie es einnehmen, kann dies zu anhaltenden und problematischen Veränderungen im Bewusstsein führen.[2]

Ich kenne einige Fälle, in denen Ayahuasca gefährdete Personen in manische und psychotische Zustände beförderte, die Tage und sogar Wochen andauerten. Trotz der Versuche, diesen Menschen mit traditionellen Methoden zu helfen, war letztlich eine psychiatrische Intervention unvermeidbar, um sie wieder in ihre ursprüngliche Verfassung zurückzubringen.

Auch wenn die schamanischen Pflanzenheilmittel heilig sind, sind sie nicht für jeden bestimmt. Bei medizinischen Entscheidungen tragen sowohl der Patient als auch der Arzt die Verantwortung. Werden bei bestimmten Erkrankungen die Behandlungsmöglichkeiten abgewogen, ist es wichtig, den Rahmen, den Arzt oder die Ärzte sowie eine angemessene Ausführung sehr sorgfältig auszuwählen.

Abgesehen davon kann ein verantwortungsvoller Umgang mit Ayahuasca und den Meisterpflanzen bei einer Reihe von spezifischen Erkrankungen therapeutisch wirken. Das gilt auch für die posttraumatische Belastungsstörung (PTBS). Als ich im Jahr 2009 meine erste Gruppenreise nach Iquitos organisierte, erlebte ich eine solche Situation hautnah mit.

8

Behandlung posttraumatischer Belastungsstörungen auf dem Raumschiff Erde

Im Jahr 2009, nicht lange nach der Tukuymanta-Versammlung in Bogotá, reiste ich wieder nach Iquitos. Dort traf ich mich mit einer Gruppe von Suchenden, für die ich ein zehntägiges Programm zusammengestellt hatte. Wir nannten diese Gruppe liebevoll das »Raumschiff Erde« – eine Abspaltung einer kosmischen Bewusstseinseinheit, die eine Reise durch die Galaxie antritt. Das Raumschiff Erde ist ebenso der Name einer futuristischen Zeitmaschine, die man in Disneyworld erleben kann.

Dies war meine vierte Reise nach Iquitos. Im Jahr 2007 war ich zum ersten Mal mit Keyvan dorthin gereist, meine zweite Reise habe ich in den Kapiteln 6 und 7 beschrieben. Bei meiner dritten Reise 2008 war ich mit meinem Freund C. G. in Iquitos. Er wollte herausfinden, ob die Schamanen ihm bei seinen anhaltenden Verdauungsproblemen und seiner emotional traumatischen Kindheit helfen könnten. Zu dem Zeitpunkt war Ricardo Amaringo dort, und er war sehr hilfreich. Wir hatten nur sieben Tage Zeit, dennoch war C. G. sehr beeindruckt. Bevor wir uns verabschiedeten, teilte mir die Verwaltung des Zentrums mit, dass mein nächster Aufenthalt kostenlos sein würde, wenn ich mit einer Gruppe von zehn oder mehr Teilnehmern zurückkäme. Wieder zurück in den USA half mir C. G., genügend Teilnehmer für das Projekt Raumschiff Erde zusammenzubekommen.

Durch ein Netzwerk aus Freunden und Freundesfreunden bildete sich eine sehr interessante Gruppe. Insgesamt waren es zehn Teilnehmer, neun Männer und eine Frau: Student, Musiker, Körpertherapeut, Akupunkteur, Pädagoge, Rentner und Psychiater … Zur Gruppe gehörten auch Miguel, der Schwiegervater meines jüngeren Bruders Camilo, und ein Universitätsprofessor aus Phoenix mit seinem guten Freund Russ, einem pensionierten Gesundheitsberater und Vietnamveteran. Ihre Anwesenheit war für mich besonders wichtig, da Miguel ein enger Freund meiner Eltern ist.

Das Raumschiff Erde startete im Frühjahr 2009. Ich befand mich in meinem zweiten Jahr des Forschungsstipendiums an der UCSD und arbeitete weiterhin halbtags als Arzt.

Auf meinem Weg von Bogotá traf ich mich mit einigen »Crewmitgliedern« in Lima. Den Rest der Gruppe trafen wir in Iquitos, wo unser Programm an einem Freitag beginnen sollte. Ricardo arbeitete wieder im Zentrum, Rolando war nach Pucallpa zurückgekehrt. Als Hauptassistent der Schamanen führte Ricardo selbst die Zeremonien durch und kümmerte sich auch um unsere privaten Gruppenzeremonien.

Wie üblich bereiteten wir uns mit dem Brechmittel vor und begannen unsere Vegetalista-Diät. Die meisten Gruppenmitglieder nahmen zusätzlich zum Ayahuasca-Trunk in der Zeremonie weitere Pflanzen ein, die sie in ihrem Heilungsprozess unterstützten. Ich selbst wollte nach Abreise der Gruppe noch eine einmonatige Diät mit der Meisterpflanze des Cocastrauches (*Erythroxylum coca*) machen, auf die ich mich vorbereitete.

Einige von uns waren ein paar Tage früher angereist, und wir wurden zu einer zusätzlichen Zeremonie am Mittwoch eingeladen.

Diese erwies sich als relativ wirkungslos. Obwohl wir zwei bis dreimal Ayahuasca tranken, spürte niemand einen besonderen Effekt.

Auch wenn diese abgeschwächte Zeremonie den Neulingen ihre erste Angst nahm, machte ich mir Sorgen um die Erfahrung für meine Gruppe. Ich sprach mit dem Behandlungsteam darüber und wurde beruhigt. Für unsere Zeremonie am Freitagabend würde der Ayahuasca-Trunk »extra stark« sein. Wie ich später erfahren sollte, bedeutete diese Ansage, dass mehrere Crewmitglieder sich in die Hosen machen würden, und zwar vier von den zehn. (Das wurde uns bei der üblichen Gesprächsrunde mit den Schamanen am Morgen nach der Zeremonie mitgeteilt. Ricardo lachte so sehr, dass er vom Stuhl fiel und auf dem Boden herumrollte. So etwas hatte ich lange nicht mehr gesehen.)

Am Freitagabend versammelte sich unsere inzwischen vollständige Gruppe im Maloka und wartete auf die Schamanen. Zwar hatte ich die meiste Erfahrung, doch war sie nicht sehr üppig. Abgesehen von der abgeschwächten Pseudo-Zeremonie am Mittwoch war ich zum letzten Mal vor sieben Monaten im Dschungel gewesen, mit C. G.

Die Stimmung in der Gruppe war heiter. Wir fanden uns alle auf unseren Matten ein und machten dabei ein paar Witze. Schließlich kam Ricardo in den Raum. Es überraschte mich, ihn allein zu sehen, da er normalerweise mit mindestens einem Assistenten arbeitete. Er setzte sich auf die Matte neben mich.

»Ricardo, was ist dein Plan?«, fragte ich ihn.

»Na ja, wir werden Ayahuasca trinken und die Zeremonie einleiten«, erwiderte er.

»Ja, aber du bist ganz allein. Wer unterstützt dich denn?«, wollte ich wissen.

»Oh, du wirst mir helfen, Joe«, antwortete er ruhig.

Der klang nicht gut für mich.

»*Ich* soll dir helfen? Ich war seit sieben Monaten nicht mehr in einer Zeremonie, ich bin überhaupt nicht vorbereitet, ich glaube nicht, Ricardo.«

»Doch, Joe. Du wirst mir helfen«, bekräftigte er.

Ich war mir nicht sicher, was das zu bedeuten hatte. Der Gruppe gegenüber fühlte ich mich verantwortlich, aber mir war nicht klar, was er von mir erwartete. Das musste ich abwarten. Ricardo verteilte den Ayahuasca-Tee, und wir tranken alle nacheinander. Ricardo nahm den Trunk als Letzter und blies wieder seine Icaros ins Glas hinein, bevor er trank. Wir lehnten uns alle zurück und warteten in der Dunkelheit.

Zu diesem Zeitpunkt hatte ich Ayahuasca etwa zwanzigmal getrunken. Seitdem gab es noch viele weitere Male, doch im Rückblick war diese Nacht eine der stärksten Ayahuasca-Erfahrungen, die ich jemals hatte. Ich war, wie wir sagen, »super-*mareado*«, d. h., ich erlebte einen starken Effekt von Ayahuasca.

Der Ayahuasca-Tee wirkte sehr stark. Wenn der Trunk dermaßen stark ist, kommt manchmal alles auf einmal, mit gesamter Wucht, *toda su fuerza*, in einem Tsunami von überwältigender Energie. In diesem extrem veränderten Zustand verliert man jeden Sinn für Zeit und Raum. Es kann sehr desorientierend sein. Man löst sich in einem viel größeren Universum auf und verliert oftmals die Fähigkeit, dieses Erlebnis mit Worten zu beschreiben.

Als mich die Wirkung überrollte, merkte ich kaum etwas von dem, was um mich herum geschah. Aus dem Stöhnen in der Gruppe wurde klar, dass vielen übel war und sie sich übergeben mussten. Trotz der chaotischen Szene blieb Ricardo irgendwie gelassen.

Inmitten meines überwältigenden Erlebnisses erschien seine schamanische Präsenz übernatürlich. Er saß dort und beobachtete, dann begann er leise zu singen. Nach ein paar einleitenden Icaros rief er mich zu sich, damit ich mich vor ihn hinsetzte. Er wollte für mich singen, um die Verbindung mit Coca und meiner Diät herzustellen. Durch seinen Gesang bereitete er die Verbindung zum Coca-Geist und seiner Medizin vor.

Ich kroch hinüber und setzte mich vor Ricardo hin. Meine Sicht war durchtränkt mit Farbe und zunehmend hellem Licht. Wie er es gelegentlich tut, begann Ricardo seinen Icaro mit einer unmittelbaren und beeindruckenden Lautstärke. Schon mit der ersten Silbe schmetterte er eine Magie heraus, eine laute Magie. Mein Geist hatte sich schon größtenteils aufgelöst, und dieser Icaro fegte den letzten Rest weg. Der Gesang ging weiter, und ich hatte das Gefühl, als würde ich in die Luft gehoben. Der Gesang tanzte in leuchtenden Farben um mich herum – Rosa, Orange, Gelb, Grün und Lila. Ricardo sang in Shipibo, und inmitten des immer mächtigeren Chaos hörte ich immer wieder das Wort »Coca« und erhaschte ein Bild von seinem Gesicht.

Der Gesang hielt mich scheinbar schwebend in der Luft, fast einen Meter über dem Boden. Es fühlte sich so an, als habe mich mein Herz in die Luft gehoben. Meine Gedanken dehnten sich über meinen Verstand hinaus aus und konnten sich nicht mehr miteinander verbinden. Meine Sinne waren überwältigt, außer Kraft gesetzt, einfach von allem gelöst. Augen offen, Mund offen, ich konnte nur empfangen. Ich erlebte nur Energie, grelle Energie. Es ging hier nicht darum, mich klein zu fühlen. Mein Ego hatte sich aufgelöst.

Ich wusste nicht, wie lange es dauerte, aber irgendwann beendete Ricardo seinen Gesang mit ein paar zischenden Ausatmungen. Mein Schädel war eine leere Hülle. Ich hörte die Teilnehmer um mich herum, aber mehr auch nicht.

Ricardo meinte dann: »Gut, Joe, fangen wir an.«

Was denn anfangen?, fragte ich mich. Mit leerem Blick starrte ich ihn in der Dunkelheit an, und mir war dabei nur eines klar: Ich war nicht fähig, irgendetwas anzufangen. Das teilte ich Ricardo mit. Ich sagte zu ihm, ich hätte alles vergessen, sogar wer diese anderen Leute waren und warum sie hier bei uns waren. All das verwirrte mich noch mehr.

Ricardo sagte ruhig zu mir: »*Concéntrate.*« Im Spanischen beinhaltet dieses Wort mehr als nur die geistige Konzentration, es geht auch um die Sammlung des Selbst. Ricardo forderte mich auf, mein Sein wie Orangensaft zu konzentrieren und meinen Geist zu fokussieren. Ich erwiderte, dass mir das nicht möglich sei.

Er wiederholte einfach nur mehrmals: »*Concéntrate.*« Dann änderte er seine Strategie. Er meinte, er würde es mir einfach machen, und bat mich, ihn zu der Person zu führen, der es am schlechtesten ging. »Wem geht es hier am schlechtesten? Wer braucht hier am meisten Hilfe?«, fragte er. »Bring mich zu der Person, die am meisten Hilfe braucht.«

Das war der Weg aus der Verwirrung, wie ich lernen sollte: Folge dem, was am offensichtlichsten ist.

Ich hörte immer noch viel Stöhnen und Herumrollen. Eine Person fiel mir jedoch auf: Russ, der über sechzigjährige Vietnamveteran, der zusammen mit Miguel zur Gruppe gekommen war. Russ schien ein virtuelles Kriegsgebiet um sich herum zu entwickeln. Lautes Erbrechen, Stöhnen und der Eindruck, jemand würde kämpfen, erregten meine Aufmerksamkeit. Wie wir später erfuhren, hatte Russ eine schöne Zeit beim Beobachten eines galaktischen Krieges zwischen extraterrestrischen Kräften und so etwas wie mythologischen hinduistischen Wesen. Dennoch wirkte es von außen gesehen besorgniserregend. Ich war mir nicht sicher, ob ich mich ihm nähern wollte, aber ich sagte zu Ricardo, es sei *el amigo* Russ, dem es anscheinend am schlechtesten ging. Ricardo antwortete sofort: »Bring mich zu ihm.«

Russ stammt ursprünglich aus Trinidad, einer kleinen Stadt in Colorado. In seiner Kindheit war es eine sehr ländliche und raue Gegend, in der auch Gewalt eine Rolle spielte. Als er alt genug war, ging er zum Militär und wurde nach Vietnam geschickt. Zunächst war er bei der Infanterie, dann wurde er in den medizinischen Bereich zu den Dust-Off Boys (der Flugambulanz) versetzt. Zu ihren Aufgaben gehörte es, schwerverletzte oder sterbende Soldaten aus dem Kriegsgebiet zu evakuieren. Russ erzählte, dass sein Hubschrauber mindestens siebenmal abgeschossen wurde und mindestens genauso oft einen technischen Defekt hatte. Russ wurde durch Splitter verwundet und ging durch die Hölle. Er erlebte einige der furchtbarsten Dinge, die einem Soldaten im Krieg begegnen können.

Nach seinem Einsatz in Vietnam kehrte Russ als Adrenalinjunkie zurück in eine Gesellschaft, die Veteranen wie ihm nicht unbedingt wohlgesinnt ist. Eine Zeit lang war er auf einer Ranch in Colorado, um sich dort zu erholen. Schließlich drückte er noch mal die Schulbank, um sich für einen höheren Bildungsweg zu qualifizieren. Er machte sein Diplom als Berater und Sozialarbeiter, konnte sich wieder in die Gesellschaft integrieren und hielt sich als Reservist für das Militär bereit. Den größten Teil seiner Berufstätigkeit verbrachte er im Gesundheitswesen, im Personalwesen und in der Verwaltung.

In den frühen Neunzigerjahren, zu Beginn des Golfkrieges, zeigten sich bei Russ Symptome einer posttraumatischen Belastungsstörung (PTBS). Offiziell wird PTBS als psychische Erkrankung definiert, die sich nach einem traumatischen Ereignis wie einem sexuellen Übergriff, Kriegserlebnissen, Verkehrsunfällen oder anderen lebensbedrohenden Situationen entwickeln kann.[1] Zu den Symptomen gehören angstbesetzte Gedanken, Erinnerungen an das Ereignis oder Träume, die damit in Verbindung stehen, psychisches oder körperliches Leid, das durch ähnliche Situationen ausgelöst wird, und der Versuch, solche Auslöser zu vermeiden, Veränderungen in den Denk- und Gefühlsmustern der Person und erhöhte Reizbarkeit.

Während des zweiten Golfkrieges verschlimmerte sich Russ' Zustand. Besonders schwer fiel es ihm, seine Wut zu beherrschen. So sagte er: »Bei der Arbeit wirkte ich ziemlich einschüchternd, die Leute hatten Angst vor mir.« Er war chronisch gestresst.

Russ erzählte weiterhin: »Ich dachte immer, PTBS sei eine Variante von BS, der bipolaren Störung, bis ich die Symptome bei mir selbst erlebte. Ich hörte Leute darüber sprechen und dachte, sie hatten vermutlich eine verkorkste Kindheit und waren einfach nur schwach und konnten nicht damit umgehen. Doch es gab ein jähes Erwachen. Es ist tatsächlich eine legitime Diagnose.«

Im Laufe der Jahre litt zudem seine körperliche Gesundheit, da er auch Agent Orange ausgesetzt gewesen war. Nachdem Russ eine Zeit lang Schmerzen in der Brust gehabt hatte, erhielt er die Diagnose koronare Herzerkrankung (KHK) und bekam 1997 schließlich einen Bypass. Etwas später wurden koronare Stents eingesetzt, um den Blutfluss zum Herzen zu gewährleisten. Russ wurde gegen Bluthochdruck und hohen Cholesterinspiegel behandelt, 1998 wurde zudem Diabetes Typ II diagnostiziert, wogegen er ebenfalls Medikamente nahm. (Herz-Kreislauf-Erkrankungen können übrigens ein Ausschlusskriterium für die Teilnahme an einer Ayahuasca-Zeremonie sein. Denn wenn das Herz nicht gesund ist, ist es durchaus möglich, dass man während eines intensiven Erlebnisses einen Herzinfarkt oder Schlaganfall bekommt. Bevor Russ zum Raumschiff Erde stieß, war er von seinem Kardiologen untersucht worden und hatte einen Belastungstest absolviert.)

Im Jahr 2003 wurde bei Russ offiziell PTBS diagnostiziert. Von 2003 bis 2009 war er deswegen in psychiatrischer Behandlung bei der US-amerikanischen Veterans Administration. Er erhielt Antidepressiva und nahm fünf Monate lang an Einzel- und Gruppentherapien teil.

Kriegsveteranen mit einer chronischen PTBS werden häufig psychoaktive Substanzen verschrieben.[2] Vielen Patienten wird die kognitive Verhaltenstherapie angeboten, mit deren Hilfe sie die Vermeidungssymptome und die Selbstanklage reduzieren und wieder Gefühle von Vertrauen und Nähe entwickeln können.[3] Bei anderen ist eine Konfrontationstherapie sehr wirksam.[4] In dieser Therapie spricht der Klient, unterstützt von einem Therapeuten, wiederholt über die traumatischen Ereignisse, bis er seine emotionalen Reaktionen verlernt hat. Wieder andere machen gute Fortschritte mit der EMDR (Eye Movement Desensitization and Reprocessing) Traumatherapie. Dabei rufen sie sich eine belastende Situation in Erinnerung, während vom Therapeuten verschiedene Sinneseindrücke aktiviert werden, zum Beispiel die Bewegung mit den Augen von einer Seite zur anderen. EMDR soll die Gedächtnisverarbeitung durchbrechen, wodurch die emotionale Intensität, die der traumatischen Erinnerung anhaftet, zerstreut wird.

Russ hatte also Medikamente eingenommen, Psychotherapie gemacht und auch EMDR versucht. Durch diese Behandlungen konnte er seine Symptome in Schach halten, er befand sich jedoch nicht auf dem Weg der Heilung. Zu diesem Zeitpunkt in seinem Leben war er nicht sonderlich offen für Therapien, wie er selbst zugab. Er war vielmehr an traditioneller Heilkunde interessiert. Seine Großmutter in New Mexico hatte sich gut mit Heilkräutern ausgekannt und war eine traditionelle Heilerin und Hebamme gewesen.

2009 entwöhnte sich Russ langsam von den Psychopharmaka, um sich für das Raumschiff Erde vorzubereiten. Obwohl wir nur begrenzte Informationen über mögliche Wechselwirkungen mit anderen Medikamenten haben, wissen wir, dass Ayahuasca mit bestimmten Antidepressiva (die SSRI) und ähnlichen Mitteln interagieren kann. Dadurch wird der Körper möglicherweise zu einer gefährlichen übermäßigen Serotoninausschüttung verleitet. Um das Risiko zu minimieren, entschied sich Russ, die Einnahme seiner Medikamente zu unterbrechen. Wir er erzählte, fühlte er sich nicht viel anders, nachdem er sie abgesetzt hatte.

Vor seiner ersten Zeremonie beriet sich das schamanische Behandlungsteam mit Russ, um seine psychische und physische Krankengeschichte zu überprüfen. Die Schamanen wollten den Grund seines Besuchs wissen. Russ sagte, er hätte seine Antwort darauf vergessen, aber er hat vermutlich gelogen. Die Schamanen bemerkten jedenfalls eine ziemliche Last, die er anscheinend auf seinen Schultern trug, und sprachen dieses Thema an. Russ verleugnete es und meinte, er habe sich nie als eine gestresste Person empfunden. Die Schamanen sahen dies anders.

Während unseres Zehn-Tage-Programms überwachten wir Russ' Blutdruck und Blutzucker. Beide bewegten sich während der gesamten Zeit innerhalb der normalen Grenzwerte.

Als nun Ricardo und ich bei der ersten Raumschiff-Erde-Zeremonie auf Russ zugingen, war er intensiv mit seiner Ayahuasca-Erfahrung beschäftigt. Er schaute in seinen Körper und sah schwarze Blutegel an die Oberfläche seiner Haut aufsteigen. Sie kamen aus seinem Magen und seinem Darm. Wie die Shipibos sagen, trieb Ayahuasca die Dunkelheit aus ihm heraus. Die Blutegel quollen hervor und huschten dann in unterschiedliche Richtungen davon.

Merkwürdigerweise sah ein weiteres Crewmitglied, Jared, der rechts von Russ saß, die Blutegel ebenfalls. Das kann in einer Ayahuasca-Zeremonie durchaus passieren, dass mehrere Personen die gleiche Erscheinung haben.

Ich saß still hinter Ricardo und war mir nicht sicher, was dort geschah. Nachdem Ricardo eine Weile zugesehen hatte, eröffnete er seinen Gesang mit einem unerbittlichen Icaro, der sich wie ein Maschinengewehr anhörte. Er schien sich tiefer und tiefer in Russ einzugraben. Als Ricardo mit dem Icaro begann, sah Russ die Blutegel nicht nur aus seinem Körper herausquellen, sondern herausfliegen. Wie Jared beobachtete, schien Ricardo immer tiefer liegende und noch schwärzere Blutegel herauszuziehen, an manchen hingen sogar Nägel. Blaue Funken flogen. Als Jared sah, wie sich Elektrizität zu entladen schien, war er ein wenig erschrocken. Ricardo setzte seine Arbeit fort. Russ saß die ganze Zeit aufrecht auf seiner Matte und musste zwischendurch immer wieder kotzen.

Diese schamanische Reinigung ging eine Zeit lang weiter. Ich lehnte mich im Dunkeln einfach zurück und versuchte mich zu sammeln. Der Icaro dauerte noch etwa eine Viertelstunde, und dann kehrte langsam Ruhe ein. Auch Russ beruhigte sich, und Ricardo war zufrieden.

»Joe, lass uns weitermachen«, sagte er. Es war an der Zeit, sich der nächsten Person, die Hilfe brauchte, zuzuwenden.

Russ hatte in dieser Nacht noch mehr sehr starke visuelle Erlebnisse, seine Visionen waren zum größten Teil inspirierend. Beispielsweise nahm er später auf dem Weg zur Toilette alle Sterne am Nachthimmel als ein Lichtnetzwerk wahr, sie waren alle miteinander verbunden. Als er längere Zeit nicht zurückkam, sah ich nach ihm. Er saß einfach nur da und war fasziniert von den freundlich gesinnten, farbenprächtigen Schlangen, die ihn in der Vision umgaben. Nach der Weltanschauung der Shipibos repräsentieren diese bunten Schlangen häufig medizinische Formen des Ayahuasca-Geistes. Sie kommen, um uns energetisch zu reinigen.

Neben der Vegetalista-Diät und den Ayahuasca-Zeremonien erhielt Russ im Verlauf des zehntägigen Programms individuelle Behandlungen mit Tamamuri (*Brosimum acutifolium*, einem Regenwaldbaum) und Knoblauchwein (*Mansoa alliacea*, einer tropischer Kletterpflanze). Diese Meisterpflanzen wurden ihm verordnet, um seine Visionsreise und seine Gesundheit, besonders den Diabetes, zu unterstützen. Die gesamte Mannschaft vom Raumschiff Erde wurde außerdem mit drei Blütenbädern behandelt. Russ liebte diese Blütenbäder, er beschrieb sie als sehr reinigend und beruhigend.

Nach seiner ersten intensiven Zeremonie nahm Russ an vier weiteren Ayahuasca-Zeremonien teil und erfuhr eine wesentliche Heilung während dieser zehn Tag mit dem Raumschiff Erde. Im Rückblick berichtet er über seine Erfahrungen mit der Amazonas-Pflanzenmedizin: »Als ich die Medizin in der ersten Nacht nahm – und ich nenne sie bewusst Medizin –, schien jede Synapse in meinem Gehirn befeuert zu werden. Ich kann mir nicht vorstellen, dass eine Therapie so etwas erreicht hätte. Ich glaube, einige meiner neuronalen Muster wurden neu verschaltet.

Was ich bei dieser PTBS am meisten bereue, ist der Umgang mit meinen Kindern. Meine Töchter … meine Mädchen. Ich glaube, ich habe ihnen viel Leid zugefügt. Es fällt mir ziemlich schwer, das zuzugeben. Überall woanders hätte man von mir gedacht: Oh, er ist so ein netter Kerl, einfach liebenswert, so freundlich und so aufgeschlossen.

Mir wurde bewusst, warum ich meine Töchter mal so, mal so behandle oder behandelt habe. [Ich war zu streng mit ihnen, vor allem wenn es darum ging, wann sie wieder zu Hause zu sein hatten.] Bloß nicht zu spät zurückkommen. Wenn jemand in Vietnam nicht pünktlich zurückkam, mussten wir ihn holen, weil er dann in Schwierigkeiten steckte. Es tat mir nicht gut, weiterhin so zu denken. Es hatte sich in meinen Kopf eingebrannt und übertrug sich auf mein ganzes Leben.

Während einer der Zeremonien besuchte ich meine Kinder zu Hause. Es war spätabends, und sie schliefen schon. Ich schaute sie nur an und entschuldigte mich innerlich für die Dinge, die ich ihnen angetan hatte … Ich sprach auch mit meiner Mutter und meinen Großeltern, die bereits tot sind, so wie ich gerade mit dir spreche. Es war ein kraftvoller, sehr kraftvoller Augenblick.

Es gab einige Themen zwischen mir und meiner Mutter. Sie hatte Krebs, und als sie im Sterben lag, bat sie mich, sie zu ersticken, wenn es schlimmer werden sollte. Das konnte ich nicht. Sie hat mich ein paar Tage lang immer wieder darum gebeten. Anschließend hatte ich furchtbare Schuldgefühle. Sie war ein großer Fan von Jack Kevorkian*, der damals gerade Schwierigkeiten bekam. In der Zeremonie konnte ich mit ihr sprechen, so wie wir jetzt sprechen. Sie sagte mir: »Mein Sohn, ich hätte dich nie darum bitten dürfen. Es tut mir leid, dass ich das getan habe. Das war wirklich etwas Schlimmes.«

Durch den spirituellen Kontakt mit geliebten Menschen in der

---

* Jack Kevorkian ist ein Verfechter für die Unterstützung von unheilbar Kranken bei ihrer Selbsttötung; Anm. d. Ü.

Ayahuasca-Zeremonie konnte Russ sich mit seinen vergangenen Taten versöhnen und seine persönlichen Beziehungen klären. In der mystischen Welt konnte er die Blockaden, die er in Bezug auf seine Mutter und seine Töchter hatte, lösen. Sein Geist öffnete sich für ein größeres Verständnis und weitere Möglichkeiten. Er war in der Lage zu vergeben. Er hat das Raumschiff-Erde-Programm mit Leichtigkeit bestanden. Er hat eine schamanische Reinigung erfahren, seine neuronalen Muster wurden neu geschaltet, die Diät und die Behandlungen mit Pflanzen wirkten sich positiv auf seine körperliche Gesundheit aus. Er fühlte sich gereinigt.

Einige Monate nach seiner Rückkehr aus Peru meldete sich Russ bei der Veterans Administration in Tucson für einen Intensivkurs für integrative PTBS an. Er sagt dazu: »Dieses integrative Programm hat mir sehr geholfen. Ich wäre nie hingegangen, wenn ich nicht diese Arbeit in Peru gemacht hätte.« Er schloss sich einer PTBS-Therapiegruppe an und unterstützte andere Menschen, die unter PTBS litten, einschließlich junger Veteranen, die aus dem Nahen Osten kamen. Er lebt weiterhin in Arizona und arbeitet in Teilzeit in Colorado. Russ hat seit seinen Erlebnissen mit dem Raumschiff Erde keine Psychopharmaka mehr eingenommen. Gelegentlich nimmt er Marihuana als Medizin ein.

Im Jahr 2014 kehrte Russ für drei Wochen zurück nach Iquitos – inzwischen gab es das Nihue-Rao-Zentrum. Gegen Ende des Jahres stellten Russ und ich seinen Fall im Plenum am Southwestern College of Naturopathic Medicine (SCNM) vor. Dort sagte Russ über seine zweite Erfahrung: »Diese Reise war vollkommen anders als die erste. Es ging mehr um eine körperliche Heilung.« Während seines zweiten Aufenthalts in Peru nahm Russ geringere Dosen von Ayahuasca ein. In den Zeremonien erlebte er weniger Visionen, dafür aber eine wesentliche körperliche Reinigung und Heilung. Seine Gesundheit verbesserte sich zusehends. Als er beim Raumschiff Erde mitmachte, wog er etwa einhundertzwölf Kilo, fünf Jahre später nur noch ungefähr sechsundachtzig Kilo. Sein Bluthochdruck und sein Diabetes hatten sich verbessert, und die jeweiligen Medikamente konnten reduziert werden. Seitdem hat er auch keine Probleme mehr mit seinem Herzen gehabt.

Auf eine Frage aus dem Plenum zu seinen Erkenntnissen aus dem Prozess erwiderte er: »Entscheidend war, mir selbst zu vergeben für vieles, was ich getan habe. Ich glaube, man muss sich selbst erst vergeben, bevor einem andere Menschen vergeben können … Man muss in der Lage sein, sich wenigstens selbst zu helfen.«

Russ sprach an diesem Tag über Vergebung, und auch ich habe mittlerweile die heilende Kraft der Vergebung zu schätzen gelernt. Der berühmte Schweizer Psychiater Carl Gustav Jung bemerkte, dass sich Vergebung an der Schnittstelle zwischen Spiritualität und Psychologie befindet.[5] Sie hilft dabei, eine Brücke zwischen Religion und Wissenschaft zu schlagen, und ist zum einen ein geheimnisvoller Prozess, der in vielen spirituellen Traditionen von elementarer Bedeutung ist, zum anderen ein psychologischer Prozess, der für die Überwindung von Schuldgefühlen entscheidend ist. Vergebung ist letztlich eine Fähigkeit der Seele. Durch diese Fähigkeit gehen wir in Resonanz mit höheren spirituellen Energien. Wie andere Fähigkeiten der Seele (zum Beispiel Dankbarkeit, Mitgefühl und Liebe), wirkt Vergebung auf allen psychischen Ebenen, einschließlich der Träume und anderen psychospirituellen, psychologischen, psychiatrischen, psychedelischen und psychosomatischen Phänomenen. Vergebung ist ein spiritueller Prozess, der den Emotionalkörper heilt.

Um sich selbst zu vergeben, beginnt man mit dem mentalen Konzept und der Absicht. Man denkt darüber nach und versucht zu vergeben. Allerdings geschieht nichts dabei, bis man anfängt, die Vergebung zu fühlen. Erst wenn man sie in seinen Emotionen, seinem Herzen und seiner Seele spürt, beginnt sich etwas zu verändern. Man kann loslassen und annehmen. Vergebung ist ein spiritueller Prozess, der uns in unseren Emotionen heilt. Diese emotionale Heilung führt zur psychischen Entwicklung und körperlichen Gesundung. Wie im Fall von Russ, kann Ayahuasca in diesem Prozess hilfreich sein, da wir auf übersinnliche Weise über unsere geistige Voreingenommenheit hinausgetragen werden, zurück in unsere Herzen.

Was hat Ricardo nun getan, als er in dieser wilden Nacht im Maloka seine Icaros auf Russ losließ? Ricardo würde sagen, er habe Russ' Körper, Seele und Herz von den aufgestauten Energien des traumatisierenden Krieges gereinigt. Die ungesunden Energien, die Ricardo in den Visionen wahrnehmen konnte, entfernte er mit seiner Vorstellungskraft, seiner Medizin und seinem Icaro-Gesang.

Diese schamanische Art der Reinigung des energetischen Körpers kann auch als Reinigung des Emotionalkörpers bezeichnet werden. Die Traumaenergie, diese – wie die Shipibos es ausdrücken – dunkle Energie aus dem Emotionalkörper zu entfernen, beinhaltet oft einen physischen Säuberungsprozess in den Eingeweiden. Emotionen werden körperlich erlebt, wie wir wissen. Emotionale Reinigung geschieht oft durch physische Prozesse wie Weinen, Lachen, Erbrechen oder Durchfall.

Russ hatte durch die Zeremonie einen übersinnlichen Bewusstseinszustand erlangt, der es ihm erlaubte, sich seiner Vergangenheit mit mehr Gelassenheit und Verständnis zu stellen. Die Ayahuasca-Visionen gaben ihm die Gelegenheit, in einer emotional gesehen sehr realen Weise mit seiner Mutter und seinen Töchtern zu kommunizieren. Ayahuasca hat Russ durch einen Prozess der Selbstvergebung begleitet. Als er lernte, sich selbst anzunehmen, fand er Zugang zu einer Welt jenseits seiner selbst, zu einem größeren Universum. Er erkannte, dass er sein Leben verbessern konnte. Es gab also Grund zur Hoffnung. Solche Veränderungen im Denken gehen in der Regel einher mit der Steigerung des psychischen und körperlichen Wohlbefindens wie auch mit einer verbesserten Immunabwehr.[6]

Das zehntägige Raumschiff-Erde-Programm war eine unglaubliche Erfahrung und ein entscheidender, sehr lehrreicher Schritt im Rahmen meines »Fellowships of the River«. Ich lernte eine traditionelle Lerndiät kennen und »assistierte« Ricardo zum ersten Mal in einer Ayahuasca-Zeremonie. Außerdem konnte ich hautnah miterleben, wie eine traditionelle Behandlung auf eine etablierte westliche Diagnose wie PTBS einwirkt. Die Erlebnisse von Russ zeigten mir, wie Ayahausca und die traditionelle Amazonas-Pflanzenmedizin auch bei langjähriger Krankheit zu einem Durchbruch verhelfen können. Vier Jahrzehnte nach seinem Einsatz in Vietnam fand Russ seine Heilung im Amazonasgebiet.

9

Der Emotionalkörper

Russ' emotionale Heilung führte zu seiner geistigen und körperlichen Heilung. So funktioniert die schamanische Pflanzenmedizin. Sie heilt zunächst den Emotionalkörper und bringt dadurch Geist und Körper wieder in Einklang.

Wie das vor sich geht, schauen wir uns nun näher an. Wir befassen uns mit der traditionellen Behandlung der PTBS und lernen, wie schamanische Medizin den Emotionalkörper heilt.

Nachdem der Fall Russ bei einer weiteren Präsentation in San Diego vorgestellt worden war, sprach mich ein Veteran aus dem Irak-Krieg an. Er hatte während des Krieges tragischerweise aus Versehen seinen Freund erschossen. Danach war er aus dem aktiven Dienst ausgeschieden und hatte eine Psychotherapie begonnen. Während der Therapie gelang es ihm, den Vorfall *mental* als Unfall anzunehmen; er konnte sich jedoch nicht vergeben. *Emotional* war er nicht in der Lage, sich von seinen Schuldgefühlen zu befreien. Schließlich fand er den Weg zu einer Ayahuasca-Zeremonie. Dort konnte er sich endlich emotional klären und seine Schuldgefühle loslassen. Diese Zeremonie ermöglichte ihm die Heilung.

Die Heilung von PTBS erfordert oftmals eine tiefe emotionale

Heilung, die vom denkenden Geist nicht zu erfassen ist. Psychedelische Substanzen fördern eine Heilung auf tieferer Ebene, weil die Störung ganzheitlich behandelt wird: psychologisch, emotional und spirituell. Psychologisch gesehen scheint Ayahuasca so auf das Gehirn zu wirken, dass moralische Bewertungen abgeschwächt und starre Überzeugungen über die Vergangenheit aufgeweicht werden.[1] Aus schamanischer Sicht erlauben dieses Aufweichen und Öffnen ein umfassenderes Annehmen und einen Zugang zum tieferen emotionalen Selbst. Vergebung beginnt im Kopf, wird jedoch erst im Herzen vollendet.

Ich habe mich oft gefragt, wie man die Auswirkungen von Vergebung und die damit verbundene spirituelle Heilung messen kann. Das Raumschiff-Erde-Projekt gab mir die Gelegenheit, hierzu ein paar Antworten zu finden. Wie bereits erwähnt, war Paul Mills mit mir auf der Tukuymanta-Versammlung in Kolumbien gewesen. Paul wusste, dass ich bald danach mit einer Gruppe nach Iquitos reisen würde. Er schlug vor, ich könne einige Vorher-Nachher-Geschichten sammeln. Dafür würde er mir einen von ihm ausgearbeiteten Fragebogen zur persönlichen Meisterschaft mitgeben. Bei dem Fragebogen geht es um eine Einschätzung des eigenen Vertrauens, sowohl in das Leben als auch in sich selbst. (siehe folgende Abbildung).[2]

	Stimmt absolut nicht	**Stimmt nicht**	**Stimmt**	**Stimmt vollkommen**
1. Es gibt wirklich keine Möglichkeit, einige meiner Probleme zu lösen.	0 ○	1 ○	2 ○	3 ○
2. Manchmal fühle ich mich vom Leben herumgeschubst.	0 ○	1 ○	2 ○	3 ○
3. Ich habe wenig Kontrolle über die Dinge, die mir zustoßen.	0 ○	1 ○	2 ○	3 ○

	Stimmt absolut nicht	Stimmt nicht	Stimmt	Stimmt vollkommen
4. Ich kann ziemlich alles erreichen, was ich mir in den Kopf setze.	0 ○	1 ○	2 ○	3 ○
5. Ich fühle mich oft überfordert im Umgang mit den Problemen des Lebens.	0 ○	1 ○	2 ○	3 ○
6. Was mir in Zukunft passiert, hängt hauptsächlich von mir ab.	0 ○	1 ○	2 ○	3 ○
7. Ich kann nicht viel tun, um die wichtigen Dinge in meinem Leben zu verändern.	0 ○	1 ○	2 ○	3 ○

Russ hatte den Fragebogen vor und nach seiner Reise mit dem Raumschiff Erde ausgefüllt. Seine Punktezahl war nach der Reise höher als vorher, ebenso sein Gefühl der Hoffnung.

Je höher der Wert des Fragebogens zur persönlichen Meisterschaft ist, umso besser ist die Fähigkeit, sowohl psychisch als auch physisch mit Stress umgehen zu können. Höhere Werte werden in Zusammenhang gesetzt mit einer verbesserten Funktion des psychoneuroendokrinoimmunologischen (PNEI) Netzwerks, und zwar in Hinblick auf die Stressreaktionen des Körpers und seines Immunsystems.[3] Vom PNEI, Pauls Fachgebiet, haben wir schon weiter vorne gesprochen: Es ist das physiologische Netzwerk, das die Psyche, das Nervensystem, das Hormonsystem und das Immunsystem miteinander verbindet.

Im Fall von Russ führte die tiefe emotionale Heilung zu neuer Hoffnung und zu einem Rückgang der PTBS-Symptome. Seine höhere Punktezahl im Fragebogen implizierte, dass sich auch die Stressreaktion seines Körpers und sein Immunsystem positiv verändert hatten. Die Verbesserung seiner psychischen Gesundheit und seines Blutdrucks waren weitere Indizien für die Heilung, die in seinem Körper stattgefunden hatte.

Die schamanische Pflanzenmedizin half Russ, seine PTBS zu heilen, indem sie sein PNEI-Netzwerk heilte.

Das PNEI-Netzwerk ist die physische Manifestation dessen, was in anderen traditionellen Medizinsystemen wie Ayurveda und TCM als Emotionalkörper bezeichnet wird. Unsere emotionale Gesundheit, die durch unser Glaubenssystem geprägt ist, spiegelt sich in unserer emotionalen Physiologie wider, das heißt in der Funktionsweise des t-Netzwerks.

Die PTBS wird durch ein emotionales Trauma verursacht. Dieses Trauma wird in den Emotionalkörper eingeschlossen, das heißt, in das PNEI-Netzwerk. In seiner ersten Ayahuasca-Zeremonie sah Russ diese eingeschlossene Energie in Form von schwarzen Blutegeln, wie sie aus seinem tiefsten Inneren an die Oberfläche hochstiegen. Bei der PTBS lauern tiefsitzende emotionale Traumata in einem, die viele Elemente des Emotionalkörpers durcheinanderbringen. Das führt zu einer überwältigenden Angst und Beklommenheit (psychologisch), zu einer überaktiven Kampf-oder-Flucht-Reaktion (im Nervensystem), zu anormalen Adrenalin- und Cortisolwerten (im Hormonsystem) und zu einer überschießenden Entzündungsreaktion (im Immunsystem).[4]

Die PNEI-Forschung legt weiterhin dar, wie Geist und Körper biochemisch verbunden sind und wie sich emotionale Störungen im Körper niederschlagen. Die Mind-Body-Forschung hat beispielsweise gezeigt, wie Depressionen unsere Fähigkeit, Krankheiten zu bekämpfen, beeinträchtigen (von Erkältungen und Husten bis hin zu Krebs) und wie chronischer Stress zu Bluthochdruck führt. Geist und Körper bilden eine Einheit. Ich finde die Beschreibung von Eckhart Tolle passend, der als Autor und Meditierender schreibt: »Emotionen entstehen dort, wo sich Geist und Körper treffen.« Emotionen sind die Brücke, wodurch Geist und Körper verbunden werden. Das PNEI-Netzwerk ist der Inbegriff dieser Brücke.

Shipibo-Schamanen würden die PTBS, wie im Fall von Russ, als ein spirituelles Problem betrachten, ausgelöst durch die angestauten Energien der Kriegserlebnisse und der Traumata. Diese aufgestauten »Energien« führen zu einer Funktionsstörung im Emotionalkörper und seinen verschiedenen Bereichen. Traditionell ausgedrückt manifestiert sich eine spirituelle Krankheit als Störung im Emotionalkörper.

Ein Kernelement dieses Emotionalkörpers ist das Stressreaktionssystem, das sich durch die Kampf-oder-Flucht-Reaktion ausdrückt. Dieses Stressreaktionssystem besteht aus dem Hypothalamus (im limbischen System zuständig für die emotionale Verarbeitung), der Hypophyse (auch Teil des limbischen Systems) und den Nebennieren (die Hormondrüsen, die über den Nieren liegen). Dieses Stressreaktionssystem wird als HPA-Achse (Hypothalamus-Hypophysen-Nebennierenrinden-Achse) bezeichnet, welche Prozesse wie die Produktion von Adrenalin und Cortisol, den Stresshormonen, steuert. Die HPA-Achse ist ein Hauptakteur bei stressbedingten Erkrankungen und beeinflusst die Art, wie unser Körper Krankheiten bekämpft und Entzündungen reguliert. Dieses Kernelement des Emotionalkörpers ist der aktuelle Schwerpunkt einer wachsenden Forschungsgruppe zum Thema PTBS. Emotionale Heilung durch schamanische Methoden heilt die PTBS teilweise durch das verbesserte Funktionieren der HPA-Achse und anderer Bereiche des Emotionalkörpers.

Psychedelische Medizin ist weiterhin sehr vielversprechend in der Behandlung der PTBS und anderen emotional bedingten Problemen. In den Vereinigten Staaten und im Ausland ist die aktuelle Forschung zur MDMA-unterstützten Psychotherapie für Patienten mit PTBS besonders anschaulich.[5] Zusätzlich zu den Auswirkungen auf Netzwerke wie das Ruhemodusnetzwerk (DMN) wurde entdeckt, dass psychedelische Medizin wie MDMA (Ecstasy) und Ayahuasca unmittelbar auf das limbischen System einwirken – das Zentrum im Gehirn, das Emotionen verarbeitet.[6] Dieses entscheidende System fungiert auch als ein sensorisches

Integrationssystem, das unser Erleben der Außenwelt mit unserem inneren Erleben (Interozeption) vereinigt.

Als ich 2009 mit dem Raumschiff Erde in Iquitos war, wusste ich noch nicht viel über die PTBS-Forschung oder das limbische System. Ich hatte jedoch beobachtet und erlebt, wie Pflanzenmedizin und spirituell orientierte Methoden eine tiefe emotionale Heilung einleiten konnten, sogar in schwierigen Fällen wie die PTBS bei Russ.

Die Mind-Body-Forschung hat mich weiterhin sehr interessiert, am meisten wollte ich jedoch über die Prozesse in einer Zeremonie, über den Schamanismus, lernen.

10

Die Anfänge des Nihue Rao Centro Espiritual

Nach dem Raumschiff-Erde-Programm reiste ich nach Pucallpa, um dort mit Rolando meine einmonatige Coca-Diät fortzusetzen. Eine Woche verbrachte ich in einem abgelegenen Tambo am Yarinacocha-See, anschließend kehrte ich zum Zentrum in Iquitos zurück, um den Prozess zu beenden. Es war meine erste Erfahrung mit der »Lerndiät«. Zwar ist der Prozess ähnlich wie bei der Heildiät, doch die Lerndiät hat ein anderes Ziel: Man erlernt die Medizin der Pflanzen. Die Lerndiät ist strenger und wird über einen längeren Zeitraum durchgeführt. Auch wenn man während einer Lerndiät Heilung erfahren kann, dient sie in erster Linie dazu, die spirituelle Medizin der eingenommenen Meisterpflanze in sich zu integrieren. In Ricardos Tradition wiederholt man diese Lerndiäten immer wieder, um die eigene Medizin zu bereichern und zu stärken. Auf diese Weise wird man zu einem Shipibo *curandero*, einem traditionellen Shipibo-Heiler.

Die Cocapflanze ist ein Lebewesen und eine hoch angesehene Heilpflanze in der traditionellen Andenkultur, die sich über Bolivien, Peru, Ecuador und Kolumbien erstreckt. Es ist eine extrem nahrhafte Pflanze, reich an essenziellen Mineralstoffen und Vitaminen. Ganz im Gegensatz zu seinem berüchtigten Derivat Kokain (eine chemischen Substanz, für deren Gewinnung meist Cocablätter in Benzin eingeweicht werden). Für die Inka war Coca die allerheiligste Pflanzenmedizin. Der Cocastrauch ist auch in der Tradition der Amazonas-Shipibos eine angesehene Meisterpflanze. Mir wurde gesagt, dass ich mithilfe einer Coca-Diät seine Medizin verstehen und mich mit den spirituellen Energien der Inkas verbinden könnte.

Um sich intensiv mit einer Meisterpflanze zu verbinden, reiche ein Monat nicht aus, sagten mir die Shipibo-Schamanen. Sie empfahlen ein Minimum von sechs Monaten, um die Verbindung zu initiieren. Ich war jedoch noch dabei, die Shipibo-Medizin zu erforschen, und war außerdem nicht bereit, eine solche Verpflichtung einzugehen.

Ich genoss die einmonatige Diät, war mir jedoch über ihren Nutzen nicht ganz im Klaren. Von anderen Ausländern hatte ich gehört, welche unglaublichen Erfahrungen sie während ihrer Lerndiät gemacht hatten. Sie hatten von intensiven Träumen gesprochen, von ausgedehnten mentalen Gesprächen mit dem Geist der Meisterpflanzen, sowohl tagsüber als auch nachts während der Ayahuasca-Visionen. Meine Erfahrungen waren anders. Die Lerndiät war für mich vielmehr ein subtiler Prozess.

In der letzten Nacht meiner Coca-Diät hatte ich während der Ayahuasca-Zeremonie flüchtige Visionen von Geistern in traditioneller Kleidung der Inkas. Vielleicht war das nur meine Fantasie oder eine Projektion, vielleicht auch eine Art Verbindung, nach der ich gesucht hatte. Ich war mir nicht sicher. Wie auch immer, diese Vision ermutigte mich, die Diät zu einem späteren Zeitpunkt weiterzuführen.

Während ich noch in Peru blieb, reiste Miguel mit dem Rest der Gruppe zurück nach Phoenix. Er hatte während des Raumschiff-Erde-Programms sein persönliches transformierendes Erlebnis gehabt. Insbesondere war ihm die Spirale der Gewalt in seiner Herkunftsfamilie bewusst geworden, und wie sich das auf seine eigene Familie auswirkte. Zurück in Arizona erzählte er meinen Eltern von seinen Erlebnissen und über die Fortschritte bei Russ. Meine Eltern waren nach wie vor ziemlich skeptisch gegenüber meinem Engagement im Amazonas. Allerdings bemerkte mein Vater eine Veränderung bei Miguel und wurde auch neugierig auf das, was sich in Russ gewandelt hatte.

Nach meiner Diät kehrte ich in die Vereinigten Staaten zurück und arbeitete weiter in Teilzeit im Labor. Kurz darauf hatte ich die Gelegenheit, mich mit meinem Vater über meine Erfahrungen im Raumschiff Erde auszutauschen. Wir telefonierten zwanzig Minuten lang, und er war besonders daran interessiert, was Miguel und Russ während der Zeremonien erlebt hatten. Ich erzählte ihm davon, auch von einigen mysteriösen Geschehnissen. Dieses Telefongespräch war das einzige Mal, dass ich die Gelegenheit hatte, mit meinem Vater von Arzt zu Arzt zu sprechen.

Nicht viel später, im Juni 2009, starb mein Vater. Vermutlich war es ein Herzinfarkt, es gab jedoch keine Autopsie oder medizinische Untersuchung. Im Herbst zog ich nach Arizona, um gemeinsam mit meiner Familie zu trauern und die Angelegenheiten meines Vaters zu regeln.

Nach einer Weile beantragte ich eine ärztliche Zulassung in Arizona und begann in Phoenix als Arzt auf Honorarbasis zu arbeiten. Als Honorararzt konnte ich immer nur für zwei oder drei Monate arbeiten und hatte so die Zeit und die Flexibilität, mich weiterhin mit der Pflanzenmedizin des Amazonas zu beschäftigen.

Ayahuasca-Tourismus

Zu dieser Zeit erfuhr ich mehr über die Probleme, die der Ayahuasca-Tourismus nach sich zieht. Eine steigende Zahl von Besuchern, die *la medicina* erleben wollen, ist für Orte wie Iquitos ein wirtschaftlicher Segen. Es entstanden viele neue Heilzentren, zugleich gab es aber auch immer mehr Ayahuasca-Scharlatane. Märchen von außergewöhnlichen Erlebnissen verbreiteten sich über das Internet und trugen zu einer konfusen und übermäßig romantisierten Sicht der traditionellen Ayahuasca-Kultur bei. Gleichzeitig ergriffen viele Südamerikaner aus wirtschaftlicher Not die Gelegenheit, naive Touristen auf der Suche nach einem Abenteuer auszunutzen.

Es hat schon immer eine dunkle Seite des Ayahuasca-Schamanismus gegeben. Wie überall geht es bei der dunklen Seite um Macht und Manipulation anderer Menschen. Viele sind von unechten Schamanen getäuscht worden, andere sind in den Bann von Schamanen mit dunklen Absichten geraten. Insbesondere wurden Frauen von einigen Amazonas-Schamanen ausgenutzt und missbraucht. Die Peruaner vor Ort sind sich dieses Problems durchaus bewusst, doch Ausländer sind meist nicht sonderlich gut informiert. Besonders labile Frauen, die Heilung von sexuellem Missbrauch suchen, sind anfällig für Sexualstraftäter. Es gab bereits eine Reihe von Fällen sexueller Belästigung und Vergewaltigung im Zusammenhang mit Ayahuasca-Zeremonien.

Aus diesem Grund weise ich Reisende immer nachdrücklich darauf hin, genau zu prüfen, mit wem sie Ayahuasca trinken. Am besten findet man einen vertrauenswürdigen Schamanen durch eine persönliche Empfehlung. Wenn Sie in Peru sind, dann machen Sie es wie die Peruaner. Seien Sie zurückhaltend im Umgang mit der schamanischen Kultur und bringen Sie so viel wie möglich über den Ruf und die Integrität des Schamanen, mit dem Sie arbeiten möchten, in Erfahrung.

Ich war natürlich enttäuscht, als ich von solchem unethischen und schädigenden Verhalten erfuhr. Aber ich habe wiederholt erlebt, welches große Heilpotenzial Ayahuasca und die dazugehörige Pflanzenmedizin besitzt. Im Verlauf der Jahre habe ich eine Reihe von Ayahuasca-Traditionen untersucht. Ich nahm an Zeremonien teil mit einem indigenen Kamsá-Schamanen aus Kolumbien, einem Ashaninka-Schamanen aus Peru und einem Mestizenschamanen aus der Gegend von Iquitos, so lernte ich einige ethische und erfahrene Heiler kennen. Letztlich interessierte mich jedoch die indigene Shipibo-Tradition am meisten. In anderen Traditionen leitet der Schamane nur eine Gruppenerfahrung ein, ohne auf individuelle Heilungen einzugehen. Für mich als Arzt war die schamanische Einzelbehandlung in der Shipibo-Zeremonie interessanter. Außerdem ist die Sprache der Shipibo noch sehr lebendig, und die Tradition scheint besser mit ihren präkolumbianischen Wurzeln verbunden zu sein.

Nach weiteren Südamerikareisen kehrte ich im Juli 2010 nach Iquitos zurück, um mit Ricardo Amaringo zu arbeiten. Ich hatte die Wirkung seiner kraftvollen Icaros bei mehreren Gelegenheiten erlebt – persönlich und bei anderen Teilnehmern wie Russ. Ricardo hatte mich mit seiner Sensibilität für mein Bewusstseinsfeld beeindruckt. Wenn er zu mir sang, schien er meinem geistigen Fokus zu folgen. Worauf auch immer ich meine Aufmerksamkeit richtete, er folgte mir. Wenn ich mich auf den Bereich über meiner rechten Schulter konzentrierte, würde er dort auftauchen und über meine rechte Schulter schauen. Wenn ich mich auf meinen Magen konzentrierte, würde er seinen Gesang dorthin richten. Ricardo ist außerdem davon überzeugt, Frauen während einer empfindlichen Heilerfahrung schützen zu müssen. Wir hatten oft darüber diskutiert, wie wichtig es sei, eine sichere zeremonielle Umgebung insbesondere für Frauen zu schaffen.

Während dieses Aufenthaltes machte ich unter der Leitung von Ricardo eine weitere vierwöchige Lerndiät mit Coca. Hauptsächlich wollte ich mir über meine Zukunft mit der traditionellen Amazonas-Pflanzenmedizin klar werden. Ich machte mir Sorgen, dass mich meine vielen Reisen in den Amazonas von meiner medizinischen Laufbahn ablenkten, und ehrlich gesagt war es mir ein wenig peinlich, dass mich eine spirituelle Praxis mit bewusstseinsverändernden Substanzen derart faszinierte. Ich fühlte mich innerlich zerrissen. In Südamerika gilt Ayahuasca als ein wesentlicher Bestandteil einer Behandlung mit traditioneller Pflanzenmedizin, und die Ergebnisse, die ich beobachtet hatte, waren beeindruckend. In der nordamerikanischen Kultur hingegen wird Ayahuasca als eine halluzinogene Droge angesehen, die eher für Hippies und Freigeister bestimmt ist als für seriöse Ärzte.

Ich bat Ricardo, mir dabei zu helfen zu verstehen, warum ich immer noch in den Amazonas reiste, um Ayahuasca zu trinken. Er meinte, er wisse es nicht direkt, aber er würde die Geister darum bitten, es mir zu erklären.

Tief in meinem Herzen wusste ich, dass der Ayahuasca-Schamanismus die Kraft hat, auf eine Weise zu heilen, die ich noch nie zuvor erlebt hatte. Das spürte ich. Es war für mich so real wie alles, was ich an der medizinischen Fakultät gelernt hatte. Mein Verstand kämpfte jedoch gegen dieses Wissen an.

In einer meiner bedeutendsten Ayahuasca-Visionen während der Diät sah ich mich in einem märchenhaften Büro sitzen, irgendwo im Amazonas-Regenwald. Das Büro selbst war ein einfaches, quadratisches Holzgebäude mit Tisch und Stuhl. Im Inneren jedoch glänzte jede Oberfläche – die Wände, die Möbel, die Decke und der Fußboden – in leuchtendem Orange, Gelb und Weiß. Skizzen der Pflanzenmedizin rollten in ebendiesen Farben durch den ganzen Raum. Diese plakativen Bilder bewegten sich mit einer vibrierenden Lebendigkeit und einer spürbaren Intelligenz, einer

Pflanzenintelligenz. Ich saß auf dem Boden, während die Energien oben, unten und um mich herum strömten.

Ich schaute mich in dem Raum um und sah Stapel von Büchern und Papieren auf der zauberhaften Oberfläche des Tisches und auf dem leuchtenden Boden liegen. Es fühlte sich wie ein Blick in eine mögliche Zukunft an. Es war eine Vision von einem akademischen Studium der traditionellen Pflanzenmedizin im Dschungel.

In den folgenden Tagen erzählte mir Ricardo von seinem Wunsch, selbst eine Karriere als Meister zu starten. Nach Jahren der Ausbildung und der Lehre fühlte er sich bereit, allein loszulegen. Er wollte ein neues Heilzentrum aufbauen, an dem die Sicherheit der *Pasajeros*, insbesondere der Frauen, an oberster Stelle stehen würde.

Ricardo hatte auch meinen Freunden Soi Bari und Flor von seinen Plänen erzählt, außerdem den *Pasajeros* Cvita Mamic aus Alberta, Kanada, und ihrem damaligen Freund (heute Ehemann) Markus Drassl aus Südtirol, Italien. Die beiden hatten eine mehrmonatige Diät zur persönlichen Heilung im Zentrum gemacht und viel Zeit mit Ricardo verbracht. Sie waren, wie ich, Anhänger seiner Medizin geworden.

Ricardo hatte sich bereits einen möglichen Standort ausgesucht und fragte uns, ob wir in sein Vorhaben investieren und beim Aufbau des Zentrums helfen wollten. Als ich seinen Vorschlag hörte, waren alle meine Zweifel daran, wie es in meinem Leben weitergehen sollte, wie wegeblasen. Meine Arbeit mit dem Raumschiff Erde war eine der bereicherndsten Arbeiten, die ich je gemacht hatte. An dieser Art der Heilung, der tiefen spirituellen Heilung wollte ich mitwirken. Ich wusste sofort, dass ich Teil dieses neuen Heilzentrums sein wollte. Wir alle entschieden uns, gemeinsam mit Ricardo seinen Traum zu verwirklichen.

Nihue Rao wird aus der Taufe gehoben

Einige Tage später besuchten wir alle zusammen das etwa acht Hektar große, leere Grundstück. Ein großer Bereich in der Mitte war für die Holzkohleproduktion und den Yucca-Anbau geräumt worden. Wir beschlossen gemeinsam, das Territorium zu kaufen. Ricardo war an diesem Fleckchen Erde ganz besonders interessiert, da sich hier einer der seltenen Haine von *Nihue-Rao*-Bäumen befindet, die in der Shipibo-Tradition heilig sind.

Für nur sechshundert US-Dollar wurde ich einer der ersten Investoren in ein Heilzentrum, das sich schließlich zum Nihue Rao Centro Espiritual entwickelte. Der Name weist auf den kulturellen Hintergrund der Mitarbeiter des Zentrums hin, die aus der Tradition der Shipibo und der Mestizen stammen. *Nihue Rao* heißen die heiligen Bäume der Shipibo (*Nihue* heißt so viel wie Atem, Wind oder Luft; *Rao* bedeutet Medizin, wie in Pflanzenmedizin). Mit *Centro Espiritual* möchten wir die Kultur der Mestizen ehren, da diese in Peru und weiten Teilen Lateinamerikas vorherrschend ist.

Am nächsten Tag gingen wir sechs Gründungsmitglieder in die Stadt, um den Papierkram zu erledigen.

Ich führte meine einmonatige Diät weiter, um noch mehr Erfahrung zu sammeln und Einsichten in den Shipibo-Schamanismus zu gewinnen. Während einer denkwürdigen Zeremonie erlebte ich den Icaro-Gesang in Aktion. Der Ayahuasca-Tee hatte in dieser Nacht eine eher milde Wirkung auf mich, und ich hatte es schon fast aufgegeben, irgendeine Vision zu bekommen. Ich legte mich hin, um mich etwas auszuruhen, und als ich meinen Kopf zur Seite drehte, sah ich, wie einer der Schamanen zu jemandem sang. Ich schaute hinüber und sah, dass der *Pasajero* auf dem Rücken lag und der Schamane neben ihm saß. Ich schaute und lauschte und sah plötzlich, wie der Icaro Form annahm. Er wurde zu einem wirbelnden, glühenden Strom aus dem Mund des Schamanen zum Bauch des Teilnehmers hin. Der Energiestrom bewegte sich wellenartig zur Melodie des Gesangs. Die »Spitzen« des Icaros vibrierten synchron mit der Schwingung des Energiekörpers des Teilnehmers. Dieser Energiekörper erschien als eine komplexe Anordnung von vibrierenden Leuchtperlen. Der Energiestrom richtete sich auf den Unterleib, und dort verschmolzen seine Energien mit den vibrierenden Perlen des Körpers, um einen Tunnel zu bilden, einen energetischen Kanal zum Unterleib.

Ich konnte in diesen wirbelnden Tunnel blicken und die inneren Organe des Teilnehmers sehen. Mit seinem Icaro konnte der Schamane den Körper scannen. Flüchtig sah ich die Organe, wie ich sie aus dem Operationssaal kannte. Der Icaro-Gesang ging weiter, aber die Vision verblasste.

Am nächsten Tag erzählte ich Ricardo von meiner Vision. Er schaute mich nur an und meinte, »*Así es*«, (so ist es) und bekräftigte, dass ich dabei war, etwas zu lernen.

Nach Abschluss meiner Coca-Diät kehrte ich nach Arizona zurück. Die Dinge änderten sich bei den Gründungsmitgliedern, und unser Team schmolz auf Ricardo, Cvita und mich zusammen. Wir hatten auf eine größere Gruppe gehofft, um die Arbeit besser verteilen zu können. Aber es sollte nicht sein. Zu dem Zeitpunkt kannte ich Cvita noch nicht gut, doch inzwischen ist sie wie eine Schwester für mich. Sie ist eine wunderbare und hervorragende Heilerin und Künstlerin und noch dazu eine zähe Geschäftsfrau. Sie verfügt über umfangreiche Erfahrung im Management und war früher auch als Künstlerin erfolgreich. Wir drei haben unsere jeweiligen Fähigkeiten und Erfahrungen in den Bereichen Schamanismus, Management, Kunst, Schulmedizin und spirituelle Heilung zusammengelegt, um das neue Heilzentrum aufzubauen.

Die Bauarbeiten begannen, und ab Dezember 2010 ließen Cvita und ich Ricardo Geld zukommen. Obwohl es eher wie ein wildes Pokerspiel erschien, fühlten sich Ricardo und das Team verantwortlich und engagierten sich für den Erfolg des Projekts. Im Dschungel gab es keine Elektrizität, also auch kein Elektrowerkzeug, doch Ricardo wurde unterstützt von unserem portugiesischen Freund Paolo und seiner Familie, unseren peruanischen Freunden Tito und Hugo und einer ganzen Mannschaft fleißiger Arbeiter. Zu Silvester war das Maloka fast fertig, und im Frühjahr 2011 eröffneten wir Nihue Rao und begrüßten unsere ersten Gäste.

11

Der Placebo-Effekt und der unerklärliche chronische Husten

Im April 2011 kam ich im Zentrum an, bereit loszulegen. Die Anfänge von Nihue Rao waren ziemlich schwierig, die äußeren Bedingungen waren hart, die Geschäfte liefen mal gut, mal schlecht. Ricardos Ruf als Heiler hielt uns über Wasser. *Pasajeros* tröpfelten herein.

Bis zum Sommer 2011 hatten wir ein Team von drei Shipibo-Schamanen, die in den Zeremonien arbeiteten. Ricardo war unser Hauptschamane, er wurde von Julian Arevalo und dessen Mutter Olivia unterstützt. Julian war Ende dreißig, seine Mutter damals wahrscheinlich in ihren Siebzigern. In schamanischen Kreisen ist Olivia wohlbekannt, da sie den Shipibo-Schamanismus seit ihrer Jugend praktiziert. Bevor sie zum Nihue Rao kam, hatte sie bereits in umliegenden Heilzentren mit ausländischen Teilnehmern gearbeitet.

Olivias Icaro-Gesänge finde ich besonders schön und sehr hypnotisierend. Ihre Lieder haben für mich eine komplexe Struktur.

Sie sind, wie auch die Visionen, ein Kaleidoskop aus sich bewegenden Energien. Ihr Sohn Julian ist ein Naturtalent und in der Tradition aufgewachsen. Vielleicht war er gerade deshalb etwas weniger diszipliniert. Dennoch ist er sehr begabt in schamanischer Vision und Heilkraft. Seine Icaro-Gesänge haben den Ruf von Nihue Rao mitaufgebaut.

In den Anfängen waren Cvita und ich zuständig dafür, den Teilnehmern während der Zeremonie zu helfen, zur Toilette zu gehen, oder sie zu den Schamanen für ihre individuelle Heilung zu begleiten. Gelegentlich schickte mich Ricardo zu einem Teilnehmer, der Schwierigkeiten hatte, damit ich ihn beruhigte. Meistens saß ich einfach nur neben dem Teilnehmer, manchmal versuchte ich ihn mit einem zischenden Pfeifen zu beruhigen, manchmal betete ich für ihn. Ich lernte, dass ich mit der richtigen Absicht sogar den Mapacho-Rauch zur Beruhigung einsetzen konnte.

Gelegentlich forderte Ricardo mich dazu auf, Agua de Florida (ein Parfüm auf Alkoholbasis) auf die *Pasajeros* zu blasen, die vom Prozess einfach überwältigt waren. Der Geruch dieses Parfüms half ihnen, wieder zur Besinnung zu kommen. Das war damals die inoffizielle Einweisung in schamanische Arbeit. Ich sollte die Zeremonie aufmerksam beobachten und Ricardos Anweisungen befolgen. Manchmal trank ich etwas Ayahuasca, aber meistens musste ich mich in dieser Hinsicht zurückhalten.

Am Morgen nach den Zeremonien saßen wir alle zusammen und besprachen die Erfahrungen, überlegten uns weitere Behandlungen und bereiteten uns auf die nächste Zeremonie vor. Diese Nachbesprechungen ähnelten den täglichen Besprechungen im Krankenhaus, wenn das Ärzteteam sich über die Ereignisse in der Nacht austauscht. In diesen morgendlichen Gesprächen konnte ich auch meine eigenen Erfahrungen mit den Schamanen besprechen. Bei Julian ist sein »drittes Auge« sehr ausgebildet und aktiv, sodass er mich manchmal damit überraschte, meine Gedanken lesen zu können.

Ein bisschen weiße Magie

Eines Morgens fragte ich Julian etwas zu seinem Icaro, den er mir in der letzten Nacht vorgesungen hatte. Normalerweise singt er in Shipibo, aber gelegentlich verwendet er auch spanische Begriffe. Ich hatte ihn das Wort *libro* singen hören. Ich glaube kaum, dass es in Shipibo ein Wort für »Buch« gibt, deshalb wird der spanische Begriff *libro* verwendet. Als ich dieses Wort während des Gesangs hörte, war meine erste Reaktion: »Diese abergläubischen Schamanen, wahrscheinlich will er mich dazu auffordern, ein bestimmtes Buch nicht mehr zu lesen.« Schamanen sind manchmal misstrauisch gegenüber den Energien, die von bestimmten Büchern ausgehen.

Ich fragte ihn, warum er über ein *libro* zu mir gesungen hatte.

Julian antwortete: »Du liest dieses Buch gerade, stimmt's?«

»Ja, ich lese gerade ein Buch«, sagte ich.

»Nun, das ist faszinierend, sehr faszinierend. Worum geht es dabei?«

»Es geht um den Placebo-Effekt«, erzählte ich.

»Das ist weiße Magie (*magica blanca*), sehr spannend«, antwortete Julian.

Der Placebo-Effekt als weiße Magie – die Vorstellung gefiel mir. Ich las gerade *The Placebo Effect,* in dem verschiedene Autoren ihre unterschiedlichen Ansichten über die Rolle von Placebos in der modernen Medizin beschreiben. Besonders gut gefallen hat mir ein Kapitel von Howard Brody »*The Doctor as Therapeutic Agent: A Placebo Effect Research Agenda*«.[1] Darin schreibt Howard Brody, eine positive Placebo-Reaktion sei am wahrscheinlichsten, wenn die Bedeutung der Krankheit für den Patienten in eine positive Richtung gelenkt werde. Diese Bedeutung habe mindestens drei allgemeine Komponenten: Sie muss für die betroffene Person eine nachvollziehbare und zufriedenstellende Erklärung der Krankheit bieten, sie sollte Pflege und Fürsorge zum Ausdruck bringen, und sie sollte ein größeres Versprechen enthalten, dass die Symptome zu beherrschen oder zu kontrollieren sind.

So funktioniert die weiße Magie eines Placebos, die in jeder medizinischen Tradition sehr hilfreich ist. Die Bedeutung, die wir der Krankheit beimessen, ist oft ein heißes Thema in den Gesprächen nach der Zeremonie. Ich habe bei diesen Gesprächen oft gedolmetscht, und manchmal bat mich Ricardo anschließend, mit unseren Gästen weiter über ihre Erfahrungen zu sprechen. Durch diese Gespräche und die Verarbeitung des Erlebten wollten wir herausfinden, wie wir ihnen am besten helfen konnten. Dafür war es unter anderem wichtig, etwas über die Bedeutung zu erfahren, die sie ihrer Krankheit beimaßen. In meiner Eigenschaft als Arzt schaute ich mir außerdem die Krankengeschichten der Teilnehmer an. Obwohl nicht alle Heilzentren im Amazonas einen Arzt zur Verfügung haben, um die Krankengeschichten der Teilnehmer zu überprüfen, erkennen doch viele an, wie wichtig das ist. Wenn ein Teilnehmer regelmäßig Medikamente einnehmen muss, eine Vorgeschichte mit einer schweren psychischen Erkrankung oder emotionalen Störung hat oder sehr traumatisiert ist, muss er mit großer Sorgfalt und hohem Einfühlungsvermögen behandelt werden. Und für manche Menschen ist es zu gefährlich, sich auf die heiligen Pflanzen einzulassen.

Aus dieser frühen Zeit ist mir Colleen besonders gut in Erinnerung geblieben. Sie hatte seit vielen Jahren mit einem chronischen trockenen Husten zu kämpfen.

Colleen arbeitete für eine internationale gemeinnützige Organisation, die bedürftige Peruaner kostenlos operierte. Eine ihrer Kolleginnen besuchte unser Heilzentrum, und in einer Ayahuasca-Zeremonie hatte sie die Vision, dass Colleen neben ihr im Maloka saß. Die Intensität dieser Vision veranlasste sie, Colleen davon zu erzählen und sie zu ermutigen, uns ebenfalls zu besuchen.

Colleen wollte kommen, aber sie konnte nur für eine Nacht weg. Nihue Rao nimmt normalerweise keine Gäste für eine einzige Zeremonie auf. Erstens beinhaltet eine seriöse Behandlung auch eine Pflanzendiät, die mehrere Tage dauert, zweitens arbeiten Ricardo und die Schamanen nicht gerne mit Menschen, die die Pflanzenmedizin nur oberflächlich kennenlernen wollen. Diese Schamanen sind hochqualifiziert und ziehen es vor, mit Menschen zu arbeiten, die sich der Sache verpflichten und sich auf die Erfahrung für eine Woche oder auch länger einlassen wollen. Colleen war jedoch ein Sonderfall. Sie hatte einen sehr vollen Terminkalender, außerdem unterstützte sie peruanische Kinder. Wir entschlossen uns, sie ausnahmsweise für eine Nacht aufzunehmen.

Colleen kam mit dem Flugzeug in Iquitos an und stieg in das Mototaxi, um die neunzigminütige Fahrt zum Nihue Rao Centro Espiritual anzutreten. Der größte Teil der Fahrt führte über eine ziemlich holprige, ungepflasterte und manchmal auch schlammige Straße. Nihue Rao liegt neben dem weitläufigen Allpahuayo Mishana Nationalpark. Man fährt zuerst an einem ländlichen Dorf vorbei, genannt Zungarococha. Dann geht es weiter am Nanay River vorbei und durch eine Reihe von kleinen Dörfern, einschließlich des benachbarten Dschungeldorfes Llanchama. Schließlich gelangt man über einen von Bäumen gesäumten Weg zum Zentrum. Nachdem Colleen angekommen war, richtete sie sich schnell in ihrem einfachen Zimmer ein und wurde anschließend ins Medizinhaus gebracht. Dort erhielt sie ihr pflanzliches Brechmittel. Obwohl sie nur eine Nacht bleiben würde, wollte sie das meiste aus der Erfahrung herausholen.

Wir setzten uns zusammen und überprüften ihre Motive für die kurze Zeit mit uns, sprachen über ihre Anamnese und ihre persönliche Geschichte. Colleens Husten war sehr unangenehm, da er sie beim Sprechen und in anderen Situationen behinderte, sogar beim Schlafen. Ihre Kollegin bestätigte, dass Colleen die ganze Nacht durchhustet, wenn sie sich mit ihr ein Zimmer teilt. Chronischer Husten kann viele verschiedene Ursachen haben.[2] Zu Hause hatte Colleens Hausarzt sie gründlich untersucht, um eine Infektion auszuschließen. Dann wurde sie auf Asthma, eine Allergie oder eine Speiseröhrenentzündung durch Reflux untersucht, es konnte jedoch keine klare Diagnose gestellt werden. Colleen wurde zu einem Pneumologen überwiesen, der weitere Untersuchungen einleitete, einschließlich einer Lungenfunktionsprüfung und einer CT (Computertomografie).

Schließlich stellten Colleens Ärzte fest, dass sie an einem chronischen idiopathischen Husten litt. So drücken sich Ärzte aus, wenn sie nicht wissen, woher etwas kommt (*idiopathisch* stammt aus dem Griechischen und bedeutet so viel wie »Krankheit mit unbekannter Ursache«).

Colleen ist eine hochqualifizierte Frau, die jahrelang sehr erfolgreich in verschiedenen Konzernen gearbeitet hatte, bis sie sich dafür entschied, die Unternehmenswelt hinter sich zu lassen, um ihre Talente für sinnvollere Aufgaben einzusetzen. Sie hatte sich schon länger für diese nachhaltigen medizinischen Einsatzdienste interessiert, und dort anzufangen erwies sich als der richtige Schritt für sie. Viele Jahre später ist sie immer noch sehr ambitioniert und glücklich über ihre Arbeit in der gemeinnützigen Organisation.

Colleen erzählte mir, wie sie bei ihrer verzweifelten Suche nach Heilung einen hellsichtigen spirituellen Heiler in den USA aufgesucht hatte. Er hatte ihr gesagt, dass die Schulmediziner ihr nicht helfen könnten, da ihr Husten das Symptom einer spirituellen Verletzung sei. Sie müsse zu jemandem gehen, der spirituelle Erkrankungen heilen könne.

Colleen war ebenfalls davon überzeugt, dass der Husten nichts mit ihrer Lunge zu tun hatte. Sie hatte das Gefühl, der Husten käme vielmehr aus dem Solarplexus, das ist laut der Chakrenlehre des Hinduismus der Bereich des dritten Chakras. Dort *spürte* sie den Ursprung ihres Hustens. Sie erzählte mir die Geschichte ihrer Kindheit. Ihre Eltern hatten viele Probleme in ihrer Ehe (inzwischen sind sie geschieden) und waren nicht so für Colleen da, wie sie es gebraucht hätte. Zudem musste sie die Verantwortung für ihre jüngeren Geschwister übernehmen und verpasste somit sehr viel von ihrer Kindheit. Kurz gesagt erlebte sie von Anfang an einen großen Mangel an Liebe und Unterstützung.

Als sie erwachsen war, verliebte sie sich und war glücklich, endlich ihr Elternhaus verlassen zu können. Vieles erschien besser zu sein. Sie freute sich darauf, eine engagierte und treue Ehefrau zu werden, und widmete sich über zwanzig Jahre ihrem Ehemann. Ein Jahr vor ihrem Besuch im Nihue Rao erfuhr sie, dass er sie betrog. Es stellte sich heraus, dass er sie schon häufiger betrogen hatte, und das seit etlichen Jahren. Diese Offenbarung überrumpelte sie einfach. Sie war niedergeschmettert, zum einen wegen des Betrugs, zum anderen weil sie nichts davon bemerkt hatte. Sie hatte immer versucht, das Richtige zu tun, und hatte gedacht, alles sei in Ordnung.

Es war deutlich, dass es in ihrem Leben viele Unstimmigkeiten gab.

Nach diesem ersten Gespräch brachte ich Colleen zu Julian und Olivia, um ihren Fall mit ihnen zu besprechen und einen Plan für die Zeremonie auszuarbeiten. Die beiden saßen vor ihrem Häuschen auf dem Gelände. Ich erklärte, Colleen könne nur eine Nacht bleiben, da sie sich anschließend wieder um die hilfebedürftigen Peruaner kümmern müsse. Wir hatten dennoch die Hoffnung, ihr tatsächlich helfen zu können. Ich fasste ihre Krankengeschichte und die jüngsten Entwicklungen in ihrem Leben zusammen.

Olivia spricht lieber nicht so viel Spanisch, und nachdem sie die Geschichte gehört hatte, antwortete sie Julian in Shipibo, der es wieder zurückübersetzte: Der Husten kam tatsächlich vom Solarplexus, weil Colleen dort ihre *pena* gespeichert hatte, wie wir auf Spanisch sagen – also ihre Trauer und ihr Schamgefühl. Ob sie es nun bewusst oder unbewusst getan hatte – ihre Trauer war da. Als Colleen das hörte, wurde ihr Gesichtsausdruck weicher. Sie fühlte sich verstanden und wollte mehr darüber wissen. Olivia meinte, wir müssten ihren Solarplexus vom Schmerz befreien. Wir beschlossen, diese Energie in der Ayahuasca-Zeremonie schamanisch zu behandeln.

Nachdem wir mit den Schamanen gesprochen hatten, begleitete ich Colleen zum Maloka, um sie weiter auf die Zeremonie vorzubereiten. Es ist wichtig, die Teilnehmer vor dem ersten Mal über die möglichen »Symptome« einer Ayahuasca-Erfahrung aufzuklären. Häufig kommt es zu Übelkeit, Erbrechen, Durchfall, extremer Müdigkeit und Schwäche, Schwankungen bei der Körpertemperatur, intensivem Schwitzen, Tränenausbrüchen, häufigem Gähnen, unwillkürlichen Körperbewegungen oder körperlichen Schmerzen. Diese Erfahrungen variieren von Person zu Person und von Zeremonie zu Zeremonie. So gut wie möglich versuche ich die Teilnehmer auf diese potenziellen Reaktionen vorzubereiten, da sie sehr beängstigend sein können. Trotzdem gibt es immer ein paar, die überzeugt sind, vorübergehend vergiftet worden zu sein. Eine Ayahuasca-Erfahrung ist harte Arbeit. Darum kommt kommt man nicht herum. Die Erfahrung ist jedes Mal eine andere, manchmal sehr angenehm, manchmal sehr schwierig. Wir müssen immer bereit sein, uns anzustrengen.

Später am Abend machten wir uns auf den Weg zur Zeremonie. Colleens Ziel war es, ihre spirituelle Verletzung zu heilen, sie hoffte darauf, mehr Erkenntnisse zu gewinnen und ihren Husten loszuwerden. Ich reichte ihr eine kleine Menge Ayahuasca, da es ihr erstes Mal war und ich vorsichtig sein wollte, und sagte ihr, dass ich in etwa einer Stunde nach ihr schauen würde. Die Zeit verging, und die Schamanen begannen, ihre Icaros zu singen. Nach etwa einer Stunde ging ich zu Colleen.

Sie sagte: »Äh, ich weiß nicht, ich bin mir nicht sicher, ob ich überhaupt etwas spüre.«

Ich führte sie zum Ayahuasca-Trunk und gab ihr eine weitere Portion. Ich ermutigte sie, sich auf ihre Absicht zu konzentrieren und Ayahuasca um Hilfe zu bitten. Die Schamanen sangen ihre Icaros, und bald darauf begann ich, die *Pasajeros* für ihr persönliches Lied nach vorne zu bringen. Irgendwann schien es der richtige Zeitpunkt zu sein, Colleen nach vorne zu Olivia zu begleiten. Ich lief mit meiner roten Taschenlampe durch das Maloka und deckte ihren hellen Schein dabei etwas ab.

»Colleen, wie geht es dir?«, flüsterte ich.

»Weißt du, irgendwie fühle ich mich ein wenig verändert«, antwortete sie. Sie hatte kein größeres Erlebnis, zeigte aber Anzeichen der *mareación*. Als sie aufgestanden war, war sie etwas unsicher auf den Beinen. Ohne zu sprechen, ging ich mit ihr zusammen zur Matte vor Olivia, damit sie sich dort hinsetzte. Den Eimer hatte ich in der Hand – für alle Fälle. Ich signalisierte Olivia, dass wir mit dieser Frau vorhin gesprochen hatten und sie *pena* in ihrem Solarplexus verspürte. Die beiden Frauen saßen sich eine Zeit lang ruhig gegenüber. Olivia schaute Colleen mit ihrer schamanischen Hellsichtigkeit an und suchte nach einem Plan für den Gesang. Sie betrachtete Colleens Energiekörper, um festzustellen, was gereinigt werden musste. Das ist der erste Schritt eines *Ayahuasqueros* – zu schauen, was Ayahuasca zeigen will.

Ich setzte mich in die Nähe, um zuzusehen. Nach einigen Augenblicken begann Olivia mit ihrem Gesang, der lieblich und geheimnisvoll klang. Colleen saß still im Dunkeln und lauschte den hohen melodischen Schwingungen des Icaros. Nach etwa dreißig Sekunden holte sie tief Luft und brach plötzlich in Tränen aus. Ihr Weinen war wie eine Katharsis. Nach ein paar Minuten hob sich ihr Zwerchfell durch das spastische Weinen, und sie musste sich übergeben. Dieses Erbrechen habe ich schon sehr oft mitangesehen, und hier ging es um Schwerstarbeit. Hinzu kam das Weinen. Dann ging der Husten los, stakkatoartig – husten, kotzen, husten. Ich weiß nicht, wie lange Olivia für sie gesungen hat, vielleicht fünfzehn oder zwanzig Minuten. Schließlich ebbte Colleens Husten ab, und Olivia hörte mit ihrem Gesang auf. Ich half Colleen zurück an ihren Platz.

»Wie war das für dich, Colleen?«, fragte ich sie.

»Boah, das war umwerfend. Als ob sie in mir und ich in ihr war, und es war wunderschön«, flüsterte sie. Später erzählte sie mir, Olivia sei ihr während des Gesangs als ein Rotkehlhüttensänger erschienen, der singend auf ihrem Herzen saß.

Sie nahm wieder auf ihrer Matte Platz. Nachdem sie den Reinigungsprozess mit Olivia durchlaufen hatte, trat sie in eine neue Phase der Ayahuasca-Erfahrung ein. Sie hatte eine Reihe von Visionen, darauf folgten einige Erkenntnisse. Zuerst erschienen alle Urahnen ihrer Eltern. Die Urahnen standen um Colleen herum und gaben ihr die Liebe, die ihre Eltern ihr als Kind nicht geben konnten. Sie war von dieser Liebe überwältigt. Sie erzählte, wie sie sich für eine neue Ebene der Selbstliebe und Akzeptanz öffnen konnte. Vorher hatte sie nicht daran geglaubt, dass ihre Familie sie auf diese Art geliebt hatte. In den Visionen sagten ihr die Urahnen: »Wir lieben dich bedingungslos. Es ist vollkommen in Ordnung, dich selbst in allem zu lieben. Du musst dich nicht mit dem Zweitbesten zufriedengeben.«

Nach diesem Erlebnis, umgeben von Liebe, sah sie ihren Ehemann in einer Vision und begann, seine Sexbesessenheit zu betrachten. Sie sah ihn als kleines Kind auf dem Boden kauernd, neben ihm stand ein Mann. Die Einzelheiten waren nicht klar zu erkennen, dennoch bekam sie die Botschaft, dass er als Kind missbraucht wurde. Diese Erkenntnis berührte sie tief und ermöglichte ihr, Mitgefühl für ihren Ehemann zu entwickeln. Sie wusste, dass sie sich von ihm trennen wollte, und sie konnte die Gründe seiner Geheimniskrämerei nun besser einordnen.

Nach der Zeremonie fragte ich sie nach ihren Erlebnissen. Sie erzählte mir, dass sie beim Erbrechen rote und orangefarbene Steine aus ihrem Mund herausschießen sah. Nur rote und orangefarbene Steine, ohne Gallen- oder Magenflüssigkeit. Ich berichtete Julian davon, und er antwortete: »Klar, die kamen ja auch nicht aus ihrem Magen, sie hatte ja nichts Verdorbenes gegessen – es ging um ihr Leben, um ihre Lebensgeschichte, es war die Energie, die darin steckte.« Aus irgendeinem Grund erschien diese Energie als rote und orangefarbene Steine, irgendwie versteinert und verkalkt im Laufe der Jahre.

Colleen fühlte sich nach der Zeremonie besser, jedoch wusste sie nicht, wie sie mit der Erkenntnis über ihren Ehemann umgehen sollte, die sie in der Vision gewonnen hatte. Manchmal spricht Ayahuasca in Metaphern, die Muster eines Energieaustausches zeigen. In anderen Fällen ist die Information konkreter. Es braucht Zeit, die Unterschiede herauszufinden.

Am nächsten Morgen, nach weiteren Gesprächen, musste Colleen sich auf den Weg machen. Die Schamanen hätten noch gerne mehr Zeit mit ihr gehabt, das war jedoch nicht möglich.

Als ich ein paar Monate später mit Colleen über ihr Befinden sprach, hatte sie noch etwas Husten. Doch alle Behandlungen in den vergangenen Jahren hatten ihr nicht so viel Erleichterung verschafft wie diese eine Nacht, so erzählte sie mir. Ihre Scheidung hatte sie bereits eingeleitet. Sie hatte das Gefühl, ihr Husten würde sich vollständig auflösen, sobald die Scheidung abgeschlossen sei.

Weiterhin erzählte sie mir: »Wenn es mir zu viel wird, wenn ich mich überfordert fühle, dann erinnere ich mich einfach. Ich stelle mir im Geiste vor, wie ich direkt vor Olivia sitze, und plötzlich komme ich weiter.« Ein Lied kann die Geschichte des eigenen Lebens neu strukturieren und dabei helfen, den Schmerz in lehrreiche Lektionen zu verwandeln.

Das war vor fünf Jahren. Kürzlich meldete ich mich wieder bei Colleen, um zu sehen, was sich bei ihr getan hatte. Ihr Husten war geheilt. Wie sie vermutet hatte, wurde er im Zuge der Scheidung immer besser. Dabei hatte sie unter anderem erfahren, dass ihr Exmann sie nicht nur betrogen, sondern vor Jahren eine eigene Familie gegründet hatte. Diese neue Erkenntnis warf sie jedoch nicht mehr aus der Bahn.

Irgendwo auf ihrem Lebensweg, in früheren Jahren, hatte Colleen sich entschieden, nicht mehr auf ihre Gefühle zu achten. In ihrem Wesen blieben ein Mangel an Liebe, an Selbstliebe und unterdrückter Schmerz zurück. Das hinterließ blinde Flecken in ihrem emotionalen Bewusstsein und trübte ihre Wahrnehmung. Durch die spirituelle Heilung konnte Colleen ihre Trauergefühle bearbeiten, ihre Selbstliebe finden und ihren Emotionalkörper wieder beleben. Für sie begann damit ein längerer Weg der Heilung. Heute ist sie körperlich gesünder, geistig bewusster und hat gelernt, sich selbst viel mehr zu lieben.

Also, lieber Doktor, was ist hier »wirklich« passiert?

Bei der Behandlung von Krankheiten jeder Art, einschließlich chronischem Husten, versuchen wir die Ursachen für das Leiden anzusprechen. In Colleens Fall waren alle körperlichen Ursachen ausgeschlossen worden. Ihr anhaltendes Unbehagen im Solarplexusbereich assoziierte der Schamane mit einer emotionalen Stagnation und der Dissonanz zwischen ihrem Bewusstsein und ihrem unterbewussten emotionalen Erleben. Ein indianischer Heiler sagte einmal: »Das Herz verschließt sich nicht. Der Verstand kann sich gegenüber dem Herzen verschließen, man kann die Gefühle mental abschalten, aber das Herz bleibt offen und hört nicht auf zu fühlen.« Das Herz spürt unentwegt die Dinge um uns herum, ob wir sie nun bewusst wahrnehmen oder nicht.

Die emotionale Stagnation in Colleens Körper und diese Dissonanz zwischen Geist und Gefühl schienen die Ursache für ihren Husten, ihren spirituellen Schmerz, zu sein. Er wurde schamanisch durch den heilenden Gesang unter dem Einfluss von Ayahuasca bearbeitet. In diesem Prozess waren die metaphysischen Erkenntnisse ebenso entscheidend für ihre Heilung. Störungen im Emotionalkörper stehen oft im Zusammenhang mit energetischen Störungen, wie sie üblicherweise genannt werden. Bei Colleen konnten diese auf ihr drittes Chakra zurückgeführt werden, ein Energiezentrum des Körpers, das unter anderem für Selbstachtung steht.

In Colleens Fall kam es zu einer positiven Placebo-Reaktion, weil sich die Bedeutung ihres Hustens positiv verändert hatte. Ihr idiopathischer Husten war sozusagen ein Schrei ihrer Seele, sie doch zu erhören. Er hat sie darauf aufmerksam gemacht, was sie lange Zeit vernachlässigt hatte. Colleen musste lernen, sich selbst viel mehr zu lieben. Die wachsende Selbstliebe brachte sie dazu, sich nicht mehr in dem Maße wie bisher zu vernachlässigen. An diesen Zustand hatte sie sich ja mittlerweile gewöhnt. Für ihre Heilung musste sie ihren Geist für ihre Gefühle öffnen. Sie fand eine nachvollziehbare und befriedigende Erklärung für ihre Krankheit mit nur einer Ayahuasca-Behandlung. Aufgrund ihrer Sorgfalt und Achtsamkeit war sie in der Lage, ihre Symptome zu beherrschen.

Ärzte würden diese Art von chronischem Husten als psychosomatische Erkrankung charakterisieren oder als eine Form der Erkrankung, die durch etwas Geistiges wie innere Konflikte oder Stress verursacht oder verschlimmert wird. Wie der Name schon sagt, hat eine psychosomatische Erkrankung ihren Ursprung oft in der Psyche, der Seele. Psychosomatische Symptome sind eine Möglichkeit der Psyche, das Bewusstsein auf ein tiefersitzendes Problem aufmerksam zu machen. Ärzte sollten diese Möglichkeit in Betracht ziehen, wenn sie die Ursache sogenannter idiopathischer und psychosomatischer Erkrankungen suchen. Wenn ein gesundheitliches Problem spiritueller Natur ist, also im Grunde eine Erkrankung der Seele, kann eine spirituelle Behandlung sinnvoll sein.

Der Emotionalkörper, wie ich ihn beschreibe, umfasst das PNEI-Netzwerk – das limbische System des Gehirns, das autonome Nervensystem, das die unbewussten körperlichen Funktionen (wie Atmung und Verdauung) kontrolliert, das Hormonsystem und das Immunsystem. Das autonome Nervensystem, das die Atmung steuert, ist direkt mit dem Bereich der emotionalen Verarbeitung im Gehirn (dem limbischen System) verschaltet. Beim psychosomatischen Husten (bei dem andere Ursachen ausgeschlossen werden können), haben Forscher mindestens zwei Störfaktoren im PNEI-Netzwerk identifiziert, die mit emotionalen Problemen in Verbindung stehen. Zum einen wird der Vagusnerv (einer der autonomen Nerven, der die Atmung steuert) hypersensibel und löst ein intensives Husten aus, auch wenn die Atemwege nicht gereizt werden.[3] Die Person hustet ohne körperlichen Grund. Zum anderen liegt eine *neurogene* Entzündung vor, eine anomale Entzündung in den Atemwegen, hervorgerufen durch das Nervensystem und das Gehirn.[4] Diese neurogene Entzündung entsteht ohne eine offensichtliche körperliche Wunde oder Verletzung. Emotionale Störungen können zu neurogenen Entzündungen im PNEI-Netzwerk führen.

Neurogene Entzündungen sind eine Art, durch die sich der Emotionalkörper ausdrückt. Eine solche Entzündung kann ein potenzieller Hinweis auf eine spirituelle Wunde sein oder zumindest ein Zeichen für ein emotionales Problem. Obwohl westliche Ärzte daran arbeiten, Medikamente für verschiedene Formen von neurogenen Entzündungen zu entwickeln, würde eine medikamentöse Behandlung vermutlich nicht die zugrunde liegenden emotionalen Probleme lösen.

Neurogene Entzündungen erhalten derzeit mehr und mehr Beachtung, da sie offenbar an einer Vielzahl von gesundheitlichen Problemen (die in manchen Fällen psychosomatische Ursachen haben) beteiligt sind. Darunter fallen Asthma, allergische Rhinitis, chronischer Husten, Psoriasis, Migräne und Fibromyalgie.[5]

Viele Jahre hat Colleens Emotionalkörper durch die Hypersensitivität ihres Vagusnervs und die neurogene Entzündung in ihrer Lunge auf sich aufmerksam machen wollen. Das sind die dynamischen physiologischen Prozesse, die das energetische Ungleichgewicht im Emotionalkörper widerspiegeln. In einer Ayahuasca-Zeremonie können diese emotional bedingten energetischen Störungen angesprochen und auf einer tieferen Ebene geheilt werden.

12

Ein verborgenes Trauma heilen

Tiefere Heilung benötigt Zeit. Genauso wie sich die meisten gesundheitlichen Probleme nicht über Nacht entwickeln, werden die meisten auch nicht über Nacht geheilt. In Colleens Fall war diese eine Nacht jedoch sehr wirkungsvoll, und sie war der erste Schritt auf einem längeren Weg tiefgehender Heilung. Dieser Weg führte sie durch fünf harte Jahre, in denen sie sich scheiden ließ und zahlreiche persönliche Veränderungen durchlebte. Im Laufe der Monate und Jahre verbesserte sich ihr Husten und löste sich schließlich auf. Spirituelle Heilung beinhaltet eine Erhöhung des Bewusstseins und eine Veränderung der Lebensweise. Dies braucht Zeit. Deswegen ist die Arbeit, die nach der Zeremonie weitergeht, entscheidend.

In diesen frühen Tagen des Zentrums, unserem ersten Jahr, arbeiteten wir im Dschungel intensiv vor uns hin. Wir hatten ein neues Unternehmen gegründet und kämpften ums Überleben. Wir hatten mit wenigen Gebäuden angefangen (das Maloka, vier Badezimmer, eine Dusche, Unterkünfte für die Arbeiter, ein Büro und eine Küche) und so gut wie keinen Möbeln. Nach und nach bauten wir Betten, Tische, Sofas und andere Dinge. Eine Zeit lang waren wir nahezu pleite, aber glücklich. Im Dschungel zu leben war aufregend und voller Schönheit. Die Dinge sind einfacher, wenn man den Elementen ausgeliefert ist, in unserem Fall Regen, Schlamm, Überflutungen und tropischem Sonnenschein.

Unsere peruanischen Mitarbeiter, meistens einheimische Dorfbewohner, trugen viel zu einer fröhlichen Stimmung bei. Im Allgemeinen waren die meisten von ihnen immer kurz davor, in Gelächter auszubrechen, oder sie brüllten und johlten vor Lachen. Die Natur, die Gemeinschaft und der Geist waren auf ihrer Seite. Im Dschungel erschienen die existenziellen Krisen, die die materialistische Welt beunruhigt, irgendwie langweilig zu sein. Die Menschen sind zwar frustriert, enttäuscht und haben wirtschaftliche Sorgen, aber sie entscheiden sich dennoch bewusst für das Glück statt für das Leid.

Anfangs blieb ich etwa vier Monate am Stück im Nihue Rao und kehrte dann nach Arizona zurück, um wieder als Honorararzt zu arbeiten und so viel Geld wie möglich zu verdienen. Cvita und ich investierten in das Zentrum, entwickelten die Homepage und versuchten, möglichst viele Gäste anzuziehen. Ricardo war durch seine Arbeit in einem anderen Zentrum sehr bekannt, was hilfreich war. Chris Kilham, der »Medicine Hunter«, Pädagoge und Autor und seine Frau Zoe Helene, Künstlerin, Kulturaktivistin und Journalistin, sowie andere unterstützten uns dabei, über die sozialen Medien und im Internet auf unser Zentrum aufmerksam zu machen. Dank Zoe erhielten wir Verstärkung durch die Journalistin Amber Lyon mit ihrer beeindruckenden Website reset.me. Mit der Zeit reinvestierten wir die Gewinne wieder ins Zentrum und durch den Einsatz einfallsreicher Peruaner verbesserten wir schrittweise die Infrastruktur von Nihue Rao.

Im Zentrum finden pro Woche vier Ayahuasca-Zeremonien statt, das ist ein intensiver Zeitplan. Ricardo bestand darauf, um all denen angemessen helfen zu können, die von weither angereist waren. Im ersten Jahr war ich dabei, Erfahrungen zu sammeln, aber ich war mir noch nicht sicher, ob ich mich tatsächlich zu einem *Ayahuasquero* ausbilden lassen wollte. Ricardo war sich allerdings sehr sicher, da er seine beiden Geschäftspartner, Cvita und mich, selbst anlernen und einweisen wollte.

Ricardos Meister hatte ihm nur selten explizite Anleitungen gegeben, da *Ayahuasqueros* allgemein davon überzeugt sind, dass der größte Teil des Lernens intuitiv und durch die Praxis geschieht. Auch wir wurden überwiegend auf diese Weise ausgebildet. Ricardo warf uns jedoch gelegentlich ein paar Perlen seiner Weisheit zu, während wir uns durch die Zeremonien durcharbeiteten.

Dabei drängte er mich wiederholt, die *Pasajeros* durch ihre Reisen zu begleiten. Als ich mit der Arbeit im Zentrum begann, hatte ich zwei einmonatige Coca-Diäten gemacht, eine während des Raumschiff-Erde-Programms, die andere beim Kauf des Grundstücks Nihue Rao. Bei diesen Diäten, die nach Ricardos Vorgaben sehr kurz waren, ging es um das Erlernen des Schamanismus, obwohl Lernen und Heilen in der Shipibo-Tradition Hand in Hand gehen. In jener frühen Zeit beim Nihue Rao machte ich einen weiteren Monat lang meine dritte Coca-Diät. Meine Erfahrungen mit Coca waren nach wie vor sehr dezent. Aber auch in dieser Subtilität schaffte es die Pflanze, mich während unserer schwierigen Arbeitsphase zu inspirieren.

In einer Zeremonienacht besuchten mich in meiner Vision wieder Inkageister. An jenem Tag war ich erschöpft von den späten Nächten der Zeremonien und den langen Tagen in der Stadt, wo ich hinfuhr, um das Internet zu benutzen. Diese Tage wurden noch länger, wenn ich die überforderte Bürokratie der Peruaner bemühen musste. In meiner Vision sah ich mich erschöpft in einer Behörde sitzen, vor mir ein Berg Formulare, die ich ausfüllen sollte. Als ich kurz davor war, aufzugeben und einzuschlafen, erschienen hinter mir vier Inkageister in ihrer leuchtenden traditionellen Kleidung, mit farbenfrohen Kappen und Ponchos und füllten mich mit Licht. Sie halfen mir auf die Beine und gaben mir die Energie weiterzumachen.

Am nächsten Morgen ging ich wieder mit Ricardo in die Stadt, wir hatten einen Termin bei der Bank. Nach der langen Zeremonienacht war er auf dem Stuhl eingeschlafen, als wir geduldig darauf warteten, mit unserer Nummer aufgerufen zu werden. Ich weckte ihn, um ihm zu erzählen was ich in der Nacht zuvor erlebt hatte. Ich sagte ihm, es ginge anscheinend nicht nur darum, zusammen mit Cvita seine Geschäftspartner zu sein, sondern auch die der Pflanzengeister. Ricardo grinste und meinte: »*Son cosas increíbles, muy difícil de creer – así es la dieta*« (Das sind unglaubliche Dinge, die schwer zu glauben sind – so wirkt diese Diät). Nach und nach lernte ich mit den Pflanzengeistern zu arbeiten.

Im Nihue-Rao-Zentrum lernte ich von den Pflanzen und von Ricardo sehr viel über die traditionelle Heilung, aber das meiste lernte ich wohl von unseren *Pasajeros*. Von einer *Pasajera*, Maria und ihrem langen Heilungsprozess, lernte ich besonders viel. Durch sie erkannte ich, wie emotionale Kindheitstraumata die Gesundheit eines Erwachsenen beeinträchtigen können.

Maria kam im Dezember 2012 zu uns. 2010 war sie bereits in einem anderen Zentrum gewesen, hatte nun aber durch Freunde von uns gehört. Maria war Mitte dreißig und hatte schon seit Jahren verschiedene gesundheitliche Probleme: Sie war depressiv, erschöpft, übergewichtig und litt unter chronischen Schmerzen. Trotz ihrer Beschwerden hatte sie es geschafft, ein positiver Mensch zu bleiben, leitete und organisierte eine Reihe von Gemeinschaftsprojekten und arbeitete fleißig an ihrer Karriere als Sängerin und Songwriterin.

Als sie im Zentrum ankam, wollte sie einen Monat bleiben. Ricardo fand, das sei genügend Zeit, um ihr zu helfen. Zusätzlich zu ihrer Depression und ihrer Müdigkeit berichtete sie auch von »schweren Nahrungsmittelallergien«. »Egal, was ich esse, ich werde müde und schlafe ein oder bekomme Hautausschläge. Sogar bei Gemüse … Es spielt keine Rolle, was es ist«, erzählte sie.

Marias Depression wurde durch chronische Schmerzen verstärkt. Ursprünglich hatte sie ein Problem im linken Knie, und sie hatte zwei Knieoperationen im Abstand von zehn Jahren hinter sich, beide aufgrund von gerissenem Knorpelgewebe. Nach der ersten Operation hatte sie sich gut erholt, aber nach der zweiten kämpfte sie mit unregelmäßig wiederkehrenden Schmerzen und mit einem eingeschränkten Bewegungsradius. Ihre Knieprobleme führten zu einem Rückenproblem, und sie entwickelte eine chronische Ischialgie im rechten Bein und unteren Rücken. Als Ursache wurde eine vorgewölbte Bandscheibe in der Lendenwirbelsäule diagnostiziert. Zweimal wurde sie mit steroidalen Wirbelsäuleninjektionen behandelt, jedoch ohne Erfolg.

Durch ihre massiven Rücken- und Knieprobleme wurde ihre Beweglichkeit immer stärker eingeschränkt. »Es war, als würde mein Körper abstumpfen oder erstarren«, erinnerte sie sich. »Ich konnte auch nicht abnehmen. Es war egal, was ich aß ... Ich glaube, ich hatte eine schwere Entzündung.«

Maria war mit der medizinischen Versorgung unzufrieden. Ihr Hausarzt hatte ihr gesagt, er habe keine weiteren Möglichkeiten, sie zu behandeln, und diese Probleme würden sich manchmal »alle nur im Kopf abspielen«. Sie ging zu einer anderen Ärztin, die über ihren psychischen Zustand ernsthaft besorgt war und verschiedene Untersuchungen veranlasste. Schließlich sagte sie Maria, sie habe Depressionen und müsse sich behandeln lassen. Maria gab zu, dass sie damals zu wütend war, um eine Behandlung in Betracht zu ziehen. Eine Psychotherapie lehnte sie ab, und sie nahm auch keine Antidepressiva ein.

Maria suchte jedoch weiter nach Möglichkeiten der Behandlung. Sie fand schließlich eine Osteopathin bzw. Physiotherapeutin, die sie auf einer persönlicheren Ebene erreichte. »Mit ihrer Hilfe konnte ich wieder laufen, aber wir kamen in der Therapie irgendwann zu einem Punkt, an dem es nicht mehr weiterging«, erzählte Maria. Die Therapeutin kam zu dem Schluss, Maria könne erst durch die Auseinandersetzung mit ihren emotionalen Themen etwas bewegen. Als Kind und Jugendliche hatte Maria viel emotionalen Missbrauch erlebt, und sie wusste, dass sie eine Menge Heilarbeit zu leisten hatte. Diesen Umstand hatte sie jedoch nie mit ihren körperlichen Symptomen in Zusammenhang gebracht.

Durch ihre Gemeinde im pazifischen Nordwesten hatte Maria bereits von Ayahuasca und der traditionellen Pflanzenmedizin aus dem Amazonas gehört, und 2010 reiste sie für zehn Tage nach Iquitos. In dieser Zeit nahm sie mehrere Pflanzen ein, wusste jedoch nicht mehr, welche es gewesen waren. Ihre erste Erfahrung mit Ayahuasca und der Pflanzenmedizin war sehr schwierig und mit viel körperlichem Schmerz verbunden. Doch die Behandlung veränderte einiges in ihrem Leben, und sie war besser fokussiert. Sie drückt es so aus: »Ich fing an, meine Bedürfnisse in meinen Beziehungen zu äußern und meine Themen anzusprechen … Ich war dermaßen daran gewöhnt, mich in einem traumatisierten Zustand zu befinden, dass ich meine Gefühle weder wahrnehmen noch äußern konnte … Irgendwann wurde ich überwältigt. Entweder verabschiedete ich mich aus einer Freundschaft oder ließ die unausgewogene Beziehung einfach weiterlaufen. Die Heilung führte dazu, dass ich ein paar Freunde zur Rede stellte, sie fragte, warum sie sich nicht an ihr Wort gehalten hätten. Ich teilte ihnen meinen Frust, meine Wut und diesen ganzen Kram mit.«

Maria hatte das Gefühl, die erste Diät habe sie darin unterstützt, über Beziehungen zu reden und sich freier und aufrichtiger auszudrücken. Sie konnte den Leuten sagen: »Das ist nicht gut genug für mich, das muss ich dir einfach sagen.« Dennoch hatte sie weiterhin Rückenschmerzen, die nach langem Gehen noch schlimmer wurden. Sie fand, sie sei zu jung, um auf diese Weise leiden zu müssen, und entschied sich dafür, weiter mit den Pflanzen zu arbeiten.

Ende 2012 kam sie zu uns. Sie hatte einen Monat für die Behandlung eingeplant, doch daraus wurde eine längere Sache. Nach ihren ersten vier Wochen im Nihue Rao meinte Ricardo, sie müsse die Diät noch weitermachen, um eine umfassendere Heilung zu erfahren. Maria entschied sich für einen verlängerten Prozess, fuhr nach Hause und hielt die Vegetalista-Diät die nächsten vier Monate lang strikt ein. Danach kehrte sie für weitere vier Wochen in das Nihue Rao zurück und machte somit eine insgesamt sechsmonatige Heildiät.

Den ersten Monat verbrachte Maria in einer Tambo im Wald, oft in Abgeschiedenheit. Ihre Diät begann mit einem Tee aus der Meisterpflanze Chiric Sanango (*Brunfelsia grandiflora*). Chiric Sanango ist ein Strauch aus der Familie der Nachtschattengewächse mit wohlriechenden weißen und lila Blüten. Nach der Shipibo-Tradition trägt die Medizin des Chiric Sanango zur Stärkung der Gelenke und des Körpers bei (wenn man sie auf traditionelle Weise einnimmt). Maria berichtete, dass es in den ersten paar Wochen der Pflanzendiät hauptsächlich darum ging, ihren Kummer aufzuarbeiten, den sie ständig mit sich trug. Sie spürte, wie die Meisterpflanze und Ayahuasca zusammen ihr Herz, ihr Gehirn und ihr Nervensystem bearbeiteten.

Eines Nachts in der Zeremonie erschien Maria in Ricardos Visionen. Er sah Maria in ihrer Tambo, mit Windeln wegen eines vaginalen Ausflusses. Am nächsten Tag bat Ricardo Cvita, nach ihr zu sehen. Maria war entsetzt, als sie von Ricardos Vision hörte. Sie hatte tatsächlich einen braunen Ausfluss bekommen und verwendete Maxi-Damenbinden. Sie hatte niemandem davon erzählt.

Um diese Zeit begann Maria seltsame Träume zu haben, was bei einer längeren Diät häufig geschicht, da die Pflanzen durch Träume mit der Person kommunizieren. In einem Traum, so erzählte sie, wurde ein Prinz zusammen mit einem Kind im Kerker eines Schlosses gefangen gehalten. In einem anderen Traum saß Maria mit ihrem Vater im Auto und befriedigte ihn oral. Sie fühlten sich beide sehr seltsam dabei. Ihr Vater ging weg, ihre Schwester kam zum Auto und meinte: »Was ist denn mit dir los?« Maria fragte: »Was meinst du denn?« Ihre Schwester erwiderte: »Du hast überall Flecken im Gesicht.« Maria schaute in den Rückspiegel und sah, dass ihr Gesicht mit roten Punkten übersät war.

Ricardo meinte, der Traum sei ein Hinweis auf eine Krankheit, die sie aus ihrer Vergangenheit in sich trug. In Verbindung mit dem Ausfluss schien der Traum auf einen sexuellen Missbrauch hinzuweisen. Die Ayahuasca-Visionen von Cvita und Ricardo deuteten beide auf etwas hin, was mit dem Missbrauch in Zusammenhang stand. Soweit das Team jedoch wusste, hatte Maria keine konkrete Erinnerung an einen sexuellen Missbrauch. Und da sie dieses Thema nicht selbst angesprochen hatte, sagte auch keiner etwas zu ihr. Ricardo bemerkte, es habe keinen Wert, sie auf diese Gedanken zu bringen, sie müsse selbst darauf kommen.

Ricardo beschloss, ihre Pflanzendiät umzustellen und den Fokus auf ihren Ausfluss und die offensichtliche energetische Störung in ihrem Uterus zu legen. Er wechselte von Chiric Sanango zur Meisterpflanze Boa huasca (*Monstera spp.*). Boa huasca ist eine rötliche, holzige Liane, in der Shipibo-Tradition bekannt für ihren medizinischen Wert bei der Behandlung männlicher und weiblicher Fortpflanzungsorgane. Maria sollte morgens und nachmittags jeweils ein großes Glas Boa-huasca-Tee trinken und den Tee zusätzlich täglich in die Vagina einführen. Zehn Tage später riet der Schamanenassistent Julian Ricardo, der Diät Ubos und Abuta hinzuzufügen, um sie weiter zu unterstützen. Ubos (*Spondias mombin*) ist ein tropischer Obstbaum, dessen Blätter im Amazonas bei der Behandlung weiblicher Fortpflanzungsorgane eine breite Anwendung finden.[1] Abuta (*Cissampelos pariera*) ist eine holzige Schlingpflanze aus dem Regenwald, die auch als Hebammenkraut bezeichnet wird, da sie seit Jahrtausenden für alle Arten von Frauenkrankheiten als Heilmittel benutzt wird.[2]

In ihren Visionen begegnete Maria öfter drei Pferden, die sich alle unterschiedlich verhielten. Für das Schamanenteam symbolisierten diese drei Pferde Marias drei Pflanzen. Die Pferde mussten ins Gleichgewicht und in eine Ordnung gebracht werden, damit ihre Energien synergetisch wirken konnten. In der Zeremonie führten die Schamanen diese Energien durch ihren Gesang zusammen, erzeugten ein Gleichgewicht. Als die Ordnung wiederhergestellt war, kehrte Maria zurück nach Hause und hielt die Pflanzendiät weitere vier Monate ein.

Diese viermonatige Diät veränderte vieles. Sie fuhr mit der sehr einfachen Vegetalista-Diät fort und minimierte ihre sozialen Kontakte außerhalb der Arbeit. Sie erzählte: »Die Diät hat meinen Stress und damit mein Verständnis davon vollkommen verändert. Ich musste ein sehr eingeschränktes Leben führen … [Zuerst] machte ich eine Diät mit Süßkartoffeln und Reis und so Zeugs [geschmacklose stärkehaltige Nahrungsmittel, Bohnen und Linsen]. Ich schickte Cvita eine Nachricht und meinte, hey, ich nehme überhaupt nicht ab. Ich bin mir nicht sicher, ob diese Nahrungsmittel etwas taugen. Cvita fragte daraufhin Ricardo, der meinte, ich solle einfach nur Kochbananen und Fisch essen. Damit fing ich sofort an. Danach wirkte die Diät tatsächlich [und ich nahm konsequent ab].

Mein Stress wurde weniger. Ich weiß nicht, wie ich es erklären soll. Ich kann es nur als eine Veränderung in der PTBS erklären. Normalerweise erlebte ich eine verstärkte [Stressreaktion] … Ich war immer auf zehn gewesen, dabei hatte ich gedacht, ich wäre auf eins. Als ich diese Pflanzenmedizin nahm, entdeckte ich, dass ›eins‹ eigentlich völlig anders ist, als ich dachte. Die Medizin hat meinen Körper dazu gebracht, sich auf vollkommen neue Weise zu entspannen.

Ich fing an, meine Zustände von Wut und Trauer weniger als Wut und Depression zu erleben, sondern mehr als ›Oh, da ist etwas Trauer, das spüre ich jetzt – oh, jetzt ist sie weg.‹ Anstatt zu denken, ›jetzt bin ich traurig und werde depressiv oder wütend und möchte mich am liebsten umbringen‹, veränderten sich meine Gefühlszustände vollkommen. Ich fand heraus, wie ich diese emotionalen Zustände auf eine ausgeglichenere Weise erleben konnte. Ich spürte viel von meinem Trauma und meiner Kindheit, den ganzen emotionalen Missbrauch, um später auch noch den sexuellen Missbrauch herauszufinden … Wenn irgendetwas einen Gefühlszustand aus meiner Kindheit hervorrief, reagierte ich mit übertriebener Angst. Ich bemerkte es nicht einmal, da es immer normal gewesen war. So gingen die Leute bei mir zu Hause mit Wut um, so gingen sie mit Trauer um. Ich kannte einfach keinen ›normalen‹ Umgang mit diesen Dingen.«

Nach der viermonatigen Diät zu Hause kehrte Maria ins Nihue-Rao-Zentrum zurück. Obwohl sie diesen beunruhigenden Traum mit ihrem Vater im Auto gehabt hatte, hatte sie sich nach wie vor nicht intensiver mit der Möglichkeit des sexuellen Missbrauchs auseinandergesetzt. Als sie nun zurückkam, ermutigte Cvita sie, tiefer in ihre Kindheit zu schauen, um die Wurzel ihrer PTBS-Symptome zu finden.

In einer psychedelischen Erfahrung werden die Schleusen im Gehirn geöffnet, die mit den sensorischen, emotionalen und gedächtnisverarbeitenden Zentren verbunden sind. Dies kann dazu führen, dass sich die Person wieder an zuvor unterdrückte Erinnerungen, an vergangene emotionale Traumata erinnert oder diese wieder erlebt. In einem veränderten Bewusstseinszustand hat man die Möglichkeit, diese Erlebnisse anders zu verarbeiten. Uneingeschränkte emotionale Erinnerungen interagieren frei wie in einem Traum miteinander und vermischen sich manchmal zu spontanen Einsichten und kreativen Lösungen.[3]

An einem Abend nahm Maria an der Zeremonie teil mit der Absicht, zur Wurzel ihrer emotionalen Probleme vorzudringen. Die erste Dosis hatte keine besondere Wirkung, und sie entschied sich für eine weitere. Bevor sie die zweite Dosis trank, versprach sie Ayahuasca: »Hey, ich bin bereit, mir das anzuschauen.« Diese Dosis wirkte stärker, und in Maria stiegen die Visionen hoch.

»Dann sah ich den ganzen Missbrauch. Ich wurde zu verschiedenen Orten geführt [wo der Missbrauch stattfand]. Mir wurden die Einzelheiten gezeigt. Dann traf ich auf meine kleine Maria, die in einer kleinen Kiste unter dem Haus lebte … Ich half ihr, ihr Haus aufzuräumen … Danach zeigte sie mir auch den Rest des Missbrauchs. Das war ein ganz wichtiger Teil von … als ob das kleine Mädchen mir sagen wollte, schau dir das mal an, schau dir jenes mal an.« Maria musste sich alles anschauen und öffnete damit die Tore zu ihren Erinnerungen und Gefühlen.

Irgendwann diagnostizierte Ricardo bei Maria *susto*, was frei übersetzt »Verlust der Seele« bedeutet. *Susto* ist ein lateinamerikanisches Konzept, wonach ein traumatisches Ereignis der Seele einen solchen Schrecken einjagt, dass sie oder ein Anteil von ihr aus dem Körper vertrieben wird. Das ist besonders häufig bei Kindern der Fall, die besonders empfindlich auf ein solches Trauma reagieren. In gewissem Sinne kann diese Loslösung eines Seelenanteils als eine Trennung der Verbindung zum inneren Kind bezeichnet werden. Diese Trennung manifestiert sich auch als eine Dissonanz zwischen dem bewussten Verstand und dem Emotionalkörper. Traumatische Erinnerungen werden aus dem Bewusstsein verdrängt, um das überwältigte Kind zu schützen. Das innere Kind versteckt sich. Möglicherweise ist das Ruhemodusnetzwerk (DMN) bei der Unterdrückung der Erinnerung beteiligt. Diese Unterdrückung ist ein Anpassungsmechanismus, eine Form des Schutzes, sie blockiert jedoch die emotionale Verarbeitung. Indem die Erinnerung unterdrückt wird, verschließt sich der Geist gegenüber dem Herzen und dem Körper, und es führt auch zu blinden Flecken in der eigenen Wahrnehmung.

Um den abgespaltenen Seelenanteil wieder zu integrieren, musste Maria das Vertrauen des kleinen Mädchens »in ihrem Inneren« zurückgewinnen. Dieses kleine Mädchen misstraute Maria. Es traute Maria nicht zu, dass sie es beschützen würde. Ricardo erklärte Maria, die Energie ihres Vaters sei nach wie vor in ihr und sie müsse sie aus ihrem Körper herausholen, damit ihre Seele wieder vollständig darin wohnen könne.

»Ich nahm an der Zeremonie teil, um mich von meinem Vater zu befreien. Genau das geschah schließlich. In den Visionen ging ich in verschiedene Zimmer, ich blies Mapacho, ich stellte das Haus auf den Kopf, aber mein Vater wollte zunächst einfach nicht gehen.«

In ihren Visionen verhandelte sie mit ihrem Vater. Er schien bereit zu gehen, wenn sie ihm vergeben würde, trotzdem gab es noch Widerstand. »Als ich ihm sagte: ›Ich werde dir nicht nur vergeben, ich werde auch meine Mutter dazu bringen, dir zu vergeben‹, ging er. Als er sich entfernte, waren wir [Maria und die Schamanen] in der Lage … war ich in der Lage, mein kleines inneres Kind wieder in mich aufzunehmen. Dabei trat es auf seltsame Weise in mich hinein. Ich bat Gott, mir dabei zu helfen, es hereinzulassen. Als es in meinem Inneren angekommen war, entwickelte es sich vom Kind zum vollständigen Erwachsenen«, berichtete Maria.

»In dem Augenblick spürte ich endlich … Es war, als ob alle fehlenden Teile meines Selbst … Eigentlich hatte ich noch nie dieses Gefühl der Ganzheit gehabt … Ich hatte es noch nie erlebt, mich so präsent zu fühlen. Ich fühlte mich sehr präsent. Erinnerungen aus der Kindheit kamen zurück. Es gab viele weiße Flecken auf der Landkarte meiner Erinnerung, wie Löcher. An viele Jahre meines Lebens konnte ich mich nicht erinnern. Plötzlich bekam ich Zugang zu diesen Erinnerungen und fühlte mich wieder ganz. Als ob der Rest meines Gehirns, der Rest meines Wesens wieder ansprang und ich anwesend und präsent war. Seitdem ist es so geblieben.

Als ich in dieser Nacht den Missbrauch durch meinen Vater entdeckte, ergab mein ganzes Kindheitstrauma plötzlich Sinn. Es war wie klick, klick, klick. Die blutigen Nasen, der nächtliche Terror, das Pinkeln ins Bett. Plötzlich ergab jedes einzelne Thema, mit dem ich als Kind zu tun hatte, einen Sinn. Es fügt sich alles zusammen, wenn man sich die Ursache von allem anschaut … Mein ständiges Kontrollieren, das Leben in einer Fantasiewelt, übermäßiges Essen, all diese Dinge. Ich konnte alles erkennen, und es machte einfach immer nur klick, klick, klick. Es ergab alles einen Sinn. In dem Augenblick. Als ich mich erinnerte … Als mir die erste Erinnerung kam … Als ich mich wieder zusammensetzen konnte … und mich schließlich ganz fühlte. Der Teil in mir, der immer aufpassen musste, war verschwunden. Das alles hatte sich gewandelt oder aufgelöst.

Dann erhielt ich Zugang zu allen Erinnerungen und anderen

Dingen, die ich verloren glaubte. Es stimmte. Ich kann mich jetzt an meine Kindheit erinnern«, erzählte Maria. Dies ist eine erfolgreiche Behandlung von *susto*. Die Seelenrückführung, die meiner Vermutung nach etwas mit der bewussten Beziehung des Geistes zum Emotionalkörper zu tun hat, beinhaltet wahrscheinlich die Heilung der Beziehung zwischen dem DMN (Ruhemodusnetzwerk) und dem limbischen System.

Maria nahm in dieser Zeit über zwanzig Kilo ab, und ihre Rücken- und Knieschmerzen verbesserten sich. Zusätzlich wurde sie von Maria Luisa, einer traditionellen Chiropraktikerin, die im Nihue-Rao-Zentrum assistierte, umfassend behandelt. Marias Beweglichkeit und besonders ihre Symptome der PTBS, die auf den ungelösten sexuellen Missbrauch zurückzuführen waren, verbesserten sich. Zwei Jahre später besuchte sie das Zentrum noch einmal für fünf Wochen. Ein Jahr später, 2015, kehrte sie für weitere drei Wochen zurück.

Zum Zeitpunkt ihres zweiten Aufenthalts hatte sie noch etwas Rückenschmerzen, aber insgesamt war ihr Zustand deutlich besser geworden. »Der Ischiasschmerz war verschwunden, ich konnte ganz normal laufen, ich konnte wieder trainieren. Ich hatte keine Entzündung mehr. Die Depression war vollkommen weg. Diese intensiven Wutausbrüche hatten sich aufgelöst. Auch die Hautausschläge waren verschwunden.«

Nach ihrem dritten Besuch im Jahr 2015 stellte Maria fest: »Ich kann wieder Gluten essen, was völlig verrückt ist, weil ich vorher mit Gluten überhaupt nicht zurechtkam. Nun kann ich wieder ein wenig Brot essen. Ich kann Dinge essen, auf die ich zuvor allergisch reagiert habe, ich kann sie essen, glaube nur, dass sie ein bisschen toxisch sind. Vorher hatte ich noch etwas Rückenschmerzen, doch die sind jetzt weg. Eigentlich habe ich überhaupt keine Rückenschmerzen mehr.« (Nahrungsmittelallergien werden teilweise durch eine gestörte Immunaktivität im Darm hervorgerufen, die in manchen Fällen mit einem ungelösten Trauma im Emotionalkörper zusammenhängt.)

Über ihren letzten Besuch berichtete sie: »Er war großartig, weil ich mit meiner Wut und den emotionalen … all den emotionalen Bruchstücken, die ich nicht bis zum Schluss durchgearbeitet hatte, in Kontakt kam. Ich verband mich mit meiner Wut, ließ die Wut und Trauer und all diese Dinge los. Das hat wirklich geholfen, da es die Art, wie ich diese Gefühle erlebte, verändert hat … jetzt kann ich mich regelmäßig auf diese Gefühle einlassen und sie loslassen. Das ist gesünder. Ich bekam Werkzeuge, um gesund zu bleiben, um Themen aufzulösen, mich zu entwickeln, Vergebung zu üben. Werkzeuge, mit denen ich regelmäßig diese Themen bearbeiten kann.«

13

Ayahuasca, die traditionelle Amazonas-Pflanzenmedizin und die Heilung des limbischen Systems

Als Maria nach ihrer viermonatigen Diät zu Hause zum Nihue Rao zurückkehrte, kam sie in mein Büro und überreichte mir ein Buch: *A General Theory of Love*, geschrieben von drei Mitgliedern der Fakultät für Psychiatrie der University of California, San Francisco (UCSF). Sie drückte mir das Buch in die Hand und meinte: »Hier, lies das, genau das habt ihr mit mir getan, ihr habt mein limbisches System geheilt.«

In dem Buch beschreiben die Autoren Thomas Lewis, Fari Amini und Richard Lannon den Prozess der limbischen bzw. emotionalen Heilung und seine Bedeutung für das moderne Gesundheitssystem im Bereich psychischer Erkrankungen.[1] Das limbische System ist das emotionale Verarbeitungszentrum im Gehirn, eine essenzielle Komponente des Emotionalkörpers. Man könnte sagen, dass es der Ort ist, an dem das Herz mit dem Verstand kommuniziert. Durch das limbische System verbinden wir uns mit Erinnerungen, die in Zusammenhang stehen mit unserem Gefühl davon, wer wir sind, definiert durch das, was uns anzieht, was uns abstößt, durch unsere Emotionen und unsere Ziele. Das limbische System verarbeitet unsere emotionalen Erinnerungen und ruft unsere Träume und unsere Sexualität hervor. Es beeinflusst unsere sozialen und emotionalen Verbindungen zu anderen Menschen und unsere Verbundenheit mit geliebten Menschen. Dieses Verarbeitungssystem erlaubt es uns beispielsweise, die Gefühle anderer Menschen zu erkennen, die sie durch ihren Gesichtsausdruck und andere subtile Hinweise über ihre Gemütsverfassung verraten.

Je mehr ich durch das Buch über das limbische System erfuhr, desto mehr hatte ich das Gefühl, etwas über eine Ayahuasca-Zeremonie zu lesen. Autobiografische emotionale Erlebnisse, Kindheitserinnerungen, Beziehungen, Träume und Sexualität …, alles heiße Themen einer traditionellen Zeremonie. Mit meiner zunehmenden Erfahrung bei der Arbeit im Zentrum stellte ich fest, dass bestimmte Gesundheitsprobleme für den schamanischen Ansatz empfänglicher waren als andere. Als Arzt suchte ich nach einem physiologischen Zusammenhang zwischen den verschiedenen Krankheitsbildern: Störungen wie PTBS, chronischem Husten, psychosomatischen Schmerzen und Depressionen. *A General Theory of Love* lieferte mir die Verbindung: All diese Probleme sind verknüpft mit einer Funktionsstörung des limbischen Systems, allgemein ausgelöst durch emotionale Traumata in der Kindheit oder Jugend und manchmal auch im Erwachsenenleben.

Das limbische System wird gelegentlich auch Säugetiergehirn genannt, da es allen Säugetieren gemein ist. Es liegt über dem Reptiliengehirn, dem ältesten Teil des Gehirns, das für grundlegende Bedürfnisse wie Atmen und Nahrungsaufnahme zuständig ist. Über dem Säugetiergehirn befindet sich der Neokortex, der mit Denken und Abstraktionsvermögen in Verbindung steht und beim Menschen am weitesten entwickelt ist. Das limbische System spielt eine wichtige Rolle bei sozialen Beziehungen von Säugetieren und besonders beim Aufziehen von Kindern. Ein charakteristisches

Merkmal bei der Brutpflege unter Säugetieren – ob bei Hunden, Affen, Katzen oder Menschen – ist die *Bindung*, besonders zwischen Mutter und Kind. Aber auch zum Vater oder zu anderen Bezugspersonen kann eine solche frühe Bindung bestehen. Diese Bindungen und Beziehungen spielen eine entscheidende Rolle in der emotionalen Entwicklung eines Kindes, sie prägen sein zukünftiges emotionales und soziales Verhalten.

Wir sind von Natur aus soziale Wesen. Unsere Emotionen sind Teil eines offenen Regelkreises, der uns vertraute Menschen miteinbezieht. In unserer Kindheit entwickeln sich unsere Emotionen als Reaktion auf unsere Beziehungen, in erster Linie die zu Eltern bzw. Erziehungsberechtigten, und werden von diesen gesteuert. Indem wir uns auf unsere Bezugspersonen einlassen, entwickeln wir unser emotionales Selbst. Durch unterbewussten Austausch mit unseren Eltern und Bezugspersonen, durch emotionale Signale, lernen wir unsere Emotionen zu steuern. Wenn beispielsweise irgendwo Lärm entsteht, fängt das Baby an zu weinen und schaut zur Mutter oder zum Vater, um sich zu orientieren. Was sollen wir jetzt tun? Sind wir in Sicherheit oder besteht Gefahr? Wenn die Eltern ausflippen, wird auch das Baby ausflippen. Wenn die Eltern ruhig bleiben, wird sich das Baby schließlich wieder beruhigen. Die oft unbewusste emotionale Wechselbeziehung zwischen Eltern und Kind besteht permanent, und diese Verbindung ist die Grundlage für Bindung und emotionale Stabilität. Durch den sozialen Prozess wird das limbische System programmiert und bestimmt letztlich, wie wir mit Stress, mit zukünftigen Beziehungen und mit unseren Emotionen umgehen.

Unsere Identität, unsere Fähigkeit, eine Beziehung zu uns selbst aufzubauen, entwickelt sich erst nach den frühen Beziehungen zu unseren allerersten Bezugspersonen. So wie wir gelernt haben, uns auf andere zu beziehen, so beziehen wir uns auf uns selbst. Wenn es in diesem Prozess Probleme gab, wenn unsere frühen Beziehungen ungesund waren, dann kann die Beziehung zu uns selbst problematisch sein, die Beziehung zwischen Gefühl und Verstand.

Wurden wir als Kinder nicht akzeptiert, haben wir Schwierigkeiten, uns selbst zu akzeptieren. Diese Probleme führen zu einer gestörten emotionalen Entwicklung, die oft bis ins hohe Erwachsenenalter hineinreicht. Solche gestörten Prägungen führen generell zu lebenslangen emotionalen Schwierigkeiten, anhaltenden Beziehungsproblemen und Problemen bei der Stressbewältigung – es sei denn, sie werden geheilt. Emotionale Traumata in der Kindheit führen häufig zu einer gestörten Entwicklung des limbischen Systems.

Während wir reifer werden, interagieren wir nach wie vor emotional und unbewusst mit den Menschen in unserer Umgebung. Weitere emotionale Traumata im späteren Leben, wie das schwere Trauma von Russ in Vietnam, können dieses System beeinflussen. Dies prägt uns auf ähnliche Weise und stört unsere Fähigkeit, in Beziehung mit uns selbst und anderen zu treten.

Die soziale Natur unserer Emotionen bleibt das gesamte Leben lang bestehen. Instinktiv scannen wir ständig die Gefühlszustände der Menschen, die uns umgeben, teilweise für unsere eigene Sicherheit und unser Wohlsein. In *A General Theory of Love* beschreiben die Autoren drei Konzepte der limbischen Wechselwirkung zwischen Menschen, die in einer intimen Beziehung leben. Diese Wechselwirkung beeinflusst die limbische Entwicklung und Funktionsfähigkeit, ob zwischen Mutter und Kind, zwischen Lebenspartnern oder zwischen Therapeut und Klient.

Das erste Konzept heißt *limbische Resonanz.* Zwei Menschen treten über ihre limbischen Systeme miteinander in Resonanz. Sie stellen sich emotional auf unbewusste Signale ein (ausgedrückt durch Augen, Mimik, Tonfall etc.), die vom limbischen System ausgesendet werden, und können so intensive Gefühlszustände miteinander erleben. Auf diese Weise lassen sie sich auf die innere Welt des anderen ein. Das nennt man *limbische Resonanz.*

Das zweite Konzept heißt *limbische Steuerung*, es kann auch als emotionale Ansteckung oder Gefühlsansteckung bezeichnet werden. Sind unsere limbischen Systeme einmal in Resonanz, beeinflussen und steuern sie sich gegenseitig. In langfristigen Beziehungen wirkt sich die limbische Steuerung auf die Entwicklung und Stabilität unserer Persönlichkeit und Stimmung aus. Die limbische Steuerung geschieht unbewusst, von der Kindheit bis ins Erwachsenenalter. Diese Steuerung hinterlässt Spuren in unserer Persönlichkeit und unseren Gefühlslagen, mit denen wir dann dem Leben begegnen. Unbewusste limbische Prägungen beeinflussen beispielsweise unsere Partnerwahl. Jemand, der in der Kindheit missbraucht wurde, könnte sich wieder eine von Missbrauch geprägte Beziehung suchen. Für jemanden mit dieser limbischen Programmierung kann es tatsächlich schmerzhafter sein, eine Missbrauchs-Beziehung zu beenden, als in ihr zu verharren. Dysfunktionale unbewusste limbische Prägungen beeinträchtigen die Suche nach gesunden Beziehungen und erschweren die Fähigkeit, seine eigenen Emotionen zu zentrieren. Diese Probleme können dazu veranlassen, stimmungsverändernde Substanzen zu nehmen, um die eigenen Gefühle besser steuern zu können. Die Suche nach Hilfe im Außen führt oft zu Drogenmissbrauch und Sucht.

Das dritte Konzept heißt *limbische Revision*. Das ist die therapeutische Veränderung der Persönlichkeit durch die limbische Steuerung in der Therapie. Wenn sie erfolgreich ist, verbessert die limbische Revision allgemein die psychische Gesundheit, die Fähigkeit, den passenden Partner zu finden, und die Stressbewältigungsmechanismen. Die limbische Revision ist letztlich ein unbewusster Prozess. Um tiefsitzende emotionale Wunden zu heilen, muss das Unterbewusstsein miteinbezogen werden.

Wenn in der Psychotherapie über Themen nur gesprochen wird, bewirkt das noch keine bedeutende Veränderung. Um eine limbische Revision hervorzurufen, müssen tiefere Emotionen und unbewusste Gefühle angesprochen und nachempfunden werden können. In *A General Theory of Love* schlagen die Autoren vor, dass der Therapeut in eine limbische Resonanz mit dem Klienten treten soll, damit die Psychotherapie wirken kann. Dieser emotionale Kontakt ermöglicht den Zugang zum Unterbewusstsein, was im Laufe der Zeit zu einer limbischen Steuerung und Revision führen kann. In diesem Prozess ist eine liebevolle und mitfühlende Präsenz des Therapeuten sehr wichtig. Nach einigen Sitzungen wird sich der Klient emotional auf diese liebevolle Annahme einstimmen und damit in Resonanz gehen. Während die Themen durchgearbeitet werden, bleibt diese Annahme bestehen. So lernt der Klient unterbewusst, sich vor dem Hintergrund seiner Themen selbst zu lieben. Das ist die limbische Revision durch Liebe. So kann ein liebevoller Psychotherapeut über die Jahre dabei helfen, das Gehirn neu zu verschalten und die dysfunktionalen Prägungen in der Entwicklung des Klienten aufzulösen.

Maria hatte sich für die traditionelle Amazonas-Medizin entschieden, anstatt sich einer Psychotherapie zu unterziehen. Rückblickend stellte sie fest, dass die Kombination von traditionellen Ayahuasca-Zeremonien (unter der Leitung von Meisterschamanen mit ihren Icaros) und der Diät mit Meisterpflanzen innerhalb von relativ kurzer Zeit zu einer limbischen Steuerung und Revision geführt hatte. Schamanische Heilung mit Icaro-Gesängen ist eine Form der limbischen Revision, bei der die innere Welt des Klienten durch intuitiv empfangene Hinweise und Ayahuasca-Visionen erschlossen wird. In der Traumlandschaft der Visionen bearbeitet der Gesang das, was der Schamane wahrnimmt, um Harmonie und Selbstliebe wiederherzustellen. Bei Maria trugen auch die ausgedehnten Retreats in einer natürlichen Umgebung und die tägliche Unterstützung durch die Gemeinschaft im Zentrum zu ihrem Fortschritt bei.

Es ist außerdem wichtig zu erwähnen, dass Maria sich ihrer Heilung besonders intensiv gewidmet hatte. Das macht einen großen Unterschied. In allen medizinischen Behandlungsmethoden muss der Patient seinen Teil leisten. Maria war sehr diszipliniert, hielt die Vegetalista-Diät genau ein und führte sie zu Hause fort. Dort kümmerte sie sich auch in ihrer freien Zeit in erster Linie um sich selbst und reduzierte ihre sozialen Interaktionen auf ein Mindestmaß, um alles, was sie gelernt hatte, zu verarbeiten und zu integrieren.

Aus der Sicht des Schamanen war der verlängerte Prozess der Reinigung und Klärung für ihre tiefere emotionale Heilung notwendig. Die Energien in ihr mussten gereinigt werden, auch die Erinnerungen an den Missbrauch durch ihren Vater und die Energien ihrer Wut und Trauer. Diese emotionale und energetische Klärung schaffte Raum für eine tiefgreifende Heilung und begünstigte einen Wandel, ähnlich dem Prozess der limbischen Revision. Maria konnte dabei eine tiefere Vertrautheit mit ihrem eigenen Herzen und ihrer Seele entwickeln.

Maria empfand diesen schamanischen Ansatz als sehr wirkungsvoll. Die Ärzte hatten ihr zuvor ein paar unheilbare Krankheiten diagnostiziert: chronische Depression, chronische Knie- und Rückenschmerzen. Ihr wurde gesagt, diese Probleme seien aller Wahrscheinlichkeit nach erblich bedingt, und sie würde für den Rest ihres Lebens Antidepressiva und vermutlich auch Schmerzmittel einnehmen müssen. Maria erhoffte sich jedoch mehr, wie die meisten von uns. Schließlich erkannte sie die Notwendigkeit einer tiefen emotionalen und spirituellen Heilung für sich.

Tiefgreifende emotionale Probleme werden traditionell als Manifestation einer energetischen und spirituellen Krankheit betrachtet. Die spirituelle Krankheit, die kranke Seele, zeigt sich als eine limbische Störung, die von manchen auch als Dysfunktion im limbischen System bezeichnet wird. Viele Menschen, denen die psychedelische Medizin und spirituelle Methoden helfen, leiden unter irgendeiner Art von Störung im limbischen System. Diese zentrale Funktionsstörung schafft Probleme im Emotionalkörper und zeigt sich bei Depressionen, Angstzuständen, PTBS, Süchten und anderen psychosomatischen Störungen.

Das limbische System ist das Verarbeitungszentrum des Emotionalkörpers. Rätselhafterweise reagiert dieses System auf eine spirituelle limbische Steuerung, ob durch das Mitgefühl eines Therapeuten, durch den Gesang eines Schamanen oder durch Selbstliebe. Wir wissen, dass eine gestörte limbische Entwicklung häufig durch einen Mangel an Liebe verursacht wird. Wir sollten uns nicht wundern, dass dieses System durch die Liebe wieder in Ordnung gebracht werden kann. Kinder brauchen Liebe, sehr viel Liebe für ihre gesunde Entwicklung. Viele Erwachsene leiden daran, dass sie als Kinder nicht genügend Liebe erhalten haben. Sie können später im Leben lernen, die Bedürfnisse ihres inneren Kindes zu befriedigen.

Wie wir bei Colleen und Maria gesehen haben, können Ayahuasca, die Meisterpflanzen und der Schamanismus zusammen emotionale Traumata aus unserer Kindheit heilen. Diese spirituellen Heilmethoden helfen dabei, Selbstliebe und emotionale Gesundheit wiederherzustellen und uns spirituell gesunden zu lassen. Wie ich durch Karl lernen durfte, ist dies der Weg zu einer tieferen mystischen Erfahrung, und in seinem Fall zu einem Verständnis über die Natur der Liebe.

14

Was ist Liebe?

Eine Weile nach Marias Besuch kam Karl in unser Zentrum. Karl war fünfundsiebzig Jahre alt, kam aus Deutschland und hatte viel Erfahrung in spiritueller Praxis und Meditation. Seit Jahrzehnten arbeitete er in Europa im Bereich persönliches Wachstum und Entwicklung, er war als Coach und Berater für berühmte Persönlichkeiten und namhafte Unternehmen tätig.

Er kam mit ein paar Freunden, von denen einer bereits bei uns gewesen war. Dieser Freund hatte ihn davon überzeugt, dass er mit unserer Hilfe das finden könne, wonach er suchte. Nach Jahren des Erforschens in verschiedenen Kulturen und umfangreicher Praxis in spirituellen Traditionen des Ostens, war Karl sich immer noch nicht sicher, ob er »den Spirit gespürt hatte«. Er kam an den Amazonas, weil man hier mithilfe von Ayahuasca den Spirit spüren könne. So hatte er gehört.

Als erfahrener Meditierender und Forscher war Karl im Allgemeinen mit sich selbst und seiner Entwicklung sehr zufrieden. Und … er war nach wie vor neugierig und auf der Suche nach mehr. Er wollte eine konkrete spirituelle Erfahrung, eine Erfahrung jenseits seines Intellekts. Er war gut vorbereitet und ließ sich mit Demut und viel Geduld auf den Prozess ein.

Er war bereits vor seiner Anreise auf medizinische und psychische Erkrankungen untersucht worden, und jetzt im Zentrum untersuchten wir ihn noch einmal. Ich sah, dass er psychisch sehr stabil und auch körperlich in sehr guter Verfassung war, er lag deutlich über dem Durchschnitt im Vergleich zu seinen Altersgenossen. So begann er wie alle anderen seinen Prozess mit dem pflanzlichen Brechmittel und machte auch die Vegetalista-Diät. Zusätzlich begann er eine tägliche Diät mit dem Extrakt einer Meisterpflanze, in seinem Fall war es der Extrakt aus frisch gemahlenen Blättern des Piñon-Blanco-Strauches (*Jatropha curcas*, Purgiernuss). Das ist ein Regenwaldstrauch mit großen, öligen Samen, die zurzeit als potenzielle Quelle für Biodiesel untersucht werden. Nach der Shipibo-Tradition soll der Geist dieser Meisterpflanze ein sehr reines Licht ins Herz und in den Geist bringen.

Karl kam an einem Sonntag an, und nachdem er sich eingerichtet hatte, folgte am Abend seine erste Zeremonie. Um Viertel vor acht saßen Karl und die anderen Teilnehmer auf ihren Matten im Maloka, und die Dschungelnacht war längst angebrochen. Das Maloka im Nihue Rao ist ein großes Rundhaus mit etwa zwölf Metern im Durchmesser. Es hat einen Dielenboden und ein hohes, konisches, strohgedecktes Dach. Es gibt keinen Mittelpfosten, stattdessen hatte der talentierte Konstrukteur, ein einheimischer junger Mann namens Nilo, eine spinnennetzartige Struktur in den »Dachbalken« entworfen, um das Gewicht des großen Daches zu verteilen. Das Maloka liegt auf einer großen Lichtung, umgeben von einem natürlichen Hain aus Nihue-Rao-Bäumen.

In dieser Nacht waren etwa zwanzig Leute im Maloka: die *Pasajeros*, die Shipibo-Schamanen und die Assistenten. Die Wächter warteten auf das Signal, den Stromgenerator auszuschalten.

Es war meine Aufgabe, den Ayahuasca-Trank auszugeben, so sollte ich auch über die Dosis für diesen »älteren Herrn« entscheiden. Ich war vorsichtig. Wie manche Shipibos scherzen: »Sie ist niemandem ein Freund.« Das heißt, Ayahuasca sollte nie auf die leichte Schulter genommen werden.

Im Nihue-Rao-Zentrum wird Ayahuasca ausschließlich aus frischen Ayahuasca-Lianen und Chacruna-Blättern gewonnen. In der Regel wird diese Kombination aus zwei Pflanzen als sicher angesehen, auch wenn noch weitere Aspekte berücksichtigt werden müssen. Wie bereits erwähnt, besteht bei empfindlichen Personen aufgrund der möglichen physischen und psychologischen Auswirkungen die Gefahr eines Herzinfarktes oder eines kardiovaskulären Problems. Wie in Kapitel 7 beschrieben, müssen psychische Verfassung und Anamnese des Besuchers sorgfältig betrachtet werden. Die Einnahme von Ayahuasca erfordert einiges an psychologischer Vorbereitung und darüber hinaus die Bereitschaft, die zeremoniellen Erlebnisse zu reflektieren und zu integrieren. Auch gilt es, sich darüber im Klaren zu sein, dass es allergische Reaktionen oder gefährliche Wechselwirkungen mit Medikamenten geben kann. Darum war Russ vor seiner Reise nach Peru von seinem Kardiologen untersucht worden und hatte Prozac und seine anderen Medikamente ausgeschlichen.

Nach unserer Einschätzung war Karl gut vorbereitet. Er war ein guter Kandidat ohne eine nennenswerte medizinische oder psychische Krankengeschichte und nahm keine Medikamente ein. Da sich das Zentrum in einem abgelegenen Dschungelgebiet befindet, sind während der Einnahme der Pflanzenmedizin fast keine Arzneimittel erlaubt, um unvorhergesehene Wechselwirkungen zu vermeiden. Es gibt immer Ausnahmen, aber diese werden von Fall zu Fall entschieden.

Ich ging die potenziellen »Symptome« von Ayahuasca mit Karl durch und besprach die visionären Erlebnisse, die stattfinden können. Ich erzählte ihm, dass Ayahuasca traditionell zu Heilzwecken getrunken wird und nicht notwendigerweise, um eine Vision zu erhalten. Bei denjenigen, die Visionen erleben, sind diese zunächst eine Art psychedelische Erfahrung mit hellen Farben, geometrischen Mustern und Fraktalen. Oft sehen die Menschen ikonographische Muster, die in der traditionellen Shipibo-Stickerei (genannt *Kené* in Shipibo) zum Leben erweckt werden. Diese

Shipibo-Designs werden als visuelle Darstellungen der Energien von Heilpflanzen beschrieben. Die erste Ebene der Visionen kann verschiedene subtile Wirkungen haben, einschließlich spontaner Erkenntnisse, Erinnerungen, besonderer Gedanken und einer guten Intuition. Wie beschrieben, beinhaltet die Welt der Ayahuasca-Visionen ebenso komplexere Erfahrungen, wozu auch Träume gehören.

Selbst bei sehr geeigneten Kandidaten kann eine übermäßige Dosis jedoch eher verwirrend als therapeutisch wirken. Manche Menschen reagieren einfach empfindlicher als andere auf die Wirkung von Ayahuasca. Auch dieses Thema hatte ich mit Karl besprochen, und jetzt sollte er Ayahuasca selbst erleben.

Ricardo saß zu meiner Rechten, an einer Stelle des Malokas, von wo aus er den Kreis gut begleiten konnte. Neben ihm lagen seine Werkzeuge und verschiedene Gegenstände. Wie er sagt, sitzt er gerne so, damit er jeden in seinen Ayahuasca-Visionen im Dunkeln beobachten kann. Als ich Karls Dosis abschätzte, unterhielt sich Ricardo in Shipibo mit seinen Kollegen und bereitete sich für die Zeremonie vor. Er blickte zu mir herüber, als ich Ayahuasca für Karl einschenkte. Aus Rücksicht auf sein Alter gab ich ihm anfangs etwas weniger. Unser Ziel war es, die optimale Dosis zu finden, sodass er ruhig und bewusst bleiben konnte, um zu *trabajar*, an sich zu arbeiten.

Karls erste Erfahrung war sanft. Seine erste *mareación* beschrieb er als psychedelisch. Er nahm Farben und einige geometrische Muster wahr, erlebte einen Bewusstseinszustand, den er bereits von LSD und anderen psychedelischen Substanzen her kannte. Danach war er etwas enttäuscht, schließlich war er nicht von weit her angereist, nur um eine ihm bereits bekannte Erfahrung mit »halluzinogenen Drogen« zu wiederholen.

Ich bevorzuge übrigens den Ausdruck »psychedelisch« gegenüber »halluzinogen«, da Letzterer sich nur auf eine Substanz bezieht, die Halluzinationen hervorruft. Hingegen stammt »psychedelisch« aus dem Griechischen, von *psyche,* »Seele«, und *delos,* was

»klar« oder »offenkundig« bedeutet. Psychedelisch könnte man demnach mit »die Seele offenbaren« übersetzen.

Karl wusste, dass Ayahuasca den psychedelischen Wirkstoff DMT (Dimethyltryptamin) enthält, und hatte wie viele andere bereits einiges darüber gehört. Viele Westler sind sehr auf die Rolle von DMT bei einem Ayahuasca-Erlebnis fixiert. Manche sehen im Ayahuasca-Trunk nur einen DMT-Lieferanten, eine primitive Methode, um halluzinogene Erfahrungen einzuleiten.

Diese Einstellung hat wenig mit dem Anspruch der traditionellen Amazonas-Pflanzenmedizin zu tun. Ricardo und andere *Ayahuasqueros* empfinden diese eindimensionale Sichtweise als Beleidigung, da sie als Drogenhändler dargestellt werden. Ricardo drückt es so aus: »Wir kannten keine Drogen, bis die Westler ankamen.« Dem *Ayahuasquero* geht es um sehr viel mehr als nur eine »Drogen«-Erfahrung. Der ernsthafte *Ayahuasquero* schenkt Ayahuasca ein, um eine tiefe Heilung durch die Meisterpflanzen zu bewirken und die Möglichkeit anzubieten, mit dem Reich des Geistes zu kommunizieren.

Trotz seiner anfänglichen Enttäuschung war Karl geduldig und achtsam. Der *Ayahuasquero* würde eine solche Herangehensweise als weise bezeichnen. Karl setzte seine Diät und seinen täglichen Prozess fort in der Hoffnung, über die psychedelische Erfahrung hinaus in die mystische Welt der Meisterpflanzen einzutauchen.

Seine zweite Zeremonie bot ihm etwas mehr. Nach einer stärkeren Dosis hatte er eine intensivere Erfahrung, empfand sie dennoch als »halluzinogen« und nicht als etwas, was er eine spirituelle Erfahrung nennen würde. Geduld ist zeitlos, und Karl wartete weiterhin auf eine Gelegenheit, den in der Amazonas-Kultur zelebrierten und verehrten Pflanzengeistern zu begegnen und sie zu begrüßen.

Der Prozess ging weiter. Wie üblich war Karl dabei, sich durch die Diät und Zeremonien kontinuierlich zu reinigen. Wir besprachen seine Erfahrungen in den morgendlichen Runden und gaben ihm weitere Anleitungen. Er verarbeitete seine Erfahrung zusätzlich im Gespräch mit seinen Freunden und anderen Teilnehmern. Er vertrug den Ayahuasca-Trank allgemein gut. Es war, glaube ich, in seiner dritten Zeremonie, nach der zweiten Dosis gegen zehn Uhr abends, als er das zu erleben begann, wofür er in den Amazonas gekommen war.

Ricardo beschreibt die zweite Ebene der Erfahrung oft als eine Form des persönlichen Rückblicks. Letztlich ist Ayahuasca eine mystische Erfahrung, die keiner Logik folgt, aber als Diskussionsgrundlage kann man von einer zweiten Ebene dieser Erfahrung sprechen. Neben den Farben und Fraktalen am Anfang führt uns Ayahuasca unser Leben vor – durch Visionen, Empfindungen, Gedanken, Erinnerungen und die Intuition. Ayahuasca leitet uns an, über bestimmte Lebenserfahrungen nachzudenken und diese sogar wiederzuerleben, besonders die, die uns am stärksten beeinflusst haben und unsere Entwicklung behindern. Dies könnte alles Mögliche sein, von der Geburt bis zur Gegenwart. Manchmal sind es sogar vorgeburtliche Erfahrungen oder zukünftige Möglichkeiten. Hier liegt der Schwerpunkt der persönlichen Arbeit. Wir arbeiten mit Ayahuasca, um unsere Lebensgeschichte zu heilen und dabei Körper, Herz, Seele und Geist zu integrieren. Es ist eine Herausforderung, die unter Umständen schwierig sein kann, jedoch äußerst bereichernd ist.

Bei der zeremoniellen Heilung im Nihue Rao und in ähnlichen Situationen muss der Teilnehmer nicht zwingend Ayahuasca trinken. Zwar wird im Nihue Rao und anderen Zentren mehrmals pro Woche Ayahuasca angeboten. Die einzige Verpflichtung des *Pasajeros* besteht jedoch darin, die Diät einzuhalten und an der Zeremonie teilzunehmen, um die heilenden Gesänge zu empfangen. Ayahuasca wird zur weiteren Heilung angeboten und, wie Ricardo es ausdrückt, »damit die *Pasajeros* sehen können, was die Schamanen tun«. Gegen Ende der ersten Woche hatte Karl bereits seine vierte Zeremonie erlebt. Er hatte den Trank in jeder Zeremonie eingenommen und begann Schritt für Schritt das zu finden, wonach er suchte. In der vierten Zeremonie hatte er ein unmittelbares Erlebnis mit dem, was er Spirit nannte.

Karl verband sich mit einem Spirit, vermutlich dem von Ayahuasca, der sich jenseits seines eigenen Verstandes befand. Um an *la Madre* zu glauben, musste er sie kennenlernen. Um sich auf sie einzulassen, musste er an sie glauben. Das ist das Paradox einer mystischen Erfahrung. Um sich tiefer einzulassen, können wir nicht einfach auf unseren Verstand warten, bis er überzeugt ist. Wir müssen unsere Zweifel loslassen und mit unserem Herzen glauben. Das öffnet dann die Tür. Karl erreichte dies und fühlte sich bald wohl mit *la Madre Ayahuasca*. Seine früheren intellektuellen und spirituellen Erfahrungen führten zu einem tiefgründigen Dialog mit ihr.

An einem Punkt fragte er: »Was ist das Bewusstsein des Bewusstseins?«

Ayahuasca antwortete: »Die Liebe.«

Karl lag im Dunkeln auf seiner Matte, mitten im Zustand der *mareación*, umgeben von den vibrierenden Icaros und fragte: »Was ist Liebe?«

Ayahuasca führte ihn zu einer Erinnerung, die jenseits seines Bewusstseins lag. Mit acht Monaten starb Karls Mutter an einer Erkrankung, die das Ergebnis einer Komplikation seiner Geburt gewesen sein könnte. Karl konnte sich nicht an sie erinnern und erhielt als Kind nur eine vage Erklärung für ihren Tod. Ayahuasca zeigte ihm etwas, was er nie in Betracht gezogen hatte. Mit seinen acht Monaten lag er oft neben seiner kranken Mutter im Krankenhausbett. Die Visionen zeigten ihm, dass er in dem Augenblick, als sie starb, tatsächlich bei ihr gewesen war.

In seinen Visionen erlebte er diesen Moment neu und erinnerte sich zum ersten Mal daran. Er lag neben seiner Mutter, spürte, wie sie starb, und wusste, dass sie nun weg war. Wie alle Babys war er darauf programmiert, Unterstützung und Nahrung zu erhalten. Nun war seine Mutter jedoch weg. Er wusste, dass etwas nicht in Ordnung war, und es schien seine Schuld zu sein. Wie so viele Kinder, die ein Trauma erleben, das sie nicht verstehen, gab Karl sich selbst die Schuld für den Tod seiner Mutter. Ihm wurde bewusst, dass er diese Schuld seit fast fünfundsiebzig Jahren mit sich herumtrug. Die Schuld hatte sich so tief in sein Wesen eingegraben, dass sie die Erfahrungen seines ganzen Lebens gefärbt hatte.

An diesem Punkt beantwortete Ayahuasca seine Frage direkter. *La Madre* erklärte ihm, dass Liebe die bedingungslose Anerkennung von allen Dingen ist, so wie sie sind. Sie zeigte ihm, wie die Liebe sein ganzes Leben bedingungslos akzeptiert. In dieser Liebe brauchte er den Tod seiner Mutter nicht persönlich zu nehmen. Es ging nur darum, ihren unerwarteten Tod als Teil der Umstände seines frühen Lebens anzunehmen und zu verstehen. Durch dieses Annehmen würde er sich dafür vergeben können, dass er andere Gefühle gehegt und sein Herz aufgrund von Schuldgefühlen verschlossen hatte. Ayahuasca half ihm dabei, diese bedingungslose Annahme und Vergebung von Herzen zu spüren. Dadurch konnte er sich auf eine Weise selbst lieben, die vorher nicht möglich gewesen war. Er musste diese Erfahrung erneut machen, um ihre Wirkung auf seine Seele zu spüren und anschließend vergeben zu können. Durch die Vergebung und Annahme konnte er sein Herz wieder öffnen, der nächste Schritt bestand nun darin, diese Liebe mit anderen zu teilen.

Es mag andere Möglichkeiten geben, eine solche Erfahrung zu beschreiben, wenn man den veränderten Bewusstseinszustand und alle anderen dazugehörigen Faktoren bedenkt. Doch einfach ausgedrückt, führte Ayahuasca Karl zur Selbstliebe auf eine Art, die er sich nie hat vorstellen können. *La Madre* ermöglichte es ihm, die Liebe auf eine Weise zu erleben, die für ihn bisher nicht zugänglich gewesen war. Nun lag es an ihm, sie in sein Leben zu integrieren.

15

Einlassen auf die Diät und die Entdeckung des eigenen Gesangs

In den ersten Jahren erlebte ich viele inspirierende Heilungen im Rihue-Nao-Zentrum und konnte Ricardo dabei beobachten, wie er mehrere Personen durch die einjährige Lerndiät begleitete. Durch diese intensive Ausbildungszeit wird man zu einem *curandero*, einem traditionellen Heiler der Übertragungslinie.

Zu dem Zeitpunkt hatte ich drei einmonatige Lerndiäten mit Coca absolviert, aber keine langfristige Diät. Ich versuchte meine Zeit gleichmäßig zwischen den USA und Peru aufzuteilen, reiste alle drei bis vier Monate nach Hause zurück, um als Arzt zu arbeiten, Gelder für Nihue Rao zu sammeln und meine Rechnungen zu bezahlen. Dieses Hin und Her ist für einen Ausbildungsprozess nicht förderlich, zumindest war es eine Ausrede für die Verzögerung. Ich war unschlüssig, ob ich die Ausbildung weitermachen sollte, die Dinge nahmen jedoch ihren Lauf.

Obwohl ich keine längere Pflanzendiät gemacht hatte, gewann ich in der Zusammenarbeit mit Ricardo und den anderen Schamanen eine Menge Erfahrung. Ricardo ermutigte mich weiterzumachen, und aufgrund meiner Situation bot er mir eine andere Art von Diät an, eine, die ich bei meiner Arbeit in den USA leichter einhalten konnte. Er nannte sie die Diät des göttlichen Lichts. Man verpflichtet sich für sechs Monate oder auch länger, keinen Sex zu haben, nichts Würziges zu essen, keine Milchprodukte, kein rotes Fleisch, keinen Alkohol und keine Drogen zu sich zu nehmen. Salz und Zucker, Gemüse, Fisch und Huhn sind erlaubt. Diese Diät des Lichts ist weniger streng als die der Meisterpflanzen, aber dennoch eine Phase der Reinigung, eine Verpflichtung zur spirituellen Arbeit und eine Gelegenheit, die eigene Beziehung zum Gebet zu stärken. Wie die Pflanzendiäten, wird auch sie jeweils mit einer Ayahuasca-Zeremonie eingeleitet und abgeschlossen, und Ricardo bot mir für den Weg Führung an. Also machte ich eine sechsmonatige Diät des Lichtes, zum Teil in Peru und zum Teil in den USA. Das war einmal mehr eine subtile Erfahrung, aber nichtsdestotrotz ein Schritt nach vorne.

Zu diesem Zeitpunkt hatte sich Cvita bereits verpflichtet, eine vollwertige *Ayahuasquera* zu werden. Sie hatte in ihrer Ausbildung mehrere entscheidende Durchbrüche erreicht und arbeitete schon schamanisch in den Zeremonien. Dazu gehörte auch das Singen für Ricardo, wenn er sie um Hilfe bat. Durch ihre Diäten und unter der Leitung unseres Schamanenteams kamen Cvitas kraftvolle Intuition und Visionen voll zur Geltung und durchdrangen unsere Heilarbeit.

Obwohl ich mich als Berater kompetent fühlte, nahmen meine Ayahuasca-Visionen an Häufigkeit und Intensität ab. Das ist nicht ungewöhnlich, bei vielen Teilnehmern werden die großen visionären Erlebnisse mit der Zeit ruhiger. Für Schamanen ist der visionäre Zugang jedoch wichtig, um den Prozess zu lenken. Mir wurde geraten, meine Blockaden herauszufinden.

Wie in jedem kleinen Unternehmen gab es auch in unserem Zentrum Auseinandersetzungen. Manchmal stritt ich mich mit Cvita über die Organisation, mit Ricardo gab es häufiger Meinungsverschiedenheiten, die durch unsere kulturellen Unterschiede noch komplizierter wurden. Da wir gemeinsame Ziele hatten, fanden wir immer eine Lösung, nur manchmal empfand ich einen Groll, und das schien meine Fähigkeit, in der Ayahuasca-Zeremonie zu »sehen«, zu beeinträchtigen. Wut, Ego, Stolz, Frustration und Ungeduld – all diese Gefühle sind bekannt dafür, Visionen zu blockieren.

Trotz meiner gelegentlichen Enttäuschungen fühlte ich mich dennoch vom Schamanismus angezogen und wollte ihn weiter erforschen.

Angesichts des straffen Zeitplans im Nihue-Rao-Zentrum, hatte ich bis zum Jahr 2013 viele Ayahuasca-Zeremonien erlebt, unter anderem viele sehr harte Nächte. Ayahuasca ist eine sehr wirksame Medizin, und auch eine sehr herausfordernde. Die traditionelle Amazonas-Pflanzenmedizin kann schnellen Nutzen bringen, aber dieser Nutzen will erarbeitet sein. So waren viele Zeremonien schwierig für mich, sowohl physisch als auch spirituell. Andere Abende waren anstrengend, weil ich die Teilnehmer in ihren herausfordernden Erlebnissen unterstützte. Obwohl wir immer auf eine ruhige Zeremonie hofften, wurde doch gelegentlich laut geschrien, wild herumgefuchtelt, oder jemand kotzte dir auf die (nackten) Füße. Ayahuasca-Zeremonien können manchmal ziemlich heftig werden. Die schamanischen Ebenen können uns erleuchten, sie können uns aber auch mit erheblicher Dunkelheit konfrontieren: die Dunkelheit durch böse Absichten, durch Probleme unter den Menschen, durch zerstörerische Eigenschaften der Natur und durch geheimnisvolle Ursachen.

In einer Nacht, in der ich bereits ziemlich erschöpft war, hatte ich ein besonders übles Erlebnis mit düsterer Energie. Unsere Arbeit für den Abend war eigentlich beendet, die *Pasajeros* ruhten sich aus. Ich lag entspannt auf meiner Matte und war gerade dabei, von einer eher milden Ayahuasca-Erfahrung herunterzukommen. Plötzlich legte sich dicker, dunkler, mit Hass gefüllter Schlamm über meine Visionen, meinen Körper und meinen Geist. Diese Finsternis lastete auf meinem Wesen wie dickflüssiger Teer. Gefühle des Hasses überfluteten mich und raubten mir meinen Willen. Ich hatte keine Ahnung, wo diese Negativität herkam, aber sie drückte mich platt. Ich seufzte tief und schaukelte hin und her.

In den letzten Nächten hatte ich nicht genügend Schlaf bekommen und war nun begraben unter dieser Dunkelheit. Ich war schlicht zu müde, um irgendetwas dagegen zu tun. Es war einfach unglaublich finster und erbärmlich. Mir war alles zu viel, ich wollte nur noch, dass es aufhörte. Zum ersten Mal seit Beginn der Arbeit im Nihue Rao lag ich dort im Dunkeln und heulte. Eigentlich wollte ich nur die Teilnehmer unterstützen und etwas über die Medizin lernen, doch jetzt fühlte ich mich völlig leer. Von vielen *Pasajeros* hatte ich es schon gehört, jetzt sagte ich es selbst: »Mir reicht's. Ich mache nicht mehr weiter.« Ich konnte nur noch daliegen und warten, bis es vorbei war.

Irgendwann – vielleicht eine Stunde später – veränderte sich mein Zustand, und ich fühlte mich etwas besser. Ich schaute zu Ricardo hinüber, und mir kamen Gedanken über sein Leben als *Ayahuasquero* in den Sinn. Immer und immer wieder Ayahuasca zu trinken – ich konnte mir kaum vorstellen, wie das für mich gewesen wäre. Es schien mir sehr schwer, zu schwer und vermutlich auch außerhalb meiner kulturellen Zuständigkeit. Ich dachte nur noch: »Was mache ich eigentlich hier?«

Ich erzählte Ricardo von meiner Erfahrung. Natürlich hätte ich ihn rechtzeitig um Hilfe bitten können, doch als mir klar wurde, was los war, befand ich mich bereits mitten in der Hoffnungslosigkeit. Ricardo rauchte seine Mapacho und hörte mir zu. Schließlich sagte ich, dass ich zwar sehr gerne dolmetschte, organisierte, beratend zur Seite stand und lehrte, aber kein *Ayahuasquero* werden wollte. Arzt zu werden war für mich hart genug gewesen – mental, körperlich, emotional und spirituell.

Ricardo hörte geduldig zu. Dann erzählte er mir von der Zeit während seiner Ausbildung, als er ebenfalls aufhören wollte. Nach einer langen und sehr schwierigen Zeremonie mit düsteren Visionen und negativen Gefühlen, hatte er sich selbst und der Welt erklärt, es sei das letzte Mal gewesen. Kein Ayahuasca mehr. Am nächsten Tag bat er seinen Meister, alles zu entfernen, alle Energien der Meisterpflanzen, die Energien seiner Diäten und alles, was er gelernt hatte, damit er in sein »normales« Leben zurückkehren konnte. Im Shipibo-Schamanismus hilft ein Meister einem dabei, sich mit den Energien der Pflanzen und dem schamanischen Wissen der Diäten zu verbinden. Genauso kann ein Meister diese Energien und das Wissen wieder entfernen.

Ricardos Meister hörte sich seine Bitten an und erzählte ihm von den Malen, in denen er aufgeben wollte. Schließlich meinte er, er würde die Energien der Pflanzen, der Diäten oder irgendetwas anderes nicht entfernen. Er empfahl Ricardo, sich etwas Ruhe zu gönnen.

Nun sagte Ricardo zu mir: »Es ist in Ordnung, du musst kein *Ayahuasquero* werden. Das verstehe ich. Du kannst Arzt sein und dein Leben leben, aber … lerne die Pflanzenmedizin trotzdem. Vielleicht triffst du eines Tages auf Menschen, die Ayahuasca trinken, dann kannst du ihnen helfen. Betrachte es einmal so.«

Am Morgen nach dieser Zeremonie traf ich Martina, Cvitas Schwägerin, vor dem Maloka. Sie ist eine wunderschöne und intelligente Frau mit ausdrucksstarken Augen und einem großen Herzen. Nachdem sie durch ihren persönlichen Heilprozess gegangen war, schloss sie sich dem Team an, um mit uns zu arbeiten. Ich hatte sie bei einem meiner ersten Besuche in Iquitos kennengelernt, sie wusste also um meinen Weg. Ich erzählte ihr von der schwierigen Zeremonie und von meinem Entschluss, nicht weitermachen und auch nicht zum *Ayahuasquero* ausgebildet werden zu wollen. Sie schaute mich an und meinte: »Joe, das ist doch dein Traum, das ist zweifellos dein Weg, davon hast du doch geträumt!« Genau das hatte ich gebraucht.

Im Laufe der Jahre hatte mich Ricardo in meiner persönlichen Heilung sehr unterstützt, unter anderem bei den emotionalen und spirituellen Traumata aus der Zeit meines Medizinstudiums, bei Traumata durch ein paar schlimme Autounfälle und bei einem Haufen ungeklärter Beziehungsthemen. Ich hatte ebenso miterlebt, wie er vielen anderen Menschen helfen konnte. Er war mein Lehrer, mein Geschäftspartner und mein Freund. Und er hatte recht. Ich wollte wirklich mehr über diese Art der Medizin erfahren.

So entschied ich mich, in die fortgeschrittene Ausbildungsgruppe einzusteigen. Ich organisierte mich so, dass ich für längere Zeit im Nihue Rao bleiben und arbeiten konnte, um die sechsmonatige Diät auszuprobieren.

Meine Diät mit Piñon Blanco

Ricardo empfahl mir, die Diät mit der Meisterpflanze Piñon Blanco zu machen. Wie in Kapitel 14 beschrieben, soll Piñon Blanco viel Licht ins Herz und in den Geist bringen. Die Geister dieser Medizin werden als wissenschaftliche Ärzte bezeichnet. Ricardo sagt über sie, dass sie mit einem tiefgehenden Wissen sowohl den Naturwissenschaften als auch den spirituellen Wissenschaften verbunden sind. Klingt gut, dachte ich.

Ich bezog eine große Tambo im Wald, die für jemanden gebaut worden war, der eine einjährige Diät absolviert hatte. Es war ein quadratisches Gebäude mit einem Strohdach und an allen Seiten mit Moskitonetzen bestückt. Wenn man sich drinnen ausruht, kann man den Wald sehen, und trotz der Netze weht immer eine leichte Brise durch den Raum. Im Laufe der Zeit gewöhnen sich die Tiere an einen, Vögel, Schlangen und Affen fliegen, kriechen oder laufen einfach vorbei. Die Dschungelnacht singt einen in den Schlaf. Diese Tambo war der Ort, an dem ich mich ausruhen und nachdenken konnte.

In der vorgesehenen Nacht eröffnete Ricardo meine Piñon-Blanco-Diät. Ich arbeitete weiterhin intensiv im Zentrum mit, half bei den Zeremonien und erledigte den Bürokram in der Stadt. Während dieser Zeit hielt ich mich strikt an die Diät: kein Salz, kein Zucker, kein Öl, keine Milchprodukte, kein rotes Fleisch, kein Schweinefleisch, kein Huhn, nur bestimmte Sorten von gegrilltem

Fisch, keine scharfen Speisen, kein Sex, kein Alkohol und keine Drogen. Hauptsächlich trank ich Wasser und aß Fisch, Kochbananen, Reis, Linsen, Bohnen und Kartoffeln. Ich aß auch Äpfel und Bananen, die nicht verboten, jedoch unter den Nihue-Rao-Hardlinern, inklusive Ricardo, eher verpönt sind (wegen ihrer Süße). Ich naschte gelegentlich von diesen Früchten, um zusätzliche Energie zu bekommen, mit der Entschuldigung, dass ich als Leiter des Zentrums sehr viel arbeitete, oftmals auch allein.

Die ersten beiden Wochen der Diät sind die schlimmsten, danach gewöhnt sich der Körper langsam an den Salzmangel. Und wenn du irgendwann einmal richtig Kohldampf hast, fängt alles an gut zu schmecken. Hunger ist der beste Koch, wie man so schön sagt. Ich empfehle den *Pasajeros* zu Beginn ihrer Diäten so zu tun, als ob ihnen das Essen egal sei, und schließlich gewöhnen sie sich daran. Ricardo meint dazu, wenn man fest entschlossen sei und wirklich lernen wolle, dann wäre die Diät nicht so schwierig. In der Hoffnung zu lernen geht man durch die Mangelernährung und bringt diese Opfer. Bei Ricardo und anderen Shipibo-Schamanen hatte es anscheinend funktioniert. Es war also einen Versuch wert.

Es gibt verschiedene Möglichkeiten, mit der Meisterpflanze Piñon Blanco eine Diät zu machen. Viele Menschen nehmen die Blätter zu sich, dafür werden die frischen Blätter täglich gemahlen und der Extrakt wird mit etwas Wasser vermischt und getrunken. Man kann auch eine Diät mit dem Harz machen, das allerdings schwerer zu gewinnen ist, denn man muss es frühmorgens aus dem Stängel extrahieren. Dafür muss man es nach Ricardos Vorgehensweise nur etwa einmal im Monat trinken. Der Tabak aus einer halben Mapacho wird in Wasser eingeweicht und mit einer kleinen Menge frischem Harz vermischt. In meiner sechsmonatigen Diät musste ich die Tabak-Harz-Mischung nur sechs Mal trinken.

Für mich waren die sechs Monate wieder eine eher subtile Lernerfahrung mit den Pflanzen. Die anderen Langzeitdiäthalter verbrachten die meiste Zeit isoliert in ihren Tambos. Generell wird ihnen angeraten, mit niemandem zu sprechen und niemanden zu berühren. Sie sollen nur das Nötigste mit anderen Diäthaltern oder den Schamanen sprechen und nur gelegentlich mit der Verwaltung. Sie sollen sich durch die soziale Interaktion nicht ablenken lassen.

Diese Art der Isolation im Dschungel erlaubt den Menschen, tiefer in ihre Innenschau zu tauchen. Im Laufe der Zeit werden sie immer sensibler und immer offener, um Informationen der Pflanzen zu erhalten. Diese Botschaften kommen in Form von Gedanken, Träumen und bei den gelegentlichen Ayahuasca-Zeremonien.

Interessanterweise beinhaltet die Ausbildung zum *Ayahuasquero* in der Tradition von Ricardo nicht unbedingt, viel Ayahuasca zu trinken. Nach einem ersten Reinigungsprozess nehmen die Langzeitdiäthalter über das Jahr verteilt nur an einer oder zwei Zeremonien pro Monat teil. Die Ausbildung findet durch die innere Beziehung zum Geist der Meisterpflanze statt. Wie Ricardo erklärt, trinken sie ab und zu Ayahuasca, um zu erfahren, was sie bereits gelernt haben.

Obwohl mir dieser schwierige Isolationsprozess erspart blieb, war meine eigene Diät, während der ich das Nihue-Rao-Zentrum leitete, belastend genug. Meine Chance war eine andere. Ich konnte zwischendurch immer wieder in meiner Tambo zur Ruhe kommen, aber die meiste Zeit musste ich arbeiten. Neben der täglichen Verwaltungsarbeit half ich bei den Zeremonien und trank ein- bis zweimal pro Woche Ayahuasca. Angesichts dieser Umstände und der Tatsache, dass ich nur wenige Visionen hatte, konnte ich es kaum beurteilen, ob ich etwas lernte. Ich war beschäftigt, und mein Geist war übermäßig aktiv. Ich nahm jedoch deutlich ab.

Cvita war beunruhigt, weil sie bemerkte, dass ich nicht die Art »Downloads« erhielt wie sie und die anderen in ihrem Diätprozess. Sie ermutigte mich, mich mehr zu isolieren und die Beziehung zur Meisterpflanze zu intensivieren. Ricardo war auch der Meinung, ich solle mich mehr auf die Verbindung zur Piñon Blanco konzentrieren. Als er eines Abends für mich sang, sah er die Meisterpflanze, ziemlich vernachlässigt, mit hängenden Blättern. In einer anderen Nacht nahm ich die Pflanze selbst wahr – sie befand sich in mir, wuchs in einem Eimer und sah ziemlich verwelkt aus.

Ich bat den Geist der Pflanze regelmäßig darum, meine Situation zu verstehen. Ich war sehr beschäftigt und manchmal gedankenverloren und bat die Pflanze um besondere Rücksicht, da ich mein Leben mittlerweile der Förderung und Praxis der schamanischen Pflanzenmedizin gewidmet hatte. Dafür arbeitete ich sehr hart. Doch nun nahm ich den Rat von Cvita und Ricardo an und versuchte, mich mehr auf die Beziehung zum Geist der Piñon Blanco zu konzentrieren.

Tatsächlich hatte ich schon früh etwas Eigenartiges beobachtet. Ein paar Wochen später erzählte ich Ricardo, dass ich irgendetwas um mich herum spürte, ich war mir jedoch nicht sicher.

Er fragte: »Eine Anwesenheit?«

»Ja«, antwortete ich. Ich spürte eine andere Anwesenheit in meinem Bewusstsein. Ich musste nur innerlich ruhig werden, dann war sie irgendwie da. Obwohl ich müde und körperlich geschwächt war, fühlte ich mich dennoch reiner, je länger die Diät dauerte. Emotional und spirituell fühlte ich mich sehr gut.

Zwar hatte ich weiterhin nur wenige Visionen während dieser ausgedehnten Diät, jedoch hatte ich ein paar bedeutende Träume. Einmal träumte ich von einer Arztkollegin, mit der ich als Honorararzt einige Monate zusammengearbeitet hatte. Unsere Büros lagen nebeneinander, aber ich hatte sie nie richtig kennengelernt. In meinem Traum fuhr ich zu einem unbekannten Gebäude, um sie zu treffen. Als ich das Gebäude betrat, begrüßte sie mich in ihrem weißen Laborkittel.

Während der Diät hatte ich Schmerzen im Herzen und in der Brust, was mit meinem Trauma vom Medizinstudium zusammenhing. Im Grunde hatte ich immer noch das Gefühl, etwas sei nicht in Ordnung mit mir. Ich dachte, es wäre nur eine anhaltende Traurigkeit, war mir jedoch nicht sicher und hoffte, keine körperliche

Erkrankung zu haben. All dies sagte ich der Ärztin nicht, aber sie wusste es bereits.

Sie brachte mich sofort in einen Behandlungsraum und unterzog mich einer gründlichen körperlichen Untersuchung. Dazu öffnete sie meinen Brustkorb von hinten, um sich mein Herz, meine Lunge und meinen Brustraum bis zur Vorderseite anzuschauen. Ich stand neben ihr und schaute auch in mich hinein. Sie wies mich auf ein paar Dinge hier und dort hin. Während der Untersuchung konnte ich mich in sie hineinfühlen. Die ganze Zeit über schickte sie mir Liebe und Mitgefühl. Insgesamt war alles gesund, und in meinem Herzen wusste ich, dass es mir gut ging. Ich spürte es. Ich war erleichtert. Später wurde mir klar, dass ich nicht meine frühere Kollegin getroffen hatte, sondern Piñon Blanco.

Gegen Ende der Diät hatte ich einen weiteren denkwürdigen Traum. Ricardo erzählte mir einmal, dass er am Ende einer Diät einen Traum hatte, in dem ihm ein schicker Rennwagen geschenkt wurde. Obwohl er nie Autofahren gelernt hatte, beherrschte er diesen Wagen hervorragend. Für ihn stand das Auto für seine Diät, für seine neue Medizin. Damit konnte er Dinge tun, die er nie zuvor getan hatte. In den letzten Wochen meiner Piñon-Blanco-Diät hatte ich einen ähnlichen Traum von einem großen, aufgemotzten, heißen gelb-grünen Flitzer. Er sah aus wie einer dieser Hochleistungs-Dragster. Ich stieg ein, wusste jedoch nicht, wie ich ihn fahren sollte. Ich versuchte es, konnte aber weder die Lenkung noch die Bremsen richtig bedienen. Ich stieß andauernd mit irgendetwas zusammen.

Ich erzählte Ricardo von diesem Traum, und er meinte: »Oh, das ist deine Diät, das ist nicht gut. Es ist noch nicht so weit.« Also verlängerte ich meine Diät um zehn Tage in der Hoffnung, dass die sechs Monate nicht umsonst gewesen waren.

Während einer Zeremonie in der folgenden Woche hatte ich eine unerwartete, dramatische Vision. In dieser Nacht konnte ich zum ersten Mal überhaupt alles im Maloka sehen, als ob es beleuchtet wäre. Ich konnte jede Person auf ihrer Matte sitzend oder liegend wahrnehmen. Ich konnte alle Gesichter erkennen. Meine engsten Freunde erschienen viel größer als die anderen, zwei- oder dreimal so groß. Im Laufe der Nacht erschien gelegentlich ein grünes Licht über einem von ihnen, um meine Aufmerksamkeit zu erregen. Ich schaute mich nur um und wollte dabei so viel wie möglich lernen.

Durch Singen zum Kanal werden

Man macht die Diät, um die Medizin der Pflanzen sowie den Icaro-Gesang zu lernen. Die Icaros zu singen ist eines der Geheimnisse der traditionellen Shipibo-Medizin. Es ist kaum zu glauben, ich wollte es auch nicht glauben, aber dann geschah es mir. Ich hatte Geschichten darüber gehört, wie die Musik während einer Ayahuasca-Zeremonie in Form von Lichtsäulen herunterströmte oder wie die Geister des Regenwalds den Menschen in ihren Tambos Lieder zuflüsterten. Bei mir war es nicht so schrill, es war einfach nur ein Gekritzel in meinem Kopf. In einem Buch über das Malen hatte ich einmal gelesen, man solle diese Kritzeleien aufheben, da sie eine Form des unbewussten Ausdrucks, der unverfälschten Kreativität seien. Die Melodie meines ersten Icaros meldete sich als ein musikalischer Fetzen, ein Gekritzel, ein Liedchen in meinem Kopf. Ich konnte es manchmal hören, wenn ich gerade Leerlauf hatte. Die meiste Zeit bemerkte ich es nicht, aber es war in mir.

Ricardo besaß ein paar CDs mit seinen eigenen Icaros, die während der Zeremonie aufgenommen worden waren, und ein paar Lehrlinge übersetzten seine Shipibo-Liedtexte ins Spanische, Englische und in weitere Sprachen (Ricardo brachte uns in seinen Vorträgen ein paar Shipibo-Worte bei). Für mein Icaro verwendete ich seine Ausdrücke, setzte sie zusammen und hatte irgendwann ein Gerüst mit Standardwendungen, die ich als Grundlage für eine Improvisation nehmen konnte. Anstatt eine fertige Melodie zu singen, wollte ich wie im Jazz eine Grundstruktur vorbereiten, die es mir erlaubte, aus dem Moment heraus das zu singen, was ich sah. Ich versuchte Zeit zum Üben in meiner Tambo zu finden und übte auch in den Zeremonien, ganz leise, im Hintergrund von Ricardos Gesang.

Die Worte der Icaros haben alle einen bestimmten Sinn und Zweck. Es gibt beispielsweise Redewendungen, die die Energien der Pflanzen anrufen und die Welt der Pflanzenmedizin öffnen, andere reinigen den Energiekörper. Mit diesen gechanteten Worten arbeitet der Schamane daran, bestimmte Bereiche des Geistes, des Körpers, des Herzens und der Seele zu reinigen. In den Visionen können problematische Energien erscheinen, zum Beispiel als dunkle Wolke oder als ein skelettartiger Geist der Toten. Manchmal nimmt der Schamane das Herz des *Pasajeros* wahr, wie es in Ketten gelegt ist, oder er sieht, wie der Teilnehmer von einer sehr schweren Energie niedergedrückt wird. Der Schamane reinigt diese speziellen Energien, indem er sie während des Icaros beim Namen ruft. Es ist, als interagiere man durch den Gesang mit einem Traum.

In der letzten Nacht meines Prozesses sang Ricardo für mich, um meine Diät abzuschließen und die Verbindung zu Piñon Blanco zu besiegeln. Es war sein letzter Icaro in dieser Nacht, und es wurde langsam ruhig in der Runde. Anschließend saßen wir eine Weile in Stille zusammen, bis Ricardo sich zu mir wandte und meinte: »Okay, Joe, Zeit zu singen. Zeig mal, was du gelernt hast.«

Das war meine erste Einweihung. Er bat mich nicht, für irgendjemanden zu singen, sondern nur, meinen Icaro für das Maloka zu singen. Es war voller Menschen, die aus der ganzen Welt angereist waren, um Icaros der Meister aus dem Amazonasbecken zu hören. Wie alle Anfänger war ich schüchtern und genierte mich. Alle waren still. Ricardo meinte es ernst. Aus dieser Nummer kam ich also nicht mehr heraus.

Zart begann ich mit meinem kleinen Lied. Ich rief zunächst auf Shipibo die Energien an: »*Rama kano abanon.*« Das bedeutet so viel wie: »Jetzt öffne ich die Energien.« Dann sang ich die nächste Zeile, die ich mir auf Spanisch zurechtgelegt hatte: »*Ayahuasca medicina, limpia sana cuerpo*«, Ayahuasca-Medizin, reinige und heile den Körper. Diese Zeile wiederholte ich und sang dann über Piñon Blanco. Ich hatte keine Visionen, also sang ich einfach weiter über die Reinigung meines Körpers und die Stärkung meiner Verbindung zu Piñon Blanco.

Nach ein paar Zeilen klang ich nur noch wie ein absterbender Motor. Ricardo fing mich auf und bestärkte mich: »Nein, nicht aufhören, es ist gut, es ist gut, weitermachen!« Ich begann von Neuem, wurde jedoch wieder leiser, aber er überredete mich unaufhörlich: »Mach weiter, mach weiter, es kommt schon.« Er drängte mich immer mehr, bis ich schließlich lauter wurde und seltsamerweise auf eine andere Ebene kam. Ich ließ mich darauf ein und begann auf eine Weise zu singen, die ich von mir noch gar nicht kannte.

Meine Stimme war energetisch aufgeladen, und ich fing an, mysteriöse Töne von mir zu geben. Ayahuasca führte mich durch den Prozess und inspirierte mich durch das, was ich in meinem Körper fühlte. Sie leitete mich dazu an, ein Kanal für diese geheimnisvolle Energie, die Medizinenergie zu werden. Es fühlte sich gut an. Die Schwingung vibrierte durch meinen Körper, und ich sang weiter. Nachdem ich noch ein paar neuartige Töne von mir gegeben hatte, hörte ich langsam auf. Das war der Anfang. Die Pflanzen hatten mir etwas Neues beigebracht.

16

Psoriasis spirituell behandeln

Die Zeit verging, und ich übte meinen Gesang weiter, mal außerhalb, mal während der Zeremonien. Auch versuchte ich weiterhin das Wissen, das ich von den Pflanzen erhielt, in meine wissenschaftlichen Erkenntnisse zu integrieren, die ich aus Gesprächen mit Freunden und Kollegen und aus meiner Lektüre gewann. Die Pflanzen lehrten mich, zum Energiekörper einer Person zu singen, und ich wusste natürlich, dass er mit dem Emotionalkörper verbunden ist.

Schamanische Behandlungen richten sich oft an den Emotionalkörper, der, wie Sie sich erinnern, aus dem PNEI-Netzwerk besteht, welches die Psyche mit dem autonomen Nervensystem, dem Hormonsystem und dem Immunsystem verbindet. Störungen im Emotionalkörper werden oft durch das autonome Nervensystem und das Immunsystem ausgedrückt. Wie bei Colleens Husten können solche Funktionsstörungen eine Reihe von Entzündungen im Körper hervorrufen. Durch neurogen bedingte Entzündungen können emotionale Störungen auch zu einer Verschlimmerung von entzündlichen Hautproblemen wie Ekzemen oder Psoriasis führen.

Psoriasis und der Emotionalkörper

In den Anfängen von Nihue Rao kam eine Frau namens Sharon zu uns, die seit Jahren unter Psoriasis litt und Hilfe suchte. Psoriasis, auch als Schuppenflechte bezeichnet, ist eine Autoimmunerkrankung. Das Immunsystem greift gesunde Körperzellen an, was sich bei der Psoriasis durch oft großflächige, schuppige Beläge auf der Haut äußert, die entzündet sind, jucken und spannen. Aus der Sicht der westlichen Medizin gilt die Psoriasis als eine unheilbare Krankheit, die durch medizinische Behandlungen bestenfalls gelindert werden kann. Es gibt verschiedene Arten der Psoriasis, wobei die häufigste Form die der Plaque-Psoriasis ist. So hatte auch Sharon große Flecken einer verdickten Schuppenflechte an beiden Beinen. Diese Wunden juckten sehr stark und beeinträchtigten sie seit Jahren.

Psoriasis ist zu einem großen Anteil erblich bedingt und wird bei entsprechender Vorbelastung durch Umweltfaktoren ausgelöst. Die Symptome verschlimmern sich oft im Winter und bei der Einnahme bestimmter Medikamente.[1] Ein klarer Hinweis darauf, dass die Veranlagung für Psoriasis vererbt wird, ist die Tatsache, dass eineiige Zwillinge dreimal häufiger betroffen sind als zweieiige. Psoriasis wird auch mit anderen Problemen im PNEI-Netzwerk in Verbindung gebracht, darunter ein erhöhtes Risiko für Psoriasis-Arthritis (zusätzlich eine entzündliche Erkrankung der Gelenke), Lymphome (ein Tumor des Immunsystems), Herz-Kreislauf-Erkrankungen, Morbus Crohn und Depressionen.[2] Außerdem tragen Infektionen und psychische Belastungen bekanntermaßen zu der Krankheit bei.[3]

In Sharons Fall gab es eindeutig eine genetische Vorbelastung. Ihr Vater hatte für kurze Zeit eine Schuppenflechte am Knie, die jedoch von allein wegging. Ihre Schwester hatte die typischen Flecken auf der Haut, als sie etwa neunzehn Jahre alt war, aber diese lösten sich spontan wieder auf.

Bei Sharon wurde Psoriasis diagnostiziert, als sie neunzehn war. Sie bemerkte zunächst eine juckende Stelle an der Rückseite ihres Beines, aus der nach einer Weile mehrere Flecken wurden. Als die Stellen nicht abheilten, riet ihr ihre Mutter, zu einer angesehenen Dermatologin zu gehen. Diese diagnostizierte Psoriasis und meinte, nach ihrer Erfahrung sei das nicht heilbar: »Sie werden es immer haben. Wir können nur versuchen, die Symptome zu lindern.« Die Dermatologin verordnete Sharon dreimal wöchentlich Bestrahlung mit UVB-Licht. Sharon erlebte diesen Prozess als ziemlich entwürdigend. Sie erzählte mir: »Du musst einen Beutel über deinen Kopf tun und alle Körperteile, die nicht befallen sind, bedecken.« Die Symptome verbesserten sich durch die Bestrahlung, doch die häufigen Klinikbesuche beeinträchtigten ihr Arbeitsleben, sie konnte nur noch freiberuflich arbeiten.

Still leidend ließ Sharon die Behandlungen über sich ergehen und trug Hosen oder lange Röcke, um ihre Beine nicht zu zeigen.

Ihre Dermatologin verschrieb ihr zusätzlich verschiedene hochdosierte Kortisonsalben, doch Sharon fühlte sich bei der Anwendung dieser Salben nicht wohl und war besorgt, dass sie ihre Haut ausdünnen würden. Auch wenn das Kortison bis zu einem gewissen Grad wirksam war, kam die Psoriasis direkt zurück, sobald sie damit aufhörte. Die zugrunde liegende Störung des Immunsystems schwelte weiter.

Sharons Kämpfe mit der Psoriasis ließ sie nach alternativen Methoden suchen. Sie konsultierte eine Reihe von weiteren Gesundheitsberatern und traf auf einen naturheilkundlich orientierten Arzt, der einen Zusammenhang zwischen ihrem Hautproblem und ihrem Darm sah und das »Leaky Gut Syndrom« diagnostizierte. Bei diesem Syndrom führt ein anomales Bakterienwachstum im Darm zu erhöhten Entzündungswerten im Blut und im Körper.

Der Arzt riet Sharon, ihre Ernährung umzustellen, damit sich ihre Darmflora erholen könnte, dabei sollte sie entzündungsfördernde Nahrungsmittel meiden. Sie folgte seinem Rat, las viel über

Heilung durch Ernährung und wurde sogar für ein Jahr Veganerin. Danach stellte sie auf ayurvedische Ernährung um. Trotz dieser Versuche wurde ihre Psoriasis nicht besser. Interessanterweise hatte ihr naturheilkundlicher Arzt sie lokal mit einer Pflanzenmedizin aus dem Amazonasbecken behandelt, und zwar mit Sangre de grado (Drachenblut – *Croton lechleri*) und Copaiba-Öl (*Copaifera officinalis*). Leider hatten diese Pflanzen nicht geholfen.

Sharon versuchte es auch eine Zeit lang mit traditioneller chinesischer Medizin (TCM). Ihr Hautproblem sei ein Ausdruck von Wut, die sich in ihrem Energiekörper (Lebermeridian) staue, so der TCM-Arzt. Die Akupunktur reduzierte einige der Entzündungen, aber Sharon schaffte es nicht, die übel schmeckenden Kräuter konsequent einzunehmen.

Mit zweiundzwanzig Jahren nahm Sharon schließlich an einem zehntägigen Meditationsretreat (Vipassana) in Stille teil. Nach dem Retreat waren ihre Symptome auf wundersame Weise vollständig verschwunden. In ihrem Fall erwies sich die spirituelle Praxis tatsächlich als stärkste Medizin. Sie erinnerte sich: »Ich kam wieder in meinen Alltag zurück, und meine Hautprobleme waren sofort wieder da.« Auch bei einem Urlaub in den Tropen, als sie viel Zeit entspannt am Meer und in der Sonne verbrachte, hatten sich ihre Hautprobleme verbessert. Es schien einen Umkehrpunkt in ihrem System zu geben, der mit ihrem Stressniveau zusammenhing und der sich in ihren Hautsymptomen manifestierte. Trotz einer genetischen Prädisposition schien es Möglichkeiten zu geben, ihren Körper symptomfrei zu bekommen.

Sharon war sich dessen bewusst, dass sie viele emotionale Verletzungen mit sich herumtrug, und dass dies vermutlich mit ihren Hautproblemen zu tun hatte. Ihre Kindheit und frühe Jugend war schwierig, sie litt jahrelang unter Ängsten und Depressionen. Ihr

Vater war emotional explosiv und hatte häufig Wutausbrüche, er hatte selbst keine leichte Kindheit gehabt. Ihre Mutter beschrieb Sharon als sehr ängstlich. Das Miteinander in der Familie war nicht besonders förderlich, so wurde Sharon zum Beispiel nicht unterstützt, als sie im Teenageralter eine irritierende sexuelle Begegnung mit ihrem älteren Tanzlehrer hatte.

Als ihre Eltern von diesem Erlebnis erfuhren, zeigten sie den Lehrer an, er wurde angeklagt, und Sharon musste als Zeugin vor Gericht aussagen. Es war eine sehr unangenehme Erfahrung, und danach litt sie unter Schuldgefühlen, worüber sie jedoch mit niemandem sprach. Sie erinnerte sich: »Als meine Eltern sich trennten, haben wir es alle mit Therapie versucht. Meine Schwester flüchtete sich in die Magersucht, ich habe dann noch mal mit meinen Tanzlehrer rumgemacht, und alles lief irgendwie aus dem Ruder.«

Sharons Psoriasis begann während ihrer Ausbildung, kurz nachdem ihr Vater einen Herzinfarkt hatte. Damals lebte sie in Washington und rauchte viel Marihuana. Ihre Eltern waren seit einiger Zeit geschieden, der Vater lebte allein und arbeitete als Schauspieler in Georgia. Ironischerweise spielte er eine Figur, die auf der Bühne einen Herzinfarkt haben sollte. Als er eines Tages während der Proben tatsächlich einen Herzinfarkt erlitt, wollte ihm das anfangs niemand glauben.

Er rief Sharon aus dem Krankenhaus an, bat um ihre Hilfe, und sie reiste nach Georgia, um ihn während seiner Genesung zu unterstützen. Später, während ihres Heilungsprozesses, erkannte sie, dass ihr Vater sie schon oft um Unterstützung gebeten und ihr nicht nur einmal seinen »emotionalen Rucksack vor die Füße gekippt hatte, als wären sie Gleichaltrige«.[4]

Sharon ging während ihrer Ausbildung zu weiteren Therapeuten, fand jedoch keinen, der ihr sympathisch war. Sie suchte Unterstützung für ihre Themen mit der Familie und wollte ihr sexuelles Trauma bearbeiten. Es ging nicht nur um die sexuelle Beziehung zum Tanzlehrer. Sie berichtete auch von einem sexuellen Übergriff während ihrer Ausbildung am College. »Es waren keine Drogen oder Alkohol im Spiel, der Typ hat einfach nicht zugehört. Wir waren im Wald unterwegs. Zu der Zeit waren wir irgendwie zusammen, hatten aber vorher noch keinen Sex gehabt. Ich wollte nicht, aber er bedrängte mich irgendwie. Diese Art, bei der ich nicht wirklich die Macht habe, Nein zu sagen, war in unserer Familie immer wieder ein Thema. Es war kein sicherer Ort, um wütend zu werden oder starke Gefühle zu zeigen.«

Sharon hatte eine Menge durchgemacht. Vor Jahren hatte sie zusammen mit ihrer Mutter einen schlimmen Autounfall, seitdem war sie sehr ängstlich. Obwohl beide überlebten, war sie im grauenhaften Durcheinander nach dem Unfall davon überzeugt gewesen, dass ihre Mutter tot war. Sharon erzählte mir darüber hinaus: »Meine Abtreibung war sehr traumatisch für mich, die ganzen Umstände drumherum, man ist irgendwie allein und versucht, sein Leben zu leben. Es gab kaum Unterstützung. Die Entscheidung, das Kind zu behalten oder eben nicht, fiel mir sehr schwer. Ich schwankte zwischen dem, was andere für das Beste hielten, und dem, was ich dachte.« Sharon trug eine Menge Leid mit sich herum.

Sie ließ sich weiterhin von ihrer Dermatologin behandeln und suchte weiterhin nach Alternativen. Eines Tages erzählte ihr eine Freundin von Ayahuasca: »Etwas Seltsames, das man einnimmt und sich dann die ganze Nacht die Seele aus dem Leib kotzt.« Eine andere Freundin meinte: »Es ist wie sieben Jahre Therapie in einer Nacht.«

Schon bevor Sharon nach Peru reiste, hatte sie an vier Ayahuasca-Zeremonien teilgenommen. Die Erfahrungen waren für sie »ziemlich umwerfend«, wie sie erzählte. »Mein erstes Erlebnis war erhebend und wunderschön. Ich sah mich auf einem Vogel davonfliegen, meine Heimatstadt Richtung Süden verlassend. Ich hatte einige von diesen Amazonas-Visionen. In der nächsten Nacht (ihrer zweiten Zeremonie) heulte ich die ganze Nacht hindurch. Ich musste sehr intensiv an meinen Cousin denken, der an Zerebralparese leidet und sehr vernachlässigt wurde. Er wuchs nicht in einem gesunden Zuhause auf. Ihm wurde nicht beigebracht, unabhängig zu werden. Das war eine sehr harte Nacht für mich, aber es kamen enorm viele Emotionen hoch. Die anderen beiden Zeremonien waren ebenso heilsam«, berichtete sie.

Während dieser ersten Zeremonie, als sie sich zum Amazonas fliegen sah, spürte sie die Aufforderung, den Dschungel zu besuchen. Sie organisierte also ihre Reise nach Peru und kam zu uns ins Nihue-Rao-Zentrum.

Nach ihrem ersten Gespräch mit Ricardo und Cvita, begann Sharon mit einer Ayahuasca-Diät. Ayahuasca und Chacruna sind Meisterpflanzen, die man traditionell in geringen Dosen außerhalb der Zeremonie einnehmen kann. Sharon sollte vor dem Schlafengehen einen Teelöffel Ayahuasca einnehmen, gerade so viel, um nicht in einen bewusstseinsverändernden Zustand zu kommen, aber genug, um ihre Träume zu beeinflussen.

Ricardo erkannte, dass Sharon sich tiefer mit ihrem Herzen und ihrem emotionalen Wesen verbinden musste, und meinte, die Ayahuasca-Diät würde ihr dabei helfen. Sie erhielt zusätzlich einige äußerliche pflanzliche Behandlungen für ihre Haut, die jedoch nicht sonderlich wirksam waren.

Als sich nach den ersten beiden Wochen Sharons Haut noch nicht gebessert hatte, wurde sie auf eine Diät mit Ajo sacha (*Mansoa alliacea* oder Knoblauchrebe) umgestellt. Ajo sacha wird manchmal verwendet, um Energien im Zusammenhang mit Allergien, Drogen, Alkohol und Marihuana zu klären und den Körper allgemein zu entgiften. Psoriasis kann auch mit atopischen (hypoallergenen) Symptomen wie allergischer Rhinitis und Asthma in Verbindung stehen, und Sharon hatte bereits eine Vorgeschichte mit leichten Allergien, genauso wie ihr Vater.

Ricardo war besonders darüber beunruhigt, dass Sharon einige Jahre lang übermäßig viel Marihuana geraucht hatte. In der Shipibo-Tradition gilt Marihuana als eine Meisterpflanze und ein Heilkraut. Wie viele andere Meisterpflanzen hat Marihuana jedoch neben seiner hellen, heilenden auch eine dunkle Seite. (In Shipibo werden die dunklen Energien der Meisterpflanzen als ihre *Shitana* bezeichnet.) Aus diesem Grund glauben die Shipibos, es sei verantwortungsvoller, Marihuana nur im Rahmen einer Vegetalista-Diät zu konsumieren. Wenn es auf eine spirituell bewusste Weise eingenommen wird, sei es wahrscheinlicher, die heilende Wirkung von Marihuana zu erleben. Wird Marihuana nur beiläufig und verantwortungslos verwendet, ohne Rücksicht auf seine spirituelle Energie, werden sich eher die negativen Auswirkungen seiner dunklen Seite (der *Shitana*) zeigen, zum Beispiel in Form von emotionaler Verstopfung, Lethargie, Apathie, Angst und Paranoia.

Marihuana willkürlich zu verwenden hinterlässt eine klebrige Energie im Energiekörper. Diese Energie hält an emotionalen Traumata fest und verlangsamt den emotionalen Prozess und die eigene Entwicklung. Um Sharons Fortschritt zu erleichtern, entwickelte Ricardo einen Plan, um diese Marihuanaenergie mit Ajo sacha, der Diät und der zeremoniellen Arbeit zu klären.

In ihrem ersten Monat hatte Sharon mehrere bedeutende Erlebnisse in den Ayahuasca-Zeremonien: »Hinter meinem Hautproblem steckte im Grunde ein Hilfeschrei, das habe ich begriffen. Es war wie eine Stimme, die sagte, bitte nimm mich wahr, schau in mein Innerstes, um wirklich zu sehen, was los ist.

Dann wurde mir klar, wie viele Verstrickungen es gab, emotionale Verstrickungen in meinem Wesen. Vor allem mit meinem Vater. Ich hatte viele Gefühle von ihm übernommen und hatte viele Emotionen in meinem Körper einfach gespeichert. Das wurde sehr offensichtlich. Ich hatte kaum Kontakt zu meinen eigenen Gefühlen. Zwar war ich schon immer ein ziemlich emotionaler Mensch, habe aber meine Gefühle meistens nicht in dem

Moment ausgedrückt, wenn es passierte. Das ganze Zeug habe ich einfach verdrängt und in mir gespeichert. Jede einzelne Situation, die in meinem Leben geschah, konnte ich eigentlich nicht ausdrücken, geschweige denn verarbeiten. Es lagerte einfach alles in mir. Bei vielen meiner ersten Zeremonien ging es um das Fühlen, wirklich tief zu fühlen und dabei einige wahnsinnige emotionale Entladungen zu erleben. Ganz am Anfang hatte Cvita bereits festgestellt: ›Du hast sehr viel in deinem Bauch. Es ist unglaublich viel dort gespeichert. Du musst wirklich zwischen ein bis drei Monate hier bei uns bleiben.‹

Bevor ich in das Amazonasgebiet reiste, bekam ich eine Darmspülung. Ich versuchte es eine Weile damit – gegen die Psoriasis. Der Hydrotherapeut sagte zu mir: ›Ihre Gedärme sollten weich sein. Eingeweide sind weich, Ihre sind jedoch hart.‹ Ich wusste nicht, dass sich im Grunde meine gestauten Gefühle dort drin befanden.

Es gab ein paar sehr entscheidende Zeremonien, bei denen ich wegen meines Durchfalls sehr oft auf die Toilette gehen musste. In jenen Nächten arbeitete ich viel an meinem Körper und massierte meinen Bauch. Am nächsten Morgen hatte ich einen vollkommen anderen Darm. Er war weich.«

Obwohl Sharon eine intensive körperliche und emotionale Reinigung durchgemacht hatte, war ihre Psoriasis nach einem Monat nicht wesentlich besser geworden. Sie entschied sich, zu bleiben und ihre Behandlung fortzusetzen. In einigen Zeremonien hatten die Schamanen energetische Probleme in ihrem Uterus wahrgenommen, ausgelöst durch ihr sexuelles Trauma. Daher wurde im zweiten Monat ihre Diät von Ajo sacha auf Boa huasca, Abuta und Ubos umgestellt; diese Pflanzen hatte auch Maria damals für ihre Gebärmutter eingenommen. Zusätzlich wurde Sharon Ojé verschrieben, sie sollte morgens eine Gabe aus dem Harz dieser Pflanze einnehmen. Ojé wird auch als Brechmittel eingesetzt und ist eine ganz eigene Meisterpflanze, die wegen ihrer physischen und spirituellen Eigenschaften geschätzt wird. Sie wird als körperliches Abführmittel und zur spirituellen Reinigung verwendet. Sharon nahm Ojé ein, um ihren Körper von der *Shitana* des Marihuanas und der angestauten toxischen Energie zu reinigen.

In den ersten beiden Monaten arbeiteten Ricardo und die Schamanen mit ihren Icaro-Gesängen oft an Sharons Kindheitstrauma. »Ich erinnere mich, wie ich in der Zeit zurückging. In einer Ayahuasca-Zeremonie begegnete ich dem Tanzlehrer. Ich sah ihn und seinen ganzen Schmerz, den er in seinem Leben durchlitten hatte. Ich spürte ein enormes Mitgefühl für ihn und konnte ihm vergeben, weil ich sah, wie verkorkst er eigentlich war. Er hatte eine wirklich hässliche Vergangenheit.« Ayahuasca brachte Sharon dazu mitzufühlen, *seine* emotionalen Erfahrungen *zu fühlen.* Nachdem sie sein Leben nachvollziehen konnte, war es ihr möglich, ihr Herz für Vergebung und Mitgefühl zu öffnen; sie konnte sich von Wut und Groll befreien.

Mit der Zeit machte Sharon weitere Fortschritte. »Ich hatte die tiefe Erkenntnis, dass diese Psoriasis nicht meine eigene war. Ich habe sie von meinen Vorfahren geerbt, weil ich mich nicht gut abgrenzen konnte. Ich bin ein ziemlich freundlicher Mensch und dadurch leichte Beute. Ich ließ zu, dass mein Vater auf mir herumtrampelte, und ließ mich auch von anderen Menschen schlecht behandeln. Ich habe mich selbst nicht genug respektiert, war auch nicht vollkommen bei mir. Ich wusste nicht einmal genau, wer ich war. Dann fing ich an, mich zu behaupten und mir zu sagen, dass ich gesund bin. Dieser ganze Weg, um wieder gesund zu werden war sehr tiefgreifend. Das ist die wahre Medizin. Mir gelang es, vollkommen gesund zu werden und zu heilen, weil ich mich mit meinen tiefsten Wunden auseinandergesetzt habe … Ich habe die Macht, mich selbst zu heilen.« Während des gesamten Prozesses tauschte sie sich regelmäßig mit den Schamanen, dem Team und anderen *Pasajeros* aus.

Als Sharon ihre emotionale Heilung erlebte, wurde ihre Haut besser. Damals wurde Ricardo von einem begabten Shipibo-Schamanen, Marcelo Alvarez, unterstützt. Marcelo ist ein intelligenter und aufgeschlossener *curandero*. Irgendwann auf seinem Weg (er wollte mir nicht verraten, wie) hatte er gelernt, dass die äußerliche Anwendung von Schwefel Hautprobleme dieser Art verbessert. (Ich war überrascht, als ich später erfuhr, dass schwefelhaltige Behandlungen im Nahen Osten seit Jahrhunderten bei Psoriasis angewendet wurden.[5]) Im Dschungel-Stil vermischte Marcelo pulverisierten Schwefel mit Vicks VapoRub™. Diese Mischung trug Sharon auf ihre Haut auf – mit Erfolg.

»Es begann ungefähr im dritten Monat, nachdem ich mit der Behandlung mit Schwefel und Vicks angefangen hatte. Ich entwickelte eine Beziehung zu Gott, wie ich sie vorher noch nicht kannte … dieses ganze Trauma, die Angst und die Krankheit mit Gottes Licht zu füllen. Ich habe unendlich viele Visualisierungen gemacht und dabei gelernt loszulassen, um Gott reinzulassen. Dadurch konnte ich meine Angst wirklich lösen, denn ich gab auch meinen Schutzpanzer auf. Ich konnte mich entspannen.

Ich fühlte mich mit Gott verbunden und empfand ihn wie einen Verbündeten, der mit all dem Licht in mich hineinkam und mich heilen konnte. Es passierte viel, in meiner Vorstellung und spirituell. Ich stellte mir vor, wie ich neue Waden bekam. Ich sah zudem viele Engel. Einmal hörte ich die Worte ›*Dios* (Gott) ist mit dir. *Dios* ist mit dir‹.«

Die Verbindung zu geheimnisvollen Kräften gab Sharon Hoffnung. Ihre Haut wurde immer klarer, und die Schuppenflechte bildete sich zurück. »Sie ging irgendwie zurück. Ich weiß nicht einmal genau, was damals geschah. Ich hielt eine strikte Diät ein, im dritten und letzten Monat aß ich nur noch Fisch und Kochbananen. Nun war ich richtig im Zentrum angekommen. In den ersten Monaten war ich eher mit einem Fuß drinnen, mit dem anderen draußen. Ursprünglich hatte ich nicht geplant, ganze drei Monate in diesem intensiven Umfeld zu sein … Im dritten Monat sagte ich mir dann, weißt du was, ich bin jetzt wirklich hundertprozentig hier. Das war sehr hilfreich.

Ich gab mich voll und ganz hin, und die Dinge fingen an, sich zu klären. Nach drei Monaten schloss ich meine Diäten ab und verließ das Zentrum. Bei meiner Abreise hatte ich immer noch ein wenig Psoriasis. Erst ein paar Wochen oder sogar einen Monat später klärte sich meine Haut völlig. Das ergab irgendwie Sinn, weil ich das Gefühl hatte, die Psoriasis tritt nicht unbedingt dann auf, wenn ich Stress habe. Sie entsteht durch die Speicherung des Stresses. Sie zeigt sich also später. Sozusagen zeitversetzt.

Ich konnte verstehen, dass mein Körper noch alles verarbeiten musste. In den Zeremonien hatte ich eine Menge energetischer Reinigung erfahren. Zusätzlich zu den Shipibo-Schamanen hatte Cvita viel Heilarbeit mit mir gemacht. Das war auch sehr, sehr nützlich.«

Sharon verließ das Zentrum, um durch Südamerika zu reisen, und kam zwei Monate später zurück, um freiwillig mitzuarbeiten und weitere Behandlungen zu bekommen. Auf ihren Reisen hatte sich ihre Haut zum ersten Mal seit vielen Jahren erholt. Sicherlich, sie hielt sich in den Tropen auf und ließ es sich gut gehen, aber sie nahm keine Pflanzen- oder andere Medizin mehr ein. Nicht einmal den Schwefel-Vicks-Mix. Als sie zum Nihue Rao zurückkehrte, hatte sie nur einen kleinen roten Fleck an der Vorderseite ihres Knöchels.

Bei ihrem zweiten Besuch bat sie um weitere Hilfe für die Heilung ihres Traumas im Zusammenhang mit dem Autounfall und der Magersucht ihrer Schwester. In dieser Zeit entwickelte sie eine neue Sichtweise und begriff, »wie sich all diese Dinge auf mein Selbstwertgefühl, mein Selbstvertrauen, meine Aufgabe in dieser Welt ausgewirkt haben. Ich glaube, die Schuppenflechte hat mich in vielerlei Hinsicht zurückgeworfen. Sie hat mein Selbstwertgefühl erschüttert, nachdem ich so viel Zeit und Energie aufgebracht hatte, um daran zu arbeiten. Aufgrund dieser wirklich unangenehmen und schrecklichen Situation, die ich die ganzen Jahre ausgehalten hatte, war es eine Herausforderung für mich, einfach nur die zu sein, die ich sein wollte.«

In der zweiten Behandlungsrunde kämpfte sie gegen ihre Angstsymptome. Ricardo empfahl, diese aggressiver zu behandeln, um die ängstliche Energie aufzulösen, die seiner Meinung nach dem Marihuana zuzuschreiben war. Neben der zeremoniellen Arbeit sollte Sharon pflanzliche Brechmittel einnehmen, um diese Energie zu klären. Es war das gleiche pflanzliche Mittel, das wir als unseren Begrüßungscocktail einsetzen, Azucena mit Ojé, allerdings mit etwas Saft vom Mapacho-Tabak vermischt. Die Zugabe dieses Tabaksaftes kann die Behandlung sehr schmerzhaft werden lassen. Sharon stand zwei dieser sehr unangenehmen Behandlungen durch.

In der zweiten Behandlungsrunde wurde ihre Diät durch drei weitere Pflanzen ergänzt: Ojé, Ajo sacha und Piñon Blanco. Während dieser Diät erlebte sie wiederholt Durchbrüche in den Zeremonien. Sie lernte, ihren Geist zu beobachten und dafür einen Schritt zurückzutreten. Aus dieser Perspektive konnte sie ihre Gedankenmuster erkennen und sich »nicht davon vereinnahmen lassen«. Sie lernte Methoden, um ihre Ängstlichkeit und Zweifel besser in den Griff zu bekommen.

Mit der traditionellen Amazonas-Pflanzenmedizin hatte Sharon ihren Energiekörper, ihren Emotionalkörper, ihren Geist, ihren Körper, ihren Darm und ihre Haut gereinigt. In diesem Prozess entwickelte sie eine neue Art von Mitgefühl für die Menschen, die ihr im Leben Schmerz zugefügt hatten. Sie lernte zu vergeben und sich mit einem größeren spirituellen Bewusstsein zu verbinden. Sie lernte, sich selbst zu beobachten und zu zentrieren. Sie konnte nun ihre Gedankenmuster erkennen und begriff, wie ihre Emotionen ihre physische Gesundheit beeinflussen.

Da Sharon nun ihre schwere Last abgeworfen hatte, konnte sie wieder ihre Kreativität, ihren Humor und ihr Interesse an Aufführungen und Unterricht ausleben. Sie entdeckte einen Sinn hinter der Psoriasis. Gegen Ende ihrer zweiten Behandlung erzählte sie mir: »Mir ist klar geworden, dass sie mir als Geschenk gegeben wurde, um Heilung zu verstehen. Um eine Heilerin in der Welt zu werden. Es war ein sehr anstrengender Prozess. Ayahuasca war eine herausfordernde Lehrerin. Doch letztlich war sie ein Geschenk, weil ich so viel lernen konnte … Ich fühle mich jetzt sogar in der Lage, anderen zu helfen … Ich habe an mir selbst gearbeitet. Es beginnt im eigenen Inneren. Dann geht man zur Familie über. Dann zur Gemeinschaft. Dann raus in die Welt. Schließlich wird man ein Licht für andere.«

Sharon beendete ihren Prozess und kehrte nach Hause zurück, in das nördliche Klima. Acht Monate lang war sie zu Hause symptomfrei, ohne weitere Behandlungen. Die Nervenentzündung, die unter ihrer Haut geschwelt hatte und durch ein ungelöstes emotionales Trauma angeheizt gewesen war, war verschwunden.

Sie kehrte zurück in ihr Leben und versuchte, das Gelernte anzuwenden und zu integrieren. Als nach acht Monaten der Stress des Lebens zurückkam, traten auch ihre Symptome wieder auf. Allerdings in milderer Variante. Sowohl Ausschlag als auch Juckreiz waren weniger intensiv. Sharon erklärte sich das Wiederauftreten der Symptome durch den Stresspegel des modernen Lebens in den USA. Heute arbeitet sie an ihrem beruflichen Erfolg, ihrem Heilungsweg und hat eine Familie gegründet. Sie ist zufriedener und weiterhin voller Hoffnung. Sie weiß, dass sich ihre Symptome bessern und dass sie sogar verschwinden können. Hoffentlich wird dies zu ihrer körperlichen Gesundung führen wie in Colleens Fall.

Die allostatische Last

Weiter vorne hatte ich erläutert, dass die Psoriasis ein Zustand ist, der durch eine Kombination aus genetischen und umweltbezogenen Faktoren verursacht wird. Es scheint eine Schwelle zu geben, an der die Umweltfaktoren die genetischen Faktoren so forcieren, dass die Krankheit ausbricht. Zum Beispiel kann psychosozialer Stress die Schuppenflechte verschlimmern. Emotionale Traumata führen zu dauerhaften Störungen im PNEI-Netzwerk, was Krankheiten wie Psoriasis fördert.[6] Da eine emotionale Heilung die Störungen im PNEI-Netzwerk entschärft, kann es Autoimmunkrankheiten wie Psoriasis unterdrücken.

In Sharons Fall schienen die Diät mit der schamanischen Pflanzenmedizin, die zeremonielle Arbeit und vermutlich das tropische Klima ihr System heruntergefahren zu haben. Ihre Neigung zu Psoriasis wurde auf der Ebene nicht aktiviert. Aus Sicht der Shipibos geschah dies durch die Klärung angestauter pathologischer Energien. Wie Ricardo meint, müssen Menschen, die emotionale bzw. spirituelle Probleme haben, energetisch gereinigt werden. Wenn sie diese Reinigung nicht erfahren, werden sie krank.

Ricardo sagt dazu: »Menschen haben all dieses Zeugs in sich gespeichert, aber … sie haben keinen Schamanen, der ihnen bei der Klärung helfen kann. Pharmazeutische Arzneimittel reinigen den Energiekörper nicht. Sicher, mit zwanzig fühlen sie sich noch einigermaßen gut, aber mit dreißig fangen die Probleme an, und wenn sie vierzig sind, werden sie krank und fühlen sich nicht mehr gut.«

Erkennt die Schulmedizin dieses schamanische Konzept von angestauter »Energie« an? Meine Antwort: »Ja!« Wissenschaftler bezeichnen die Belastung durch angestauten Stress als allostatische Last.[7] Allostase bezieht sich auf die Art und Weise, wie wir auf Stresssituationen reagieren und uns entsprechend anpassen. Die allostatische Last bezeichnet den Aufbau solcher Anpassungsmechanismen in unserem Stressbewältigungssystem. Einige Stressoren, wie zum Beispiel ein niedriger Sauerstoffgehalt im Hochgebirge, bewirken eine Anpassungsreaktion des Körpers, die uns hilft zu überleben. Andere Stressfaktoren, wie moderne Kriegsführung oder Werbung, die unser Selbstwertgefühl vernichtet, führt zu fehlangepassten Stressreaktionen im Körper. Sie sichern nicht unser Überleben. Werden diese fehlangepassten Stressreaktionen nicht korrigiert, sammeln sie sich vielmehr in uns an und können unserer Gesundheit schaden.

Bei der Beurteilung der allostatischen Last beobachten Wissenschaftler daher, wie hoch der Spiegel bestimmter Biomoleküle ist, zum Beispiel der Cortisolspiegel, der Adrenalinspiegel und bestimmte Entzündungsmarker. Diese Biomoleküle werden von unserem Körper als Reaktion auf den Stress produziert, sie helfen dabei, ihn auszugleichen. Wird der Stressor richtig angesprochen und hat sich die Lage beruhigt, geht die Produktion der Moleküle des Stressbewältigungssystems wieder auf das Niveau von »Friedenszeiten« zurück.

Wiederholt sich der Stress, sind es zu viele verschiedene Arten von Stress oder ist er sehr intensiv, dann kann der Körper den Stress nicht bewältigen und verharrt in einem chronischen Stresszustand. Stressanpassungen häufen sich, und viele davon sind Fehlanpassungen; die allostatische Last (stressbedingte biologische Abnutzung – »wear and tear«) erhöht sich. Wenn sie nicht in irgendeiner Form abgebaut wird, wird das System mit diesen »akkumulierten Energien« überlastet, wie wir im Fall der PTBS bei Russ und Maria gesehen haben.

Bei Patienten mit PTBS ist die allostatische Last deutlich erhöht, was sich in anomalen Cortisolwerten und anomaler Stressreaktivität zeigt.[8] Das chronische Erschöpfungssyndrom (CFS) wird ebenfalls mit einer erhöhten allostatischen Last in Verbindung gebracht.[9] Beim CFS ist das Stressbewältigungssystem ähnlich überwältigt. In Kapitel 19 beschreibe ich die Behandlung einer Frau mit Migräneanfällen. Auch Migräne hängt mit fehlangepassten Stressreaktionen zusammen.

Akkumulierte Energien aus emotionalen Traumata (z. B. Stress durch Misshandlungen in der Kindheit, psychologisches Trauma durch Krieg) führen zu erhöhter allostatischer Last. Diese ist ein Hinweis auf ein fehlangepasstes Funktionieren des PNEI-Netzwerkes, nämlich des Emotionalkörpers.[10] Eine hohe allostatische Last und fehlangepasste Stressreaktionen führen dazu, dass der Körper schlechter mit Stress umgehen kann. Das zeigt sich dann in Problemen wie PTBS, chronischem Erschöpfungssyndrom und Migräneattacken. Das sind Probleme des Emotionalkörpers (des PNEI-Netzwerkes), die Ricardo und seine Shipibo-Kollegen als spirituelle Krankheit beschreiben würden.

17

Den Schmerz im Kern der Sucht heilen

Gabor Maté ist ein renommierter Redner, Autor, Arzt und Suchtspezialist. In den letzten Jahren hat er sich dafür eingesetzt, über die positiven Ergebnisse von Ayahuasca und traditioneller Amazonas-Pflanzenmedizin (TAPM) in der Suchtbehandlung zu berichten. Im Jahr 2013 veröffentlichten einige seiner kanadischen Kollegen die erste nordamerikanische Studie, die eine Suchtbehandlung mithilfe von Ayahuasca evaluiert.[1] Diese kleine Pilotstudie zeigte vielversprechende Ergebnisse und ebnete den Weg für ein größeres Ayahuasca Treatment Outcome Project (ATOP)*. Es wird zum Teil in Takiwasi durchgeführt, einem traditionellen Heilzentrum mit Schwerpunkt auf Suchtbehandlungen in Tarapoto, Peru, unter der Leitung von Jacques Mabit.

Die lateinamerikanische Forschung ist heute in vielerlei Hinsicht führend in der Erforschung des Heilpotenzials von Ayahuasca-Behandlungen.[2] Insbesondere Brasilien ist zu einem Schwerpunkt der Ayahuasca-Forschung geworden. Wissenschaftler beschäftigen sich derzeit mit einer Reihe von Themen, unter ande-

---

* Das Ayahuasca Treatment Outcome Project (ATOP) ist ein Projekt über die Ergebnisse von Ayahuasca-Behandlungen; Anm. d. Ü.

rem mit dem therapeutischen Potenzial von Ayahuasca bei Suchterkrankungen.

In schamanischen Traditionen wird die Sucht als eine spirituelle Erkrankung angesehen, so wie die PTBS, Depression oder Angst. Eine spirituelle Erkrankung benötigt eine spirituell ausgerichtete Behandlung. In diesem Buch versuche ich zu zeigen, wie das, was manche als spirituelle Krankheit sehen, ebenso in weltlichen Begriffen beschrieben werden kann. Wenn wir von spiritueller Krankheit sprechen, beschreiben wir eine Funktionsstörung im Emotionalkörper, und zwar eine messbare Funktionsstörung. Die moderne Forschung verdeutlicht beispielsweise, dass Sucht im Zusammenhang steht mit einer Funktionsstörung des limbischen Systems innerhalb des PNEI-Netzwerkes. Sucht scheint also ein Problem des Emotionalkörpers zu sein.[3] Wie wir bei Behandlungen anderer Störungen des Emotionalkörpers gesehen haben, kann auch die Sucht von einer tiefen emotionalen Heilung profitieren.

Wie Gabor Maté in seinem Buch *In the Realm of Hungry Ghosts* schreibt, ist Sucht eine Suche nach Liebe (als Antwort auf den Mangel an Liebe). Er behauptet, ein Mangel an Liebe während der emotionalen Entwicklung in der Kindheit führe oft zu langfristiger emotionaler Instabilität, die manche Menschen dazu treibe, als Erwachsene stimmungsverändernde Substanzen einzunehmen, um ein »Wohlgefühl« hervorzurufen. Bei Kokainabhängigen haben Forscher eine enge Beziehung zwischen Belastungen in einer Frühphase des Lebens und einer nachfolgenden Fehlregulation der Hypothalamus-Hypophysen-Nebennierenrinden-Achse (HPA) nachgewiesen. (Zur Erinnerung: Die HPA-Achse ist ein Hauptbestandteil des Emotionalkörpers/PNEI-Netzwerks.[4]) Wie bei der Psoriasis ist die Sucht wahrscheinlich das Ergebnis einer Kombination aus frühkindlicher Belastung, genetischer Veranlagung und Umweltfaktoren.

In der Schulmedizin gilt die Drogenabhängigkeit als ein zwanghafter, unkontrollierter Konsum von Drogen, trotz negativer Folgen. Anstatt sie als ein spirituelles oder emotionales Problem zu betrachten, hält die moderne Wissenschaft die Sucht für eine Hirnerkrankung. In den Vereinigten Staaten ist diese »Hirn«-Erkrankung nach wie vor ein großes Problem, trotz umfangreicher Forschungen und gewaltigen finanziellen Aufwands. Nach Angaben des U. S. National Institute of Drug Abuse (NIDA) kostet der Missbrauch von Tabak, Alkohol und illegalen Drogen die Nation mehr als siebenhundert Milliarden Dollar pro Jahr (Kosten bezogen auf Kriminalität, verlorene Arbeitsleistung und Gesundheitsversorgung).[5] Es ist an der Zeit, unser Verständnis von Suchterkrankungen zu erweitern und neue Behandlungsmöglichkeiten zu entdecken. Wie wir am Beispiel der folgenden Geschichte sehen werden, bietet die Pflanzenmedizin vielversprechende Wege zur Heilung.

Mike

Nicht lange nach Sharons Aufenthalt im Zentrum im Jahr 2013 kam Iron Mike zu uns, ein großer, starker, sprachgewandter Kanadier Mitte dreißig. Mike war kein Hippie oder jemand aus der New-Age-Bewegung, er war ein normaler, hart arbeitender Mann – ein Ölarbeiter aus Alberta, Kanada, der ein Problem mit Kokain hatte. Er hatte auch auf seiner Reise nach Peru Kokain genommen, und wir hatten es bei seiner Ankunft nicht bemerkt.

Er erzählte mir: »Ja, es ging so weit, dass es täglich bis zu acht Gramm (das sind dreißig oder vierzig Linien) waren, wenn ich es auftreiben konnte. Ich weiß nicht, ob ich eine genetische Veranlagung dafür habe, unbegrenzt Drogen einnehmen zu können und dabei achtzig Jahre alt zu werden, oder ob es mir irgendwann Probleme macht, aber die Mengen und in der Häufigkeit … ich bin sicher, es hätte irgendwelche Auswirkungen gehabt.«

Zum ersten Mal hatte Mike im März 2000 Kokain genommen. Er bezeichnete sich als Gesellschaftstrinker und hatte bereits Marihuana, LSD, Pilze und Ecstasy ausprobiert. Mit diesen anderen Substanzen hatte er jedoch keine Probleme.

»Ja, Kokain war exzessiv bei mir. Beim ersten Mal dachte ich ganz klar, ich sollte die Finger davon lassen. Es hatte einfach diese Wirkung auf mich. Es war wie das letzte Puzzleteil. Als das Kokain zum ersten Mal mein System überflutete, kam alles auf einmal hoch: meine Unsicherheit, meine Unzulänglichkeiten, alle Defizite meiner Persönlichkeit… Bei der ersten Einnahme dachte ich noch, oh, wow, damit komme ich aber in Schwierigkeiten.«

In den nächsten Monaten entwickelte sich Mikes Kokainkonsum zu einem ernsthaften Problem. Zwischen 2000 und seinem Besuch im Nihue Rao 2013, war Mike viermal auf Entzug und wurde viermal rückfällig. Er erzählte mir: »Ich war eine Zeit lang clean, dann wurde ich rückfällig. Alles, was ich bis dahin erreicht hatte, löste sich wieder auf. Wenn ich ganz unten angekommen war, checkte ich einfach ins nächste Reha-Zentrum ein oder begann eine andere Behandlung oder ging zu den AA oder was auch immer. Sobald ich wieder Kokain nahm, ließ ich mich erneut darauf ein. Ich konnte die Einnahme zwar ein wenig hinauszögern, ein bisschen hier, ein bisschen da, aber letztlich war ich schnell wieder bei hundert Prozent.«

Seine längste Periode der Abstinenz dauerte fast zweieinhalb Jahre, von Januar 2008 bis April 2010. In dieser Zeit waren die Anonymen Alkoholiker (AA) eine wichtige Unterstützung für ihn. »Dort hatte ich meinen größten Erfolg in Sachen Nüchternheit. Konsequenz… Es ging nicht nur darum, den Konsum zu stoppen, sondern durch die Verbindung mit anderen nüchternen Menschen irgendein Leben aufzubauen.«

Mike wurde nie mit Psychopharmaka behandelt, aber in der Reha erlebte er Folgendes: »Ein Psychiater sagte mir, ich hätte eine Borderline-Persönlichkeitsstörung, die womöglich durch das Fehlen einer Vaterfigur in der Kindheit entstanden sei. Mein Vater war praktisch nicht anwesend, und die Male, wo er da war, war er sehr aufbrausend. Als Vater war er einfach nicht vorhanden. Von klein auf hatte ich Probleme mit meinem Temperament, mit meinem Verhalten und mit Gewalt.«

Mikes Vater war nie physisch gewalttätig gewesen, er hatte nur diese Wutausbrüche. Zwar war er inzwischen seit fünfundzwanzig Jahren trocken, in Mikes Kindheit war er jedoch Alkoholiker gewesen. Die Eltern ließen sich scheiden, als Mike acht Jahre alt war. Der Vater wohnte zwar immer in der Nähe, aber er war nicht kontinuierlich präsent. »Ja, ich war eben ein Kind ohne Vater. Ich wuchs in keinem glücklichen Zuhause auf. Ich habe in jungen Jahren nicht gelernt, ein Mann zu werden. Es gab keine Vaterfigur. Ich erinnere mich nur, dass ich schon in sehr jungen Jahren viel Wut entwickelte.«

Mike und seine drei Schwestern wurden von der Mutter aufgezogen. Er erzählte mir: »Meine Mutter musste vier Kinder aufziehen, und … sie arbeitete sehr viel. Sie tat ihr Bestes. Sie war eine wirklich tolle Mutter.« Sie hatte auch keine Alkoholprobleme.

2016 interviewte ich Mike über seine Besuche im Nihue Rao, drei Jahre nach seiner ersten Erfahrung mit Ayahuasca. Mike hatte das erste Mal von einem Freund in Kanada von uns gehört und buchte einen dreiwöchigen Aufenthalt bei uns. Wie alle anderen *Pasajeros,* begann er die Diät in der gewohnten Weise und wurde dann auf die Meisterpflanze Ojé gesetzt. Aufgrund ihrer stark entgiftenden Eigenschaften, wird Ojé gerne bei Menschen mit Alkohol- und Drogenproblemen angewendet. Nach dieser Vorbereitung nahm Mike an den Zeremonien teil. Gelinde gesagt waren seine ersten Zeremonien sehr herausfordernd.

»In der ersten Nacht habe ich mich – blöd wie ich bin – gleich zweimal beim Ayahuasca-Trank bedient und landete im Bett eines anderen *Pasajeros.* Ich habe seine Nacht komplett ruiniert. Ich wusste nicht, wem das Bett auf dem Boden gehörte. Ich hatte keine Erfahrung mit diesem ganzen Geschehen und auch wirklich kein Recht darauf, mir zwei Portionen zu nehmen.

Ich war total orientierungslos. Süchtig, wie ich war, erinnere ich mich, wie man mich beim Anstellen fragte, ob ich eine Wirkung spüren würde. Ich erwiderte, oh, nein, eigentlich nicht. Aber ich spürte sie sehr wohl – wenn ich das allerdings gesagt hätte, hätte man mir nichts mehr gegeben. Also habe ich einfach einen Scheiß erzählt und bekam die nächste Dosis. Das war wohl die Rache für meine Gier.

Ja, ich war immer noch dabei zu entgiften. Ich erinnere mich, wie ich im Flieger auf dem Weg nach Peru einen Drink hatte und mir am Flughafen in Lima Schmerzmittel kaufte. Denen ist es egal, sie verkaufen dir alles. Was auch immer im Regal steht, ist zu haben. Sobald ich mich mit dem Apotheker darüber verständigt hatte, was ich brauchte, gab er es mir einfach … Die erste Nacht in der Zeremonie war ich noch dabei, von einem ziemlich üblen Zustand herunterzukommen. Ich wurde gierig und habe gleich eins aufs Dach gekriegt.

Nach der zweiten Portion konnte ich kaum mehr vom Boden aufstehen. Ich konnte nichts sehen, ich konnte mein Bett nicht finden. Ich erinnere mich nur daran, wie ich dort lag und dachte: ›Mann, ich bin ja so was von hilflos!‹ Das war schlecht, ich wusste, ich hatte es übertrieben. Das hatte ich nun davon – das wurde mir in dem Moment klar.

Die nächste Zeremonie war vollkommen anders. In der Nacht lag ich einfach da und hörte diese Stimme. Ich dachte, du hättest dich einfach angeschlichen. Ich saß dort, sah mich um, aber da war niemand. In dem Moment wurde mir klar, dass mich irgendetwas leiten wollte. Ich versuchte, es mit dem Kopf zu erfassen und dachte mir: ›Okay, es ist niemand in meiner Nähe, du musst dich beruhigen und einfach mitgehen, ohne es verstehen zu wollen.‹

Wenn ich es mit meinem Verstand hätte erfassen können, hätte es vielleicht einen Sinn ergeben. Das war aber nicht der Fall. Es gab keine Möglichkeit, es rational zu begreifen. Ich hatte das Gefühl: Mann, du bist jetzt im Dschungel. Und der wird richtig lebendig. Es gab diesen Moment der Klarheit, als ich alle Geräusche des

Regenwaldes hören konnte, und ich dachte: Ach du meine Güte, ich bin in Südamerika, mitten im Dschungel und habe gerade diese Stimme gehört. Ich werde drei Wochen hier verbringen, also sollte ich mich hier besser daran gewöhnen, und zwar schnell.

In der ersten Zeremonie kam ich mir vor wie ein Totalschaden, aber als diese Stimme und diese Art von Führung ins Spiel kamen, wurde gleich eine Entscheidung von mir gefordert. ›Du hast die Wahl: Wenn du hierhergekommen bist, um dich zu ändern, dann musst du ein paar schmerzhafte Dinge erleben. Oder du lebst einfach weiter so wie bisher.‹ In diesem Augenblick beschloss ich weiterzugehen.

In der Nacht begegnete ich meinen Exfreundinnen. Ich lag da, und meine Exfrau, meine Exfreundinnen erschienen kristallklar vor mir, eine nach der anderen, als ob sie vor mir stünden. Sie erklärten mir, wie mein Verhalten sie getroffen hatte, wie es sie verletzt und beeinflusst hatte, wie es ihr Leben beeinträchtigt hatte und wie sie sich dabei gefühlt hatten. Es waren vier oder fünf Frauen, die alle in einer Reihe vor mir standen. Das war verdammt nochmal nicht einfach. Das war eine harte Prüfung.«

Mike hatte nicht das Gefühl, dass ihm diese Erlebnisse ein schlechtes Gewissen vermitteln wollten. »Damit ich es wirklich verstehen konnte, musste mir die Härte und die Ernsthaftigkeit der Situation vor Augen geführt werden. Und der beste Weg dafür war eine visuelle Darstellung. Diese erhielt ich auch. Ich hätte den Unterschied nicht gemerkt, wenn sie leibhaftig vor mir gestanden und mich angeschrien hätten. So klar war es. Ich schaute sie an, sie standen vor mir und machten mich fertig. In dieser Nacht hat mich niemand geschont. Das war wirklich eine harte Nacht im Dschungel.

Danach dachte ich nur: Wie soll ich das drei Wochen lang aushalten? Das ist lächerlich. Davon hat niemand etwas gesagt. Dann gab es eine Pause, einen freien Abend nach den ersten beiden Zeremonien. Alle Gefühle, die in dieser zweiten Nacht hochgekommen waren, blieben einfach an mir kleben. Sie lösten sich nicht auf. Es gab keine Schonfrist für mich, und ich glaube, das war Absicht. Ich musste es aussitzen. Ich sollte nicht einfach sagen können: ›Schau, das ist schiefgelaufen und nun kannst du dich besser fühlen.‹ In dieser Nacht, am nächsten Tag, am darauffolgenden Tag und bis zur nächsten Zeremonie am Abend fühlte sich mein Herz schwer an. Ich spürte die ganze Last der Welt auf mir. Nicht im Sinne von Selbstmitleid oder Bedauern, ich spürte einfach nur den Schmerz, den ich anderen zugefügt hatte. Ich war vollkommen mit dem verbunden, was mein Verhalten anderen Menschen angetan hatte.

Es war hart. Ich wachte am nächsten Morgen auf und dachte: Ich hasse mich. Ich weiß nicht einmal, ob ich geschlafen habe. Ich glaube, ich habe die ganze Nacht nur dagelegen und mich bemitleidet. Verdammt, das fühlte sich nicht richtig an. So etwas hatte ich noch nie erlebt.

Aber es hat mir zu denken gegeben. Zwischen den Klopausen, dem Heulen und Schwitzen und dem Zeug, das einem während der Reinigung passiert, lernte ich eine Menge darüber, warum ich so unglücklich war. Warum ich so selbstzerstörerisch war und mir meine eigene Zukunft dermaßen verbaute.

Mir wurde klar, dass es an meinem egoistischen Verhalten lag … Wenn ich jemanden verletzte, den ich aus Egoismus geliebt habe, dann wurde ich wütend auf mich selbst, machte mich nieder und warf mir vor, ein schlechter Mensch zu sein. Schließlich habe ich ja ein Gewissen. Wenn ich kein Gewissen gehabt hätte, wie der durchschnittliche Soziopath, dann wäre das kein Ding gewesen. Ich wäre einfach zur nächsten Person übergegangen. Aber es machte mir wirklich etwas aus. Ich war absolut unfähig, diesen Teufelskreis zu stoppen, den ich mir selbst geschaffen hatte. Lügen, Betrügen, Täuschen und dann der Selbsthass, die Selbstverachtung. Das schlug sich nieder in Drogen, Alkohol und anderen Verhaltensweisen und all den Dingen, die damit einhergehen. Sobald mir meine Wirkung auf andere Leute bewusst wurde und mein Gewissen mich einholte, nahm ich Medikamente und rutschte in die Selbstzerstörung ab. Und schon fing der Kreislauf wieder an. Mit diesem Verhalten verletzte ich die Menschen, die mir wichtig waren, noch mehr. Dieses Rad drehte sich ständig, angetrieben von Negativität.

Bei der Arbeit mit dieser Pflanze habe ich eines früh begriffen: Wenn ich andere Menschen verletze, hasse ich mich selbst. Und wenn ich mich selbst hasse, zerstöre ich mich selbst und werde nie glücklich. In meinem Fall fängt es damit an, wie ich die Menschen behandle, die mir etwas bedeuten. Auch die Menschen, die mir egal sind.«

Nach zwei Tagen im Dschungel mit schwerem Herzen und vielen Erkenntnissen, über die Mike nachzudenken hatte, begann seine dritte Zeremonie.

»Ich fühlte mich elend, schleppte mich ins Maloka … und dachte nur: Oh Mann, was kommt jetzt wohl? Nicht schon wieder eine von diesen … Ich spürte die Schwere in meinem Herzen, da kehrte diese Stimme zurück: ›Du wirst das auflösen, jetzt, wo du verstehst, wie du dich eigentlich verhältst. Jetzt musst du anfangen, dich um dich selbst zu kümmern.‹ In dieser Zeremonie, nach der eintägigen Pause, kamen die Schuldgefühle, die Scham, die Reue, dieses ganze Zeug hoch. Dadurch wurde die Schwere in meinem Herzen leichter.

Die wirklich verrückte Zeremonie wäre wohl die fünfte oder sechste geworden. Der Typ neben mir wurde zu den Schamanen nach vorne geholt, Ricardo sagte etwas, und der Typ wurde wieder zurückgebracht.« Der Assistent hatte Mikes Nachbarn geholt, aber Ricardo änderte seine Meinung und beschloss, speziell für Mike zu singen. Tief in seiner Ayahuasca-Trance und ein wenig verwirrt über das Hin und Her, ließ sich Mike vom Assistenten zu Ricardo führen.

»Ich wurde für den Icaro nach vorne zu Ricardo gebracht, und es gab einen verrückten Augenblick, in dem Ricardo sich aufsetzte und sich an mich lehnte. Dabei machte er diese wirklich seltsamen Geräusche. Es fühlte sich so an, als würde meine Brust geöffnet und etwas herausgezogen, als würde er die Schwere dieser Dunkelheit einfach aus meiner Brust heraussaugen. Ich spürte meine Beine nicht mehr. Das ging zehn Minuten lang so. Als ich zurück zu meiner Matte ging, konnte ich kaum laufen. Ich dachte nur: Heiliger Bimbam, ist das Exorzismus? Was ist da gerade passiert? Als hätte er die ganze Negativität in dem Moment entfernt, als er die Chance sah, etwas aus mir herauszunehmen und mich zu reinigen. Das war der Augenblick, in dem sich wirklich etwas veränderte.

Es war bereits die fünfte oder sechste Zeremonie, und ich fühlte mich inzwischen recht gut. Aber nach dieser Nacht hatte ich einen Punkt erreicht, an dem sich mein Weg für immer veränderte. Ich spürte, dass ich von nun an eine Wahl hatte.«

Die Entscheidungsfreiheit zu haben und eine gesteigerte persönliche Kraft verbessern den inneren Reifeprozess und damit das spirituelle Wohlbefinden und die Funktion des Emotionalkörpers.

»Bis zu diesem Augenblick in meinem Leben hatte ich das Gefühl, keine Wahl zu haben, was mein Verhalten angeht. Es war mir schlicht nicht möglich, mein schlechtes Verhalten zu stoppen. Ich erinnere mich, wie ich in dieser Nacht, als ich zu meiner Matte und später zu meiner Hütte zurückkehrte, dachte: Von jetzt an kannst du dich entscheiden, ob du diese Person sein willst oder ob du ein besserer Mensch sein willst. Es war mir zum ersten Mal in meinem Leben absolut klar, dass ich die Wahl hatte. Heißt das nun, dass alles perfekt sein wird? Nein. Es ist nur so, dass ich vorher einfach keine Wahl hatte. Ich konnte mein Verhalten einfach nie verhindern.«

Ich erzählte Mike, was ich kürzlich in einer Abhandlung gelesen hatte: »Wenn jemand ein mystisches oder archetypisches Erlebnis in seinem Gedächtnisspeicher entdeckt, betrachtet er sich nie wieder als wertloser Mensch. Das könnte sich als der größte Beitrag der Entheogene (Psychedelika) in der Behandlung von Süchten erweisen.«[6] Ich wollte wissen, was er von dieser Vorstellung hielt, dass eine intensive mystische Erfahrung einem Süchtigen dabei helfen kann, seine Gefühle der Wertlosigkeit zu überwinden und die andere Seite der Wertlosigkeit zu sehen, nämlich die Möglichkeit der Wahl.

Mike antwortete: »Was seit meinem ersten Besuch damals alles passiert ist, zeigt mir, dass ich die Wahl habe, entweder weiterhin zu leiden oder eben gesund zu werden. Ich glaube fest daran, dass ich diese Wahl habe … Und ich bin überzeugt, dass das in der einen Nacht anfing. Sie war ein großer Katalysator.«

Am Ende seiner dreiwöchigen Erfahrung fühlte Mike sich fantastisch. Er drückt es so aus: »Die Dinge liefen so lange so schlecht für mich, dass meine letzten Erlebnisse in den Abschlusszeremonien einfach nur darin bestanden zu lernen, mich gut zu fühlen und dieses Gefühl zu genießen und ein paar positive Lektionen mit Freude anzunehmen … Die Bestrafung hörte auf.«

Mike musste seinen eigenen Prozess des Vergebens und des Annehmens durchleben, um voranzukommen. »Das war ein Schlüsselerlebnis zu diesem Thema. Ich musste es erst verstehen. Es lag nicht daran, dass ich ein schlechter Mensch war. Es war die Situation. Es war die Krankheit. Das musste ich alles erst einmal annehmen.«

Zu Hause angekommen erfuhr er, dass er an Malaria erkrankt war.

»Schon im Flugzeug auf dem Weg nach Hause hatte ich das Gefühl, dass irgendetwas nicht stimmte. Ich dachte, es wäre der Jetlag, aber nach drei Tagen war mir klar, das ist nicht normal. Ich ging zu meinem Hausarzt, und er diagnostizierte Malaria. Als ich mich davon erholt hatte, war alles wieder da. Ich war froh, dass alles wieder zurückkam, es war also nur eine Krankheit gewesen. Sie war gekommen und wieder gegangen. Spirituell hatte sie mich nicht zurückgeworfen.«

Sechs Monate nach seinem ersten Besuch im Zentrum schickte Mike mir eine E-Mail: »Es ist jetzt bald Ende Dezember und sechs Monate später. Was ist also aus dem Mann geworden, der seine Seele verloren hatte und bei den Amazonas-Pflanzen um Gnade gefleht hat? Mein Leben und meine ganze Existenz sind wie verwandelt. Ich habe in den letzten sechs Monaten Dinge erlebt, die ich nie für möglich gehalten hätte. Ich lebe ein Leben, für das andere Menschen sterben würden. Ich bin clean, nüchtern, gesund und vor allem ein normaler Typ. Und ich liebe mich selbst.«

Nicht allzu lange nach dieser E-Mail beschloss Mike, seine Arbeit als Ölarbeiter wieder aufzunehmen. Einige Monate später, etwa neun Monate nach seinem Aufenthalt im Nihue-Rao-Zentrum, fing er wieder mit Kokain an.

Während des Interviews im Jahr 2016 erinnerte er sich: »Ja, ich hatte die Grundsätze über das, was wichtig war, vergessen. Weil ich mich noch nie in meinem Leben so gut gefühlt habe, wurde ich selbstzufrieden. Es fing damit an, dass ich öfter mal mit Freunden in die Kneipe ging, wo ich etwas trank und dabei dachte: ›Na ja, ich bin ja geheilt, das habe ich im Griff.‹ Es hing von der Situation ab, ich dachte, ich könnte mal wieder etwas trinken, mich mal wieder so verhalten wie früher. Tatsächlich dauerte es nicht lange, nachdem ich wieder mit dem Trinken angefangen hatte, bis auch Kokain dazukam. Dann fiel alles ziemlich schnell wieder auseinander. Es brach einfach zusammen.«

Ja, Mike war zwar rückfällig geworden, aber es wurde nie wieder so schlimm wie am Anfang. Er konnte seinen Selbsthass überwinden. Er konnte auch immer noch eine Wahl treffen und erkannte, dass er Hilfe brauchte. Seine Mutter riet ihm, zum Nihue Rao zurückzukehren. Er kam im April 2016 für zwei Wochen, und Ricardo setzte ihn auf eine zweiwöchige Diät mit Ajo sacha, der Pflanze, die den Körper von Suchtmitteln reinigt. Diese zwei Wochen brachten ihn schnell wieder auf Kurs.

Ich fragte Mike, wie er sich nach seiner zweiten Erfahrung fühlte. Er meinte: »Oh ja, es lief unglaublich gut. Diese Reise war magisch, denn ich hatte im Zentrum einige tolle Leute kennengelernt, es entstand schnell eine richtig enge Freundschaft. Wir hatten eine hervorragende Zeit zusammen … Nach meinen Aufenthalt war ich wiederhergestellt.

Als ich wieder in Kanada war, ging ich zurück in die Gas- und Erdölindustrie. Ich arbeitete in Abteilungen, in denen es sehr viel Druck gab, aufbrausende Kollegen, viele Intrigen und Machtkämpfe. Man kann dort kein Pazifist sein … Man muss ein absolut dickes Fell haben, um etwas zu erreichen und um zu überleben … Irgendwie bin ich wieder in meine alte Rolle zurückgefallen.«

Nach sieben oder acht Monaten in dieser Arbeitsumgebung, fing Mike wieder mit Kokain an.

»Nach meiner Rückkehr aus Peru habe ich nie etwas getan, um den Zustand der Nüchternheit zu pflegen. Ich ritt nur auf der Welle der guten Gefühle, ohne mich mit etwas anderem verbunden zu fühlen. Zum zweiten Mal dachte ich: Mann, ich bin wieder abhängig. Ich wurde dort nur etwas aufgemischt, jetzt bin ich wieder im alten Trott, und es ist gut. Ich hatte keine spirituelle Basis aufgebaut und kehrte in mein altes Leben mit den Ölfeldern, den Lastwagen, dem Geld und all diesen Dingen zurück.«

Nach diesem Rückfall kam Mike noch einmal für eine Woche ins Zentrum und nutzte im Anschluss die Gelegenheit, an einer Ayahuasca-Zeremonie in Portugal teilzunehmen.

»Wir haben in Portugal sehr gut gearbeitet. Mit einem Thema hatte ich mich nämlich noch nicht auseinandergesetzt – mit dem Scheitern meiner Ehe. Ich habe mir das nie richtig verziehen und mich nie damit abgefunden. Ich habe mich nie meinen Gefühlen gestellt, nie genau hingeschaut, wie viel es mir bedeutet und wie sehr mich die Trennung tatsächlich mitgenommen hatte.

Das war vor sechs Jahren. [Mike hatte im Juli 2009 geheiratet und wurde im Mai 2010 geschieden.] Ich habe mir nie erlaubt, die Tragweite meiner Entscheidungen, die mich diese Partnerschaft und Ehe gekostet haben, zu verstehen und nachzuempfinden. Meine Frau nahm keine Drogen oder Ähnliches. Sie unterstützte meine Nüchternheit, sie unterstützte mich darin, die AA zu besuchen und mich mit Menschen zu umgeben, die keinen Alkohol tranken. Auch bei meinen Rückfällen, gab sie mir genügend Zeit, mich selbst zu bremsen, gesund zu werden und mir Hilfe zu suchen. Als das nicht geschah, konnte sie es einfach nicht mehr mit anschauen.«

Mike arbeitete daran, sich selbst zu vergeben und ist jetzt eifrig dabei anzuwenden, was er aus seiner Erfahrung mit den Meisterpflanzen gelernt hat.

»Trotz der Behandlungen mit den Pflanzen und durch die Zeremonien habe ich bei meiner Rückkehr nach Hause die Verbindung nicht konsequent aufrechterhalten. Obwohl ich mich von Rückschlägen nicht unterkriegen ließ, hat es mich doch zurückgeworfen, weil ich mich nicht darum bemüht hatte, eine Verbindung zu etwas Größerem aufzubauen. Stattdessen kehrte ich einfach in mein altes Leben zurück und erwartete, alles würde sich verändern.«

Im Winter nach seinem Aufenthalt in Portugal begann Mike wieder mit Kokain, konnte mithilfe seiner Gemeinschaft jedoch wieder damit aufhören. Als wir das letzte Mal miteinander sprachen, war er auf dem richtigen Weg.

»Was ich dir heute erzählt habe über meine Situation in den letzten Wochen, dass es mir einige Zeit so gut ging und dass ich dann für einige Zeit einen Rückfall hatte – das wäre früher nicht möglich gewesen … Ich hätte nicht aufhören können. Es hätte erst zu einem Punkt kommen müssen, an dem ich eine Intervention gebraucht hätte, ein Therapiezentrum … oder eben zurück ins Zentrum nach Peru gemusst hätte.

Jetzt, wo ich bei den AA bin und mit spirituellen Menschen arbeite, die auch clean und nüchtern sind, wo ich mich mit Menschen umgebe, die das Modell leben, von dem ich Teil sein will – jetzt wird die Lösung Teil meines täglichen Lebens. Anstatt wieder in den Ölfeldern zu arbeiten, umgeben von Leuten, die trinken oder mit Drogen zu tun haben, umgeben von all diesen Dingen – ich will diese große Sache einfach aufrechterhalten … Das ist das Ding. Das ist der große Deal. Das ist der Kick. Es ist eine tägliche Aufgabe, es ist das eigentliche Leben. Sich verbunden zu fühlen.«

Auf den ersten Blick schien Ayahuasca und die Amazonas-Pflanzenmedizin Mike nicht geheilt zu haben. Mike hatte jedoch etwas ganz anderes aus der Erfahrung mitgenommen.

Nachdem er schon eine Weile nüchtern war, sprach Mike mit einem Therapeuten, der auch andere Patienten durch ihre Erfahrungen mit Pflanzenmedizin begleitet hatte. Der Therapeut hatte Mike Folgendes gesagt:

»Sie können in den Amazonas fahren und es im Dschungel krachen lassen, eine tolle Zeit haben und sich sicher fühlen – aber wenn Sie die Botschaften nicht verstehen und keine Möglichkeit finden, sie in Ihrem Leben anzuwenden, dann unternehmen Sie lediglich einen verrückten Roadtrip. Wenn Sie zurückkommen, bleiben Ihnen all diese Antworten, und Sie sind mit nichts verbunden. Es gibt noch eine ganz andere Seite, die mehr ist als einfach nur das Trinken der Medizin in der Erwartung gesund zu werden.

Wir reisen zum Amazonas, weil wir in einer schlechten Verfassung sind, wir kehren zurück und haben uns noch nie so gut gefühlt. Wir denken nicht daran, an diesem Zustand arbeiten zu müssen, um ihn zu halten. Sie werden sich nicht ewig so großartig fühlen, aber es gibt einen Weg, sich durchgehend verbunden zu fühlen. Er erfordert jedoch etwas mehr Arbeit, als nur einmal im Jahr nach Peru zu reisen. Sie können nicht einfach erwarten, es sei alles gelöst.«

Mike ist jetzt Teil einer gesunden Gemeinschaft, nimmt regelmäßig an AA-Treffen teil und arbeitet in Teilzeit als Feuerwehrmann, außerdem will er wieder im Hörfunk arbeiten.

»Das ist das erste Mal seit meinem Besuch in Peru, dass ich begreife, wie wichtig es ist, mit etwas anderem verbunden zu sein, damit ich nüchtern bleiben kann. Nur wegen meiner Angst vor der letzten schlechten Erfahrung werde ich nicht nüchtern bleiben. Die Angst wird mich nicht vor dem Trinken bewahren. Die Angst vor dem Rückfall wird mich nicht vom Rückfall abhalten. Was mich vor einem Rückfall bewahren kann, ist, Arbeit in die Sache zu stecken. Ohne diese Erfahrung, die ich in Peru gemacht habe … na ja, ich will sagen, dass diese Pflanze mich gelehrt hat zu kämpfen, anstatt mich nur auf die Seite zu rollen, um aufzugeben und zu sterben. Es gibt immer eine andere Wahl und viel Hoffnung.

Vorher hatte ich keine Wahl. Bei einem Rückfall hatte ich keine andere Wahl … Jetzt kann ich mich entscheiden. Ich weiß, was getan werden muss, ich weiß, wie ich mich mit mir selbst fühlen kann, wenn ich daran arbeite, und ich weiß, wo ich Hilfe bekomme, wenn mir danach ist. Ich weiß, ich bin es wert, für mich selbst zu kämpfen. Vorher war das nicht Teil meiner Psyche, es war nicht Teil meiner Einstellung.«

Mike und ich sind inzwischen Freunde, und ich hoffe eines Tages in seiner Radiosendung dabei zu sein. Er nimmt weiterhin an den AA-Treffen teil und ist nach wie vor nüchtern.

Geheimnisvolle Heilung

Auch wenn Mikes Weg in die Nüchternheit ein langer und komplizierter war (mit mehreren Pflanzendiäten und laufender sozialer Unterstützung), ist ihm klar, dass die Ayahuasca-Zeremonien ihm die Tür zu seiner Wandlung geöffnet haben. Seine geheimnisvollen Erfahrungen in den Zeremonien waren ausschlaggebend für das Aufdecken und die Heilung seiner tiefen emotionalen Wunden, die ihn in seiner Entwicklung blockiert hatten. Wir entdecken mittlerweile immer häufiger, wie solche mystischen Erfahrungen die eigene Perspektive verändern und einem Menschen dabei helfen, Gefühle der Wertlosigkeit zu überwinden, die dem selbstzerstörerischen Verhalten zugrunde liegen.

Die Forschungsgruppe von Roland Griffith an der Abteilung für Psychiatrie der Johns Hopkins Medical School untersucht derzeit die Rolle mystischer Erfahrungen im Heilungsprozess.[7] Als Beispiel für eine mystische Erfahrung dienen durch Psilocybin (halluzinogene Pilze) induzierte Bewusstseinszustände. Es wird untersucht, wie sich diese mystischen Zustände auf die Gesundheit auswirken.

Um festzustellen, wie »mystisch« eine bestimmte Psilocybin-Erfahrung war, dient eine allgemeine Skala, ein »Fragebogen zur mystischen Erfahrung«. Dabei handelt es sich um einen subjektiven Fragebogen, der abfragt, welche Erlebnisse die Probanden in welcher Stärke hatten, zum Beispiel: Hatten Sie ein Gefühl der Ewigkeit oder Unendlichkeit oder ein Erlebnis der Verschmelzung mit dem großen Ganzen oder eine tiefe Erkenntnis auf einer intuitiven Ebene etc. Zusammen mit anderen Forschungsinstrumenten konnten die Wissenschaftler anhand der mystischen Skala herausfinden, dass die Psilocybin-Erfahrungen, die von den Probanden als mystischer eingestuft wurden, auch persönlich und spirituell als bedeutungsvoller empfunden wurden, und wie persönlich und spirituell bedeutsame Erlebnisse nachhaltigere Veränderungen bewirkten.

Dies stimmte mit meinen früheren Beobachtungen überein: Einschneidende positive Verhaltensänderungen, die auf natürliche Weise entstehen, werden gelegentlich in Verbindung gebracht mit spontan auftretenden transformativen psychologischen Erlebnissen, die häufig von geheimnisvoller Art sind. Frühere psychedelische Forschungen haben gezeigt, dass mystische und transzendente Erfahrungen oder Gipfelerlebnisse eine Schlüsselrolle bei positiven therapeutischen Ergebnissen spielen. Hinzu kommen Forschungen über die Behandlung von Drogen- und Alkoholabhängigkeit und seit kurzem ebenso die Behandlung von Angstzuständen in Verbindung mit fortgeschrittenen Krebskrankheiten.[8]

Die Johns-Hopkins-Forschungsgruppe wendete diese Konzepte bei einer weiteren Studie zur Untersuchung einer psilocybinbasierten Behandlung von Nikotinsucht an.[9] Fünfzehn Probanden sollten sich das Rauchen abgewöhnen, dazu wurden sie klinisch beobachtet, während sie ein Behandlungsprogramm mit drei Psilocybin-Erlebnissen durchliefen. Nach dieser Behandlung hörten zwölf der fünfzehn Teilnehmer mit dem Rauchen auf und rauchten sechs Monate später immer noch nicht. Die Teilnehmer, die mit dem Rauchen aufgehört hatten, berichteten über stärkere mystische Erfahrungen mit Psilocybin und bewerteten diese als sehr bedeutsam und spirituell sinngebend für sich persönlich, im Vergleich zu den Teilnehmern, die das Rauchen nicht aufgegeben hatten. Die Forscher kamen zu dem Schluss, dies deute darauf hin, dass mystische Erlebnisse in einer Suchtbehandlung mithilfe von Psychedelika eine vermittelnde Rolle haben können.

Warum schon wieder dieses wissenschaftliche »Gerede«? Nun, anscheinend kann die Nikotinsucht, eine »Gehirnerkrankung«, die gemeinhin als körperliche Abhängigkeit betrachtet wird, durch ein mystisches Erlebnis reguliert werden. Mikes Kokainabhängigkeit wurde ebenfalls durch seine transzendenten Erlebnisse mit Ayahuasca beeinflusst. Vielleicht ist es an der Zeit, unser Verständnis von Sucht zu erweitern. »Hirnerkrankung« scheint sie nicht ganz zu erfassen.[10]

Tiefgreifende und mystische Erfahrungen der Selbstliebe können scheinbar die Balance zwischen Körper und Geist auf bedeutsame und nachhaltige Weise neu programmieren. Mikes Erfahrungen in den Ayahuasca-Zeremonien halfen ihm dabei, tiefe emotionale Wunden zu heilen, sodass seine Lebensgeschichte umgeschrieben und sein Gehirn »neu verschaltet« werden konnte. Diese Wandlung wurde durch die schamanische Heilung, die Diäten mit Meisterpflanzen, die anschließende Integration und die soziale Unterstützung gefördert.

Es ist das Gefühl, das den Emotionalkörper beeinflusst. Manchmal können Meisterpflanzen und die Energie einer Ayahuasca-

Zeremonie einen Menschen etwas derart intensiv fühlen lassen, dass es sein Leben verändert. Solche Erfahrungen können sogar eine Kokainsucht beeinflussen, die auch eine körperliche Abhängigkeit ist. Ayahuasca half Mike dabei, auf geheimnisvolle Weise Selbstliebe, Vergebung, Mitgefühl und Dankbarkeit zu finden und uneingeschränkt zu fühlen. Diese Fähigkeiten der Seele förderten die Heilung in seinem Emotionalkörper, was sich wiederum positiv auf den Einklang von Körper und Geist auswirkte.

Nach diesen Erlebnissen gab es offensichtlich noch mehr Heilarbeit zu tun. Diese Tatsache wird von der traditionellen Medizin weltweit anerkannt. Nach einem traditionellen Heilungsprozess wird sich nichts ändern, zumindest nicht langfristig, wenn wir nicht auch unser Leben ändern. Wir müssen unseren Teil dazu beitragen, die Veränderung im Emotionalkörper aufrechtzuerhalten. Wenn nicht, dann wird unser mystisches Erlebnis im Amazonas zu einem denkwürdigen Roadtrip durch den Dschungel verblassen.

18

Die Pflanze schützen und einen neuen Song entdecken

Nach Mikes erstem Besuch im Nihue Rao begann ich meine nächste dreimonatige Lerndiät und wollte mich dafür mehrere Monate im Zentrum aufhalten. Ricardo schlug eine Diät mit Bobinsana (*Calliandra angustifolia*) vor, einem strauchigen Baum, der wunderschöne zarte, rötliche, blasenartige Blüten hervorbringt. Außerhalb des Schamanismus wird Bobinsana als Kräutermedizin für verschiedene Beschwerden wie Gelenkschmerzen und Rheuma eingesetzt.

Unter Ricardos Leitung hatten wir mehrere Bobinsana-Bäume in einem Kreis um das Maloka gepflanzt. Als ich meine Diät begann, waren sie bereits ausgewachsen und blühten regelmäßig. Sie sollten als eine Art von spirituellem Schutz dienen – der Geist dieser Pflanze kann der Überlieferung nach übelwollende Energien abwenden. Ricardo empfahl mir, eine Diät mit dieser Pflanze zu machen, damit ich von ihrer Medizin lernen könne und gleichzeitig einen Schutz in meiner schamanischen Arbeit hätte. Es gibt immer gewisse Risiken, wenn man sich während einer Ayahuasca-Zeremonie auf schamanische Welten einlässt. Ricardo erklärte mir,

Bobinsana mache mich gegenüber dunklen Energien und denjenigen, die mir spirituell schaden könnten, unsichtbar. Neben diesem Schutz hoffte ich auch, in meiner schamanischen Praxis und dem Icaro-Gesang voranzukommen.

Wie immer leitete Ricardo meine Diät in einer Zeremonie ein, auch machte ich weiterhin meine normale Arbeit im Zentrum. Ich hielt mich an meine Vegetalista-Diät, und einmal am Tag trank ich einen frischen Extrakt aus den Blättern unserer Bobinsanas. Diese Diät fand jetzt in meiner fortgeschrittenen Lehrzeit statt und war etwas anders als die Piñon-Blanco-Diät. Ich hatte öfter visionäre Erlebnisse in den Zeremonien und erhielt gelegentlich Botschaften und Ideen. In einem Ayahuasca-Heilzentrum geschehen schon seltsame Dinge, aber bei dieser Bobinsana-Diät wurden die Dinge noch seltsamer. Während einer Zeremonie, »sah« ein *Pasajero*, ein älterer Herr aus Kalifornien, wie ich direkt vor ihm einfach verschwand. Ich hatte ihn zurück zu seiner Matte begleitet, nachdem die Schamanen für ihn gesungen hatten. Als er sich hinsetzte blickte er auf und sah, wie ich mich in einen Lufthauch auflöste und praktisch unsichtbar wurde. Anstatt meines Körpers sah er ein weißes geometrisches Symbol vor sich schweben. Er flüsterte mir zu, was er gerade sah. Ich schaute an mir herunter und konnte mich selbst sehen, trotz der Dunkelheit. Alles ziemlich bizarr.

In einer anderen Zeremonie konnte ich erleben, wie der Bobinsana den zeremoniellen Raum regelrecht beschützte. In meinen Visionen sah ich die Pflanzen ordentlich um das Maloka gruppiert. Ich schaute mir ihre zarten blasenartigen Blüten an, und mir fiel auf, dass sie aussahen wie Glasfasern. Diese Blüten bestehen aus faserähnlichen Staubgefäßen, die erst weiß sind und an den Enden rosa und rötlich werden. In meiner Vision sah ich, wie von jedem Bobinsana rote und weiße Luftschlangen emporschossen, weit über die Mitte des Malokas, wie fließende Energiebänder. Diese Luftschlangen aus Energie, wie Bänder um einen Maibaum, webten sich zu einem bunten Schild zusammen, das uns im Maloka beschützte.

In einer anderen Nacht trat ich gegen Ende der Zeremonie nach draußen, um frische Luft zu schnappen. Vor dem Maloka schaute ich mich nach einem Platz um, um mich hinzusetzen. Innerhalb des Kreises der Bobinsanas hatten die Mitarbeiter ein paar Holzbänke aufgestellt. Normalerweise standen dort auch ein paar Holzstühle, hauptsächlich für die Wächter, damit sie im Sitzen auf die Zeremonie aufpassen konnten.

In dem Augenblick waren die Wächter gerade unterwegs, etwa hundertfünfzig Meter entfernt, um am Eingang des Zentrums etwas zu prüfen. Ich setzte mich in einen der tiefen Holzstühle, um mich auszuruhen und die Milchstraße zu betrachten. Es war eine kühle Nacht, fast ohne Mücken. Ich war allein. Da es spät war, war es ruhig im Maloka wie auch im Wald.

Ich saß dort etwa zehn Minuten und entspannte mich, als ich jemanden blasen hörte. Nach dem Icaro-Gesang blasen die Schamanen noch sanft über die Person, eine Art geatmetes Pfeifen, um den Icaro zu versiegeln. Vielleicht war es dieses Geräusch. Oder vielleicht blies jemand Mapacho-Rauch über einen Teilnehmer, um die Energie zu reinigen oder Schutz zu bieten. Ich war mir nicht sicher, aus welcher Richtung das Geräusch kam, aber jemand blies – *soplando* – auf schamanische Art. Ein sanftes Hauchen, ohne Melodie oder Musik. Auch nicht zu laut oder energisch, für mich dennoch hörbar. Zuerst dachte ich, es sei Cvita. Es klang wie ihr *soplo*. Ich dachte, sie arbeitete immer noch leise an jemandem.

Ich machte mir nicht viele Gedanken darüber, sondern lehnte mich einfach zurück und schaute in den sternenbedeckten Himmel. Als meine Gedanken abschweiften, hörte ich es wieder, dieses Blasen. Ich setzte mich auf. Diesmal klang es so, als käme es von draußen.

Ich ignorierte es wieder und entspannte mich. In der Ferne sah ich die Wächter mit ihren Taschenlampen herumlaufen. Dann hörte ich es wieder. Ist es wirklich da? Was ist das? Oder bilde ich mir das nur ein?, fragte ich mich. Es geschah schon wieder. Das

Geräusch klang immer wieder ab, und sobald ich nicht mehr daran dachte, kam es zurück. Als ob mich etwas erreichen wollte, sozusagen zwischen den Zeilen meiner Wahrnehmung. Es kam nicht von drinnen. Ich spürte, dass dieses *soplo* für mich war. Wenn es nicht aus dem Maloka kam, woher denn dann? Seltsam.

Dann hörte ich es wieder. Dieses Mal war es ganz nah. Ich drehte mich in die Richtung des Hauchens und entdeckte, dass ich auf einen Bobinsana schaute, der in meiner Nähe stand. Es geschah schon wieder – er blies mir zu. So verrückt das auch klingt – und ich war ja noch dabei, von Ayahuasca herunterzukommen –, dieser Bobinsana hauchte mich direkt an. Ich spürte seine Energie, und für einen kurzen Moment kommunizierte ich mit dieser Pflanze. Wir tauschten uns einen Augenblick lang aus und nahmen uns gegenseitig bewusst wahr.

Kurz darauf sah ich die Wächter zum Maloka zurückkommen. Der Moment war vorbei, und in meinem Herzen bedankte ich mich bei der Pflanze. Ich stand auf, begrüßte die Wächter und ging zurück ins Maloka, um den anderen von meinem Erlebnis zu erzählen. Ricardo und die Schamanen freuten sich für mich, waren allerdings überhaupt nicht überrascht. Vielleicht hätte mein Erlebnis an einem anderen Abend für mehr Diskussion gesorgt, aber in der Nacht waren anscheinend alle müde und wollten sich ausruhen. Ich legte mich auf meine Matte zurück, rauchte friedlich eine Mapacho und dachte über meine Erfahrung nach, die sich wie ein Segen anfühlte.

Während meiner Bobinsana-Diät vermischten sich meine Träume manchmal mit meinen Ayahuasca-Visionen. In der Shipibo-Tradition gelten Ayahuasca-Visionen als ein Tor zum transzendenten Reich unserer Träume, die Welt der Visionen verbindet sich mit der Welt der Träume. Wenn sich unsere Träume auftun, dann ebenso unsere Visionen. Eines Nachts hatte ich einen eigenartigen Traum: Ich befand mich in einem riesigen, komplexen Gebäude, so etwas wie ein Flughafen. Es gab viele Rolltreppen und Aufzüge und viele Menschen, die hin und her eilten. Ich sollte irgendeine Art Auftrag erfüllen. Dabei sollte ich in eine Reihe von unsinnigen Richtungen laufen, die mir alle über meine Intuition vermittelt wurden. Geleitet von meiner Intuition, musste ich von einem Stockwerk zum nächsten gehen, dann hoch und wieder herunter, nach hüben und drüben, in der Hoffnung, irgendein Paket zu finden, das für mich bestimmt war. Es war alles sehr verwirrend, bis ich schließlich die Rolltreppe zum Dachgeschoss fand.

Diese lange Rolltreppe führte mich nach oben, weg von dem ganzen Treiben, in einen eher ruhigen Raum unter dem Dach. Es war ein angenehmer Ort, sehr geräumig, mit einem großen weißen Schreibtisch. Jemand wartete dort auf mich. »Oh, da bist du ja, hier ist dein Paket«, sagte er. Ich entfernte das braune Packpapier und fand zwei Gegenstände darin. Ein dickes, rechteckiges Stück Glas, so groß wie ein Blatt Briefpapier und etwa drei Zentimeter dick. Darin waren drei konvexe Linsen eingebettet, die durch raffinierte Muster, die in das Glas eingeätzt waren, miteinander verbunden wurden. Es war wie ein magischer Spiegel mit verschiedenen Linsen, durch den man durchschauen konnte. Anscheinend sollte er mir dabei helfen, in den Zeremonien besser zu »sehen«.

Der andere Gegenstand war ein schimmernder, metallischer faltbarer Handfächer. Er schien wie eine Art Schutz zu sein, ein silbernes Schild, das geöffnet und geschlossen werden konnte. Es erinnerte mich an etwas, was ich in dem Kinofilm *Big Trouble in Little China* gesehen hatte. Der Zauberer Egg Shen lässt in einem entscheidenden Augenblick seinen metallischen Fächer aufspringen, um irgendeinen Angriff aus elektrischer Energie abzuwehren. Auch dieser Gegenstand erschien mir nützlich. Diese beiden Dinge waren mir im Traum erschienen: ein magischer Spiegel und ein silberner Fächer.

Ricardo und die Schamanen hatten mir erzählte, wie die Pflanzen einem manchmal durch Träume spirituelle Geschenke machen, die man anschließend in seiner schamanischen Arbeit verwenden kann. Der nächste Schritt bestand für mich nun darin, diese Gegenstände in meinen Ayahuasca-Visionen zu finden.

Eines Abends in einer Zeremonie nahm ich tatsächlich den magischen Spiegel wahr – leider erst, als ich bemerkte, wie er mir von jemandem geklaut wurde. Irgendwelche dunklen Geister, in Trenchcoats mit Kapuzen und Gasmasken, hatten ihn mir weggeschnappt und waren durch dunkle Gassen davongelaufen. Ich musste sie jagen und mir den Spiegel mit Gewalt zurückholen. Ab und zu zauberte ich den Handfächer her, aber das war vermutlich nur in meiner Fantasie, oder vielleicht auch nicht. Auf diesen schamanischen Ebenen sind die Dinge manchmal trügerisch. Mit der Zeit lernte ich immer besser auf mich und auf die Energien, über die ich verfügte, zu achten. Manche Geschenke kann man mit anderen teilen, andere sollte man besser für sich behalten.

Der Gesang folgt der Vision

Gegen Ende der Diät entwickelte ich einen neuen Icaro, mit einer neuen rhythmischen Melodie und dem Text »*bobinsana medicina, bobinsana invisible, bobinsana médico*« (Medizin der Bobinsana, unsichtbare Bobinsana, Arzt der Bobinsana). Dieser Icaro war wieder als einfache Melodie in meinem Hinterkopf entstanden, die im Laufe der dreimonatigen Diät zu einem Lied wurde. Mir gefällt die Melodie wirklich gut, auch wie sie sich anfühlt.

Ricardo hatte mir beigebracht, dass der Icaro der Vision folgen soll. In unserer Tradition wird der Icaro improvisiert. Der Text, der aus einigen festen Sätzen bestehen kann, erzählt die Geschichte von dem, was du in dem Augenblick machst. Die Medizin des Icaros besteht in dem, was du »gerade tust«.

Schamanen erleben nicht immer intensive Visionen, dann folgt der Gesang ihrer Intuition. In der Ausbildung versucht man jedoch, eine konsequente Verbindung zu den Visionen aufzubauen. Man will sehen, was man tut. Für mich war das Spiegelglas eine Gelegenheit, mehr zu »sehen«. Wenn man die Energien des Teilnehmers vor sich »sieht«, kann man beobachten, wie man arbeitet. Nach der Bobinsana-Diät verbesserte sich meine schamanische Visionskraft.

Kurz nach meiner Diät besuchte uns eine kolumbianisch-amerikanische Frau als *Pasajera*. Sie war Mitte fünfzig und kam aus New York. Von meiner Familie hatte noch niemand das Zentrum besucht, daher empfand ich als kolumbianisch-amerikanischer Landsmann eine Art familiäre Bindung zu ihr.

Sie glaubte eigentlich nicht besonders an die schamanische Medizin und war ins Zentrum gekommen, um sie einfach mal kennenzulernen. Zwar hoffte sie auf persönliche Heilung, war jedoch skeptisch und nicht mit ganzem Herzen dabei. Sie scheute sich, den Ayahuasca-Trunk einzunehmen und bat um kleine Mengen, daher waren ihre Erlebnisse auch recht sanft. Dabei wollte sie es gerne belassen. Wie sie mir erzählte, wollte sie nur die Diät machen und mehr über die Zeremonie erfahren.

Ich wollte meinen neuen Gesang üben, und Ricardo hatte mir erlaubt, dies mit den *Pasajeros* zu tun. Eines Abends in der Zeremonie hatte ich etwas Zeit für mich und beschloss, zu der kolumbianischen Frau zu gehen. Ich setzte mich vor ihre Matte. Ricardo und die Schamanen sangen bereits, um sich vorzubereiten und das Maloka zu reinigen. Ich fragte sie leise, wie es ihr ginge. Wie üblich meinte sie, sie spüre nicht besonders viel, weder vom Ayahuasca noch von den Icaros. Ich wollte wissen, ob sie etwas mehr trinken wolle, um ihre Erfahrung zu verstärken. Sie lehnte ab. Dann bot ich ihr an, für sie zu singen. Sie willigte ein.

Vor der Zeremonie hatten wir über ihre Absichten für den Abend gesprochen, und sie hatte sich eher allgemein geäußert, sie wollte »die Vergangenheit loslassen und mein Herz öffnen«. Ich tat mein Bestes und sang zu ihr mit meinem begrenzten Shipibo-Vokabular und ein paar spanischen Wörtern und versuchte, durch den Prozess zur Reinigung und Öffnung ihres Herzens zu gehen.

Zu dem Zeitpunkt sang ich noch ohne Visionen, *»cantando sin visión«*, wie wir dazu sagen. Meiner Intuition folgend versuchte ich, die Energien der Pflanzenmedizin anzurufen und sie durch meine Stimme zu kanalisieren. Wenn man seiner Intuition folgen will, muss man an das glauben, was man tut. Ich war lediglich ein Anfänger und hatte noch viele Zweifel. Das Einzige, was ich sogar in der Dunkelheit eindeutig wahrnehmen konnte, war, dass sie sich eigentlich nicht auf meinen Gesang einlassen wollte.

Ich beendete meinen Gesang und fragte nach, wie sie sich fühle. Sie war unberührt.

»Hast du denn irgendetwas vom Gesang gespürt?«, flüsterte ich.

»Nein, eigentlich nicht«, flüsterte sie zurück.

Das baute mein Selbstvertrauen nicht gerade auf. Obwohl ich mich mit dem Gedanken tröstete, dass die ganze Nihue-Rao-Erfahrung sie allgemein nicht besonders beeindruckte, war ich trotzdem enttäuscht. Ich war natürlich ein Anfänger, dennoch konnte ich das nicht gut stehen lassen. Ich wollte diese Frau einfach irgendwie erreichen.

Ich entschied mich, die Dinge ein wenig voranzubringen. Ich blendete meine Gefühle der Unzulänglichkeit aus und fragte sie, ob sie zu irgendeinem Zeitpunkt in der Zeremonie, vor, während oder nach dem Gesang, *überhaupt irgendetwas* gesehen oder gespürt hatte …

Widerwillig erwähnte sie, sie habe eine grüne Energie wahrgenommen, die die rechte Seite ihres Gesichts bedeckte. Die Energie schien sich von der Wange bis zur Stirn und zur Seite bis über die Kopfhaut zu erstrecken. Sie erzählte, die Energie habe sich negativ angefühlt und nun habe sie Kopfschmerzen auf dieser Seite.

Die Zeremonie war noch im Gange, die Schamanen sangen weiterhin. Leise führte ich meine Erkundungen fort. Ayahuasca verursacht manchmal Schmerzen bei der Heilung eines bestimmten Bereichs, also fragte ich sie, wo sie die Kopfschmerzen spürte. Im Dunkeln führte sie meine Hand über ihren Kopf, bis meine Finger eine kleine Delle in ihrem Schädel berührten. Das war die Stelle. Ich fragte sie, ob sie dort jemals verletzt worden sei. Sie berichtete, dass sie als Kind in Kolumbien von einem Pferd gefallen war, das sie dann am Kopf getreten hatte. Daher die Delle.

Ich wies darauf hin, dass die grüne Energie vermutlich von dieser Delle in ihrem Schädel herrührte, von dem damit verbundenen Trauma. »Vielleicht«, erwiderte sie.

»Okay, lass es mich noch einmal versuchen, ich will dazu singen. Sie war einverstanden.«

Ich begann mit geschlossenen Augen zu singen, und dabei sah ich ihr Gesicht und ihre Kopfhaut an der Stelle, die sie mir gezeigt hatte. Ricardo rät, die Augen offen zu lassen, aber ich »sehe« normalerweise mehr mit geschlossenen Augen. Vielleicht war es jetzt nur meine Vorstellung oder Projektion, aber vor meinem geistigen Auge sah ich die Frau vor mir, und es erschien eine grüne Energie über ihrer rechten Gesichtshälfte und der Kopfhaut, vermischt mit einem dunklen Nebel. Wenn das nur meine Fantasie war, war mir das auch recht. Ich wollte mir einfach vorstellen, wie ich die Stelle reinige.

Also fing ich an, diese grüne Energie zu besingen, ihr Gesicht und ihre Kopfhaut davon zu befreien, sie zu reinigen und zu klären. Durch meinen Icaro rief ich die heilende Energie der Pflanzen an, um meine Stimme und Schwingung zu leiten. Mein Gesang sollte die Traumaenergie aus ihrem Schädel, ihrem Geist und ihrer Seele enfernen, sie reinigen und klären, er sollte sie von der traumatischen Erinnerung an die Erfahrung und die damit verbundene Angst und das Leid befreien. Während ich sang, sah ich die grüne, neblige Energie verblassen.

Sobald sich die grüne Energie aufgelöst hatte, konnte ich die »Wurzel« des Problems erkennen. Auf dem Boden der Delle sah ich so etwas wie einen kleinen Perlenhaufen. Beim näheren Hinschauen erkannte ich eine kleine Ansammlung lebendiger Zellen, als wären sie durch Zellteilung entstanden. Durch meinen Icaro versuchte ich, diesen Cluster zu entwurzeln. Vorsichtig löste ich ihn und hob ihn hoch. Ich rief die reinigenden Energien von Wasser und Licht an, um den Cluster wegzuwaschen, und reinigte und klärte so lange, bis er sich aufgelöst hatte. Anschließend sah ich in der Delle ein kleines Loch im Schädel. Ich sang, um es zu heilen und zu schließen. Als es sich schloss, begann der gesamte Kopf zu leuchten, umgeben von einer goldenen Aura. In meiner Vision wurde die Kopfhaut ganz geschmeidig. Die Dinge beruhigten sich, und es wurde Zeit, meinen Icaro mit einem sanften *soplo* zu beenden.

Ich beugte mich zu der Frau und fragte sie leise, wie es ihr ging. Sie erwiderte, sie hätte nicht viel von dem Gesang gespürt, aber ihre Kopfschmerzen hätten aufgehört. Sie freute sich sehr darüber, und ich war auch zufrieden.

In diesem Prozess konnte ich zum ersten Mal wahrnehmen, was ich während eines Icaros tat. Mein Gesang war meiner Vision gefolgt und fühlte sich deutlich wirkungsvoller an. Trotz meiner Zweifel glaubte ich an das, was ich tat. Ich würde die Diät weitermachen müssen, um noch intensivere Visionen zu erhalten (und ich bin immer noch dabei). Zumindest kam ich voran. Ich war sehr dankbar für die Bobinsana, die Medizin, den Gesang und den Schutz.

Die Kolumbianerin reiste einige Tage später ab. Ich hatte keine Gelegenheit nachzufragen, wie es ihr ging, aber ich bin ihr für ihre Geduld und ihre Skepsis in der Zeremonie ewig dankbar. Schamanische Heilung erfordert Vertrauen. Indem ich ihren unmittelbaren Zustand, nämlich die Kopfschmerzen, angesprochen hatte, konnte ich eine Verbindung zu ihr aufbauen. Anschließend musste ich mich auf eine Mischung aus Vertrauen, Vorstellungskraft und Geduld verlassen.

19

Lisas Migräne und der schwarze Drache

Einige Zeit später besuchte uns Lisa, eine professionelle Tänzerin Anfang dreißig. Sie suchte nach Hilfe für ihre Migräneattacken. Die meisten von uns kennen jemanden, der unter diesem Problem leidet, so sind etwa fünfzehn Prozent der US-Amerikaner davon betroffen.[1] Migräne wird allgemein als moderate bis schwere wiederkehrende Kopfschmerzen beschrieben, die typischerweise einseitig auftreten und von ein paar Stunden bis zu Tagen andauern können. Sie werden oft von Übelkeit, Erbrechen und Überempfindlichkeit gegenüber Licht, Geräuschen und gelegentlich auch Gerüchen begleitet.

Die Wissenschaftler sind sich nicht einig über die Ursachen der Migräne, aber es wird eine Kombination aus genetischen Faktoren und Umwelteinflüssen (wieder einmal) vermutet, was zu einem Problem in den Nerven und den Blutgefäßen des Gehirns führt. Migräne hängt auch oft mit einem veränderten Hormonspiegel zusammen, so sind viele Frauen während ihrer Menstruation stärker davon betroffen.

Lisa hatte jahrelang mit Menstruationsbeschwerden zu kämpfen. Sie erzählte mir: »Ja, ich hatte schon immer Probleme in dem Bereich, einen unregelmäßigen Zyklus und einen wirklich stark schwankenden Hormonspiegel... wie auch immer. Und ich hatte mehrmals im Monat Migräne, das war in meinen frühen Zwanzigern. Mit siebenundzwanzig hatte sich das Ganze perfekt eingespielt. Die Migräne begann einen Tag vor meiner Periode und dauerte an, bis meine Regelblutung richtig einsetzte. Sie setzte mich außer Gefecht. Ich konnte weder arbeiten noch sonst irgendetwas tun.«

In der Arztpraxis verordnen wir in der Regel als Primärtherapie Schmerzmittel gegen Migräne, zum Beispiel Ibuprofen, manchmal verschreiben wir zusätzliche Medikamente gegen Übelkeit. Patienten wird empfohlen, ihre Migräneauslöser zu vermeiden, also bestimmte Nahrungsmittel, Müdigkeit, Stress etc., die in der Vergangenheit Kopfschmerzen verursacht haben. Es gibt auch spezifischere Medikamente gegen Migräne: Ergotamine (zu finden in Arzneimitteln wie Cafergot und Migergot) und Triptane (einschließlich Sumatriptan, im Allgemeinen als Imitrex verordnet), die interessanterweise biochemisch sehr eng verwandt sind mit psychedelischen Medikamenten.[2] LSD ist auch ein Ergotamin, und Triptane sind sehr eng verwandt mit DMT. (In manchen Fällen sind keine dieser Mittel ausreichend, und Patienten bekommen am Ende Opioide gegen die Schmerzen.)

Lisa nahm Sumatriptan gegen ihre Migräne. Typischerweise brauchte sie für die ersten beiden Tage ihres Zyklus einhundert Milligramm Imitrex (die übliche höhere Dosis), um durch den Tag zu kommen. (Es können auch andere Medikamente zur Vorbeugung eingesetzt werden, doch Lisa hatte sich gegen eine präventive Behandlung entschieden.)

Ich bin kein Experte für Migräne, aber bei den Migränekranken, die zu uns ins Zentrum kamen, hatte ich ein Verhaltensmuster entdeckt. Durch die Gespräche mit ihnen stellte ich fest, dass einige in ihrer Kindheit vielen Aggressionen und Streitereien ausgesetzt waren. Ihr damals noch junges Nervenkostüm war anscheinend von zu viel Spannung überwältigt worden. Mittlerweile unterstützen Wissenschaftler die Theorie, dass Migräne durch wiederholten Stress in der Kindheit verursacht wird.[3]

Wie bereits angesprochen, kann wiederholte Stressbelastung den Emotionalkörper und das Stressreaktionssystem schädigen. Solche stressbedingten Schäden (akkumulierte allostatische Last) führen zu einer fehlangepassten Stressreaktion. Diese manifestiert sich im Falle von Migräne als eine dysfunktionale Reaktion auf gewisse Auslöser. Das Gehirn reagiert anomal auf bestimmte äußere Zustände (psychologische und/oder physiologische), wie Lebensmittel, Müdigkeit, übermäßigen Stress, hormonelle Veränderungen etc.[4]

Ich fragte Lisa, ob sie als Kind vielen Aggressionen ausgesetzt gewesen sei. Sie erzählte mir, dass ihr Vater verbal sehr verletzend gewesen sei. »Er war niemals in irgendeiner Art physisch gewalttätig. Nur eben verbal. Meine Mutter meinte immer: ›Wenn er nett ist, ist er wirklich nett. Aber wenn er schlecht drauf ist, ist er unausstehlich.‹ Ich habe tolle Erinnerungen daran, wie wir im Park mit den Hunden spielten. Und ich habe auch weniger schöne Erinnerungen.

In der ersten Hälfte meiner Kindheit haben sich meine Eltern wirklich Mühe miteinander gegeben … dann fingen die Streitereien an. Es waren richtig massive Auseinandersetzungen. Das war schlimm. An jedem Feiertag war er … verwandelte er sich in einen tollwütigen Hund. Er schrie und fegte alle Sachen vom Tisch. Bei einem Thanksgiving-Dinner schob er einfach das ganze Essen vom Tisch – diese Art von irrsinnigem Verhalten.

Zum Glück ließ er mich zu Hause, wenn er mit meinem Bruder Ausflüge machte. Ich war ein Mädchen, und für ihn galt, dass Mädchen bei Jungs-Geschichten nichts zu suchen haben. Also nahm er nur meinen Bruder mit. Damals war ich darüber sehr traurig und fühlte mich vernachlässigt und solche Sachen. Heute bin ich dafür dankbar, denn später erfuhr ich, dass er meinen Bruder immer sehr beeinflusste, weil er so manipulativ war. Ich weiß nicht einmal, in welchem Ausmaß er meinem Bruder Dinge erzählte oder irgendetwas mit ihm tat. Ich weiß nur, dass er ihn nie geschlagen hat oder Ähnliches, aber psychisch war er unerbittlich.

Meine Eltern ließen sich erst scheiden, als ich achtzehn war. Das war eigentlich verrückt, denn schon als ich etwa zwölf Jahre alt war, hatten sie sich getrennt und aufgehört miteinander zu reden. Mein Vater hatte sein eigenes Haus, und ich glaube beide hatten erkannt, dass die Streitereien einfach zu heftig geworden waren. Er besuchte uns zwar noch zu Weihnachten und so, aber auch dann stritten sie sich fürchterlich. Ich wusste wirklich nicht, was sie sich dabei dachten.

Die schlimmste Phase erlebte ich mit ihm als Teenager. Er wurde richtig bösartig und sagte Dinge zu mir … Er setzte mich herab. Er wertete mich die ganze Zeit ab. Meinte, ich würde als Abschaum enden. Er machte mein Tanzen nieder. Er machte mich die ganze Zeit nieder.«

Behandlung mit traditioneller Amazonas-Pflanzenmedizin

Im Jahr 2014 besuchte Lisa mit ihrem Mann, ihrem Bruder und seiner Freundin das Nihue-Rao-Zentrum. An einem sonnigen Sonntagnachmittag donnerten sie in ein paar Mototaxis auf unser Gelände. Kurz nach ihrer Ankunft im Dschungel, direkt nach der Einnahme des Brechmittels, bekam Lisa einen furchtbaren Migräneanfall.

»Das war die schlimmste Migräne, die ich in meinem ganzen Leben erlebt habe. Sie war richtig brutal.«

Ayahuasca und der Diätprozess regen oft Schmerzen in Problemzonen des Körpers an, manchmal sogar vor Beginn der Behandlung. Vielleicht lag es auch nur am Ortswechsel oder an der Reise, jedenfalls wurde Lisa von der heftigen Attacke vollkommen überrascht.

Trotz ihrer Beschwerden entschied sie sich, ihre Vegetalista-Diät durchzuziehen und diese starken Kopfschmerzen ohne Medikamente auszuhalten. So hart es auch sein würde, Lisa war fest entschlossen, diesen Prozess durchzustehen. Einige Zeit später ließen die schrecklichen Kopfschmerzen nach. Zusammen mit anderen Neuankömmlingen konsultierte sie Ricardo und formulierte ihre Absichten. (Er verordnete ihr die Meisterpflanze Ojé.) In der folgenden Nacht erlebte Lisa ihre erste Ayahuasca-Zeremonie.

Ich war damals nicht vor Ort und kam erst nach dieser ersten Zeremonie zurück. Während meiner Abwesenheit war mein Cousin Francisco Villegas aus Kolumbien im Zentrum, um zu helfen.

»Die erste Zeremonie hat mich tatsächlich vollkommen umgehauen«, erinnerte sich Lisa. Sie erzählte, wie jemand (Francisco) sie daran hindern musste, so viel herumzufuchteln, weil sie die anderen Teilnehmer in ihrer Nähe störte. In dieser wilden Zeremonie begann ein tiefer Reinigungsprozess, der sie durch das Trauma führte, welches sie durch ihren Vater erlitten hatte – die Wut, die Frustration und der Schmerz. Als ich am nächsten Tag zurückkam, erfuhr ich von Francisco, wie hart die Nacht gewesen war. Lisa sei die meiste Zeit in der Zeremonie sehr schwierig gewesen, außer Kontrolle.

Ich dachte nur: Wir sollten die Dosis verringern.

In der folgenden Nacht nahm ich mit Lisa, Francisco und den anderen an der Zeremonie teil. Lisa erhielt dieses Mal weniger Ayahuasca, reagierte dennoch sehr stark. Irgendwann, die Schamanen hatten bereits mit ihrem Gesang begonnen, plumpste Lisa auf dem Rückweg von der Toilette einfach in die Mitte des Malokas und wiegte sich stöhnend hin und her. Francisco und ich liefen zu ihr hin und wollten sie zurück zu ihrer Matte bringen, damit sie aus dem Weg war. Aber sie befand sich tief im Zustand der *mareación* und reagierte auf keine unserer Fragen.

Von außen war es schwer zu erkennen, was sie durchmachte. Später sagte sie mir: »Ich erinnere mich, dass ich viel mit meinem Vater zu tun hatte. Ich möchte noch einmal betonen, dass es viele gute Zeiten und auch viele schlechte Zeiten mit ihm gab. Es war ein permanenter Kampf zwischen dem Gefühl von Liebe oder eben Ablehnung. Wir mussten uns sehr anstrengen, um seine Anerkennung zu bekommen, ich bemühte mich immer sehr darum, dass er uns lieb hatte. Ich glaube, daher rühren mein ganzer Ärger und die Migräneattacken … Und am Ende entwickelte ich eine Menge Schuldgefühle … Meine Migräne hängt wohl mit meinem Zyklus zusammen, aber ich denke, sie hat auch mit diesen ganzen Dingen zu tun, die ich schon so lange mit mir herumtrage.«

Als ich merkte, dass Lisa mitten im Maloka ihren Prozess durchlief, war klar, dass wir sie nicht wegbewegen konnten. Wenn du die Geister nicht besiegen kannst, dann schließe dich ihnen an, dachte ich mir. Ich setzte mich neben sie auf den Holzboden und begann mit meinem Icaro in der Hoffnung, sie damit wieder herunterzuholen. Ich versuchte sie zu erden und sie in dem, was sie gerade durchlebte, zu unterstützen, danach hoffte ich sie wieder zu ihrer Matte zurückbringen zu können.

Als ich zu Lisa sang, erschien in meiner Vision ein dicker, perlenbesetzter Strang, der vor mir schwebte. Es war ihre DNA, aber nicht nur das, es war auch ihr Chromatin. Chromatin ist im Grunde die DNA in ihrer Proteinverpackung. Die menschliche DNA ist etwa drei Meter lang. Damit dieser Strang ordentlich in jede unserer dreißig Billionen Zellen passt, muss er auf magische Weise in jedem Zellkern gebündelt werden, fest um die Proteine gewickelt, die als Histone bekannt sind. Aus dieser um die Histone gewickelten DNA besteht das Chromatin.

In meiner Vision glühte dieser perlenbesetzte Chromatinstrang in einem leuchtenden Rosa, die Bereiche zwischen den Perlen bestanden aus Winkeln, Nischen und Kanälen. Ich sah etwas in einem dieser engen Kanäle herumkurven. Es war ein langer, schwarzer Drache, der zwischen den Perlen seine Runden drehte, um das genetische Material herum. Als ich diesem Drachen zusah, wie er sich durch das Chromatin bewegte, erhielt ich die Botschaft, dass Lisas Problem nicht direkt in ihren Genen lag, sondern darüber. Ihre Migräne hing mit diesem dünnen, dunklen Drachen zusammen. Der Gesang folgt der Vision, und während ich weiter beobachtete, verlagerte ich meinen Fokus auf die Reinigung der Drachenenergie.

Diese Vision erinnerte mich an das, was ich über Epigenetik gelernt hatte – sie erforscht in gewisser Weise das, was *jenseits* des genetischen Codes existiert. Epigenetik untersucht die Veränderungen von Markierungen, die sich aus externen Faktoren oder Umwelteinflüssen ergeben. Diese können Gene ein- oder ausschalten und haben Auswirkungen darauf, welche Gene die Zelle aktiviert. Die Epigenetik beschäftigt sich damit, wie externe Faktoren wie Ernährung oder Lebensstil die Gene steuern und dadurch Krankheiten wie Diabetes, Krebs und Parkinson hervorrufen. Oder wie externe Faktoren die Oberfläche der Verpackungsproteine, der Histone, um die sich die DNA wickelt, verändern. Externe Faktoren markieren oder kennzeichnen diese Histone und beeinflussen die Art, wie das zugehörige Segment des DNA-Strangs behandelt wird. Wie ein schwimmender Drache beeinflussen diese Markierungen die Gene energetisch. Im Allgemeinen untersucht die Epigenetik, wie Umweltfaktoren mit den Genen interagieren (außerhalb und innerhalb des Körpers).

Ayahuasca zeigte mir, dass Lisas Problem nicht genetisch bedingt war, sondern epigenetisch. Auch wenn es in ihrer Familie möglicherweise andere Personen mit Migräne gegeben hat, war ihr Problem nicht zwingend in ihrem sogenannten genetischen Schicksal gebunden. Ihre Migräneanfälle waren kein Hardware-, sondern vielmehr ein Softwareproblem. Die Anfälle schienen mit irgendeiner schlechten epigenetischen Programmierung zusammenzuhängen, einer fehlangepassten Markierung, wenn man so will. Dieser kleine Drache stellte das ungesunde Programm dar. Der wiederholte Stress hatte eine Fehlanpassung in ihrer Software verursacht.

Lisa war mit diesem Problem natürlich nicht allein. Forscher untersuchen derzeit, wie schlechte Behandlung in der Kindheit die Epigenetik verändern und dazu führen kann, dass die Betroffenen später unter Migräne leiden.[5] Die Epigenetik ist eine große Herausforderung, auf die ich im nächsten Kapitel näher eingehen werde.

Als ich dort mit Lisa saß, sang ich weiter, um den kleinen schwarzen Drachen aus der rosa Perlenkette des Chromatins zu entfernen. Ich sang eine ganze Weile und versuchte, alles zu reinigen und Lisas Geist und Sinne so gut ich konnte zu zentrieren. Irgendwann hatte ich das Gefühl, genug getan zu haben, und hörte auf. Lisa konnte inzwischen mit mir sprechen und meinte, es ginge ihr etwas besser.

Ich brachte sie für eine weitere Behandlung zu den Shipibo-Schamanen, und mein Cousin führte sie danach zurück zu ihrer Matte im Maloka.

»Jemand brachte mich auf meine Matte zurück. Ich war wie eine luftleere Hülle. Weißt du, was ich meine – einfach völlig entleert. Ich hatte das Gefühl, dass ich in der Nacht sehr viel losgelassen hatte, und vermutlich kam die Migräne deshalb zurück.«

Nach ihrem persönlichen Icaro bekam Lisa den nächsten Migräneanfall. Er war nicht besonders schlimm, aber er hielt bis zum nächsten Morgen an und löste sich erst dann auf. Diese zweite Migräneattacke schrieb sie ihrem Heilungsprozess zu, sie hatte das Gefühl, die Behandlung wirke auf ihr Gehirn, trotz ihres Unwohlseins. Sie führte die Diät und die Ayahuasca-Zeremonien konsequent weiter.

Später erzählte sie mir: »Eigentlich erlebte ich in jeder Zeremonie irgendein Thema mit meinem Vater, auch wenn ich mich nicht auf ihn konzentrierte. Ich nahm ihn wahr und spürte Vergebung und Mitgefühl. Jede Nacht ein bisschen. Ich weiß nicht, wodurch Migräne entsteht, aber meine Wut und meine Schuldgefühle loszulassen war eine gewaltige Sache.«

In ihrer vierten Zeremonie ging ich spät in der Nacht zu ihr hinüber. Sie hatte bereits einen Gesang von einem Shipibo-Schamanen bekommen, und es ging ihr einigermaßen gut. Ich saß am Ende ihrer Matte und fragte sie, ob ich für sie singen durfte. Sie war einverstanden, und ich fing an, über ihr Trauma mit ihrem Vater, über Vergebung und die Auflösung ihrer Wut zu singen. Während meines Gesangs versuchte ich alle negativen Energien, die ich sah, aus ihr herauszunehmen. Dunkle Strahlen lösten sich aus ihrem Körper und versammelten sich um ihren Kopf herum. Als ich weitersang, verbanden sich diese dunklen und hektischen Energien zu einem wütenden Gewitter, immer wieder erhellten Blitze kurzzeitig die Dunkelheit. Lisas ganzer Kopf war von diesem Geschehen eingehüllt.

Ich sang noch intensiver und versuchte, diese ominösen Wolken aufzulösen. Mein Gesang wurde durchdringender, sodass ich ins Schwitzen kam. Langsam lichteten sich die dunklen Wolken. Ich konnte Lisas Gesicht erkennen, das nun heller und klarer aussah. Ich arbeitete noch stärker daran, das Gewitter zu verjagen, und bat um Hilfe von den Pflanzen und vom göttlichen Licht. Der Sturm bewegte sich immer weiter weg von ihrem Kopf. Motiviert sang ich weiter und weiter, bis sich der Knoten löste. Irgendetwas wurde freigesetzt, und die dunklen Wolken zogen dahin. Ich sang eine Weile weiter, um diese Veränderung zu verankern.

Nach meinem Gesang wollte ich von Lisa wissen, wie es ihr ging. Sie fühlte sich gut und erzählte von dunklen Wolken, die sie umgeben hatten, wie Gewitterwolken. Während des Gesangs hatte sie auch einen intensiven Druck im Kopf gespürt. Im Verlauf des Gesangs hatte sich das Gewitter über ihrem Kopf langsam verzogen und den Druck mit sich genommen.

Das überraschte mich vollkommen, denn ich hatte ihr nichts über meine Vision erzählt. Es war das erste Mal, dass ich meine

Vision mit der Person teilte, für die ich gesungen hatte. Wir beschrieben diese Energien beide auf die gleiche Weise und waren ziemlich verwundert darüber. Wir sprachen noch ein paar Minuten leise miteinander über dieses seltsame Phänomen. Dann verabschiedete ich mich und ging an meinen Platz im Maloka zurück.

Lisa erzählte mir später, dass sie nach dem Gesang den Druck und das Gewitter über ihrem Kopf doch noch irgendwie spüren konnte. Das Gewitter bewegte sich dann weiter nach unten, und sie spürte wieder mehr Druck und eine milde Migräneattacke. Am nächsten Tag war sie jedoch vorbei, und Lisa hatte den Eindruck, als hätte sich irgendetwas bei ihr gewandelt: »Es war eine Mischung aus einem Loslassen all dieser Themen mit meinem Vater und die physische Erfahrung, dass sie aus meinem Körper entfernt wurden.«

Während des gesamten Prozesses versuchten die Schamanen ihr Bestes, um ihren Energiekörper zu reinigen, und Lisa tat ihren Teil, um durch Vergebung ihre Wut und Schuldgefühle loszulassen. Mit der sechsten Zeremonie schloss sie ihre Diät ab. Nach ihrem zehntägigen Aufenthalt bei uns kehrte sie nach Hause zurück und hatte ein ganzes Jahr lang keinen weiteren Migräneanfall.

Als wir 2016, zwei Jahre nach ihrem ersten Besuch, ihren Fortschritt überprüften, erzählte mir Lisa, dass sie nach etwa einem Jahr wieder gelegentlich Kopfschmerzen bekommen hatte, sie waren jedoch nicht sehr stark und eher selten. Wie sie es ausdrückte: »Vielleicht alle paar Monate einmal. Vielleicht. Zum Beispiel habe ich jetzt seit drei Monaten keine Kopfschmerzen mehr gehabt. Morgen ist meine Periode fällig, und ich habe keine Migräne. Vor meinem Besuch bei euch hätte ich heute wieder eine Attacke bekommen, also werde ich in diesem Monat vermutlich keine Kopfschmerzen mehr haben.

Auch sind sie manchmal so schwach, dass ich sie überlisten kann, indem ich laufen gehe und meine Endorphine ankurbele – das hat früher nicht funktioniert. Damals hatte mir mein

Arzt sechs Imitrex-Pillen verordnet und jetzt, nach zwei Jahren, habe ich erst eine davon gebraucht. Ich habe irgendwann mal eine halbe Tablette genommen, ein anderes Mal die andere Hälfte. Das ist echt eine Leistung!

Weißt du, als ich aus Peru abgereist bin, habe ich mich so friedlich gefühlt, wie ich es noch nie gekannt hatte. Alle meine ›Themen‹ hatten sich irgendwie aufgelöst und wurden durch ein intensives Gefühl der Zuversicht und der Dankbarkeit für mein Leben ersetzt. Ich hatte das Gefühl, ich könne jede Herausforderung in meinem Leben mit Leichtigkeit bewältigen. Als hätte ich zum ersten Mal das richtige Werkzeug erhalten. Allerdings war ich sehr überrascht darüber, welche Gefühle mich nach meiner Rückkehr in den Trubel des Alltags überfielen. In den ersten Tagen war ich unglaublich gereizt, was ich allerdings sehr bewusst spürte. Als wäre ich besonders empfindlich geworden gegenüber den Geräuschen und der Hektik des täglichen Lebens, ich wollte nur noch zurück ins Nihue Rao. Im Laufe der Zeit erkannte ich jedoch, dass das etwas Natürliches war.

Ich kam nach Hause und war tatsächlich sehr offen, alle meine inneren Widerstände waren aus dem Weg geräumt. Meinem Vater hatte ich total vergeben. In drei der Zeremonien lag mein Hauptfokus auf der Wut gegenüber meinem Vater. Als ich nach Hause kam, war ich erfüllt von Vergebung und Mitgefühl für ihn und bereit, Frieden in unsere Beziehung einkehren zu lassen. Ich rief ihn also zum ersten Mal seit zwei Jahren an – und war zutiefst erschüttert von dem, was ich zu hören bekam. Er war derselbe beleidigende, hasserfüllte, terrorisierende Mensch, als den ich ihn von jeher kannte. Aus irgendeinem Grund war ich wieder angreifbar, also traf es mich sehr tief. Ich hatte unrealistische Erwartungen gehabt und gedacht, wenn ich mit einer Haltung der Liebe und des Vergebens auf ihn zuginge, würde er anders reagieren. Da hatte ich mich jedoch sehr getäuscht. Ich war völlig fertig und fühlte mich vernichtet.

Als ich an meinem tiefsten Punkt angelangt war, rief ich meinen Bruder an und erzählte ihm, wie blöd ich mich fühlte und wie nutzlos all diese Vergebung war, da ich eindeutig noch immer viel Wut in mir hatte. Er sagte zu mir: »›Lisa, ohne diese Erfahrung hättest du nie den Schritt gemacht, ihn anzurufen, um das zu erleben, was dir passiert ist. Das ist alles Teil des Prozesses, und er ist noch nicht zu Ende.‹ Mein Bruder hatte recht. Ich hatte die Beziehung zu meinem Vater idealisiert, und weil ich Mitgefühl entwickelt hatte, rief ich ihn an. Jetzt erkenne ich klarer denn je, wer er wirklich ist und immer sein wird. Es ist alles Teil eines langen Prozesses, aber jetzt weiß ich, dass ich mich dabei weiterentwickle. Vorher hatte mich die Wut dermaßen im Griff, dass ich wie gelähmt war.«

Lisa und einige Teilnehmer ihrer Gruppe verstanden sich so gut mit meinem Cousin Francisco, dass sie sich entschieden, in Kontakt zu bleiben. Francisco begann aus der Ferne mit Lisa an der Integration ihrer Erfahrungen zu arbeiten, und auch mit einigen anderen *Pasajeros*, die das Nihue-Rao-Zentrum erlebt hatten.

»Glücklicherweise waren Francisco und ich irgendwie in Kontakt geblieben, und er begann sein Business als Lebensberater. Ich glaube, es musste alles so kommen, wie es kam, damit ich Francisco anrief. Der letzte Shitstorm, den mein Vater über mich ergoss, musste mir passieren, damit ich sagen konnte: ›Okay, ich kann nicht einfach zurückkommen und erwarten, geheilt zu sein. Ich muss es integrieren.‹ Wenn ich das nicht integriert und einfach nur mit der Heilung weitergemacht hätte, wären meine Migräneanfälle vermutlich zurückgekommen. Ich arbeitete seit einigen Monaten mit Francisco (und das ist vollständig auf Ayahuasca zurückzuführen), als ich eines Tages aufwachte und diese Schwere, die ich meine ganzes Leben lang gespürt hatte, verschwunden war. Sie ist nie wieder aufgetaucht. Wie oft habe ich geweint – du erinnerst dich bestimmt. Mir kamen sogar die Tränen, wenn ich meinen Vater nur erwähnte. Jetzt lache ich einfach, weil ich ihn vollkommen angenommen habe, so wie er nun mal ist.«

Lisa kommuniziert weiterhin mit ihrem Vater, von dem sie

mittlerweile merkt, wie er mit seiner eigenen Vergangenheit zu kämpfen hat. »Er telefoniert nicht mehr gerne, also schreiben wir uns E-Mails. Du erhältst entweder eine äußerst liebevolle Mail von ihm, in der er schreibt, dass er dich vermisst, und nach deinem nächsten Besuch fragt, oder du bekommst eine Mail, in der er dich ein Stück Sch…e nennt. Das hat mich innerlich immer zerstört. Ich wollte seine Mails nicht einmal mehr öffnen. Jetzt antworte ich mit: ›Es tut mir leid, dass du dich so fühlst, aber wenn du reden willst, bin ich da.‹

Früher war ich sehr nachtragend, aber jetzt habe ich es akzeptiert, dass er es verbockt hat. Ich werde nie eine glückliche Vater-Tochter-Beziehung haben. Es ist, wie es ist. Ich habe es voll und ganz akzeptiert. Heute kann es großartig sein und morgen wieder nicht. Mich durch meine Themen mit meinem Vater durchzuarbeiten und ihn so anzunehmen, wie er ist, hat mir wohl am meisten dabei geholfen, meine Migräne loszuwerden.

Ich habe gelernt, mir meiner Gedanken sehr viel bewusster zu sein und mir selbst zu verzeihen. Jeden Tag lerne ich einmal mehr, dass innerer Frieden eine Übung ist. Ich muss jeden einzelnen Tag üben, bei mir selbst anzukommen.«

Lisa kehrte im Frühjahr 2016 ins Nihue Rao zurück. Ihre Kopfschmerzen hatten sich dramatisch verbessert, aber sie hatte noch mit starken Menstruationsbeschwerden zu kämpfen. Sie kehrte ins Zentrum zurück, um die Heilarbeit zwei Wochen lang fortzusetzen und wurde auf eine Diät mit Piñon Blanco gesetzt. Während der Zeremonien erlitt sie mehrere Migräneanfälle, und sie hatte wieder den Eindruck, diese Kopfschmerzen seien Teil ihres Heilungsprozesses.

Zwei Monate nach ihrem zweiten Besuch nahm ich Kontakt zu ihr auf, um zu erfahren, wie es ihr ging. Sie erzählte, wie großartig sie sich fühlte und meinte: »Ich habe meine Emotionen besser im Griff als je zuvor. Ich trage in mir ein Gefühl der Ruhe, das ich noch nie hatte. Auch… als ich dort war, spürte ich, wie die Medizin auf meine Menstruationsprobleme wirkte. Gerade letztens bekam ich meine Regel fast ohne irgendwelche Krämpfe. Praktisch null Schmerzen. Ich glaube, ich hatte dir erzählt, dass ich einen Punkt erreicht hatte, an dem ich vor Schmerzen ohnmächtig wurde. Die Periode jetzt fast ohne Schmerzen zu erleben ist für mich unglaublich.

Außerdem ging es bei mir in den meisten Zeremonien um Selbstliebe. Mir wurde gezeigt, wie wichtig das für mich persönlich ist, und ich habe mich selbst damit überrascht, wie viel mehr ich mir selbst vertraue, seitdem ich zurück bin. Wenn ich auf etwas stoße, das mich normalerweise in Panik versetzt oder Angst und Sorge bei mir auslöst, bleibt mein Geist klar. Ich reagiere nicht mehr automatisch emotional. Ich bin mir sicher, das liegt an Ayahuasca, das an unseren Nervenbahnen arbeitet. Die Veränderungen waren bisher außergewöhnlich.« Bis jetzt hat sie keine weiteren Migräneanfälle bekommen.

Es wird angenommen, dass Migräne, genauso wie chronischer Husten und Psoriasis, zum Teil durch neurogene Entzündungen hervorgerufen wird.[6] Eine neurogene Entzündung wird durch den Emotionalkörper, das autonome Nervensystem und das umfassende PNEI-Netzwerk hervorgerufen. Sie ist oft Teil einer maladaptiven Stressreaktion, die mit dem ständigen Kampf des Körpers im Umgang mit ungelösten emotionalen Traumata zusammenhängt. In den bisher diskutierten Fällen (Colleen, Sharon und Lisa) sind alle Symptome, die im Zusammenhang mit der neurogenen Entzündung stehen, verbunden mit ungelösten emotionalen Themen. Sobald diese Probleme entsprechend bearbeitet wurden, verbesserten sich die Symptome von Haut, Lunge und Gehirn. Auch Menstruationsbeschwerden beziehen sich in vielen Fällen auf Störungen im Emotionalkörper.

Ungelöste emotionale Themen hängen im Emotionalkörper fest

als etwas, was die Shipibos als ungesunde Energien bezeichnen. Diese gesundheitsschädlichen Energien öffnen einen für weitere energetische Verunreinigungen. Ricardo hätte gesagt, man müsse die Geister oder Energien klären, die mit der Wut von Lisas Vater zusammenhängen. In den Visionen erschienen mir diese Energien als der kleine schwarze Drache und ein wütendes Gewitter. In der physischen Dimension, unter dem Mikroskop betrachtet, zeigen sich diese Energien als stressbedingte Schäden im Stressreaktionssystem und dem PNEI-Netzwerk (dem Emotionalkörper).

Diese Störungen im Emotionalkörper erzeugen psychosomatische Symptome durch Prozesse wie die neurogene Entzündung. Wie weiter vorne beschrieben, bezeichne ich diese stressbedingten Schäden, die den Störungen zugrunde liegen, als allostatische Last. Die schamanische Medizin kann dabei helfen, diese schwere Last, den Rucksack unserer angesammelten Traumata, zu beseitigen.

Welche Wechselwirkung besteht zwischen der schamanischen Medizin und dem physischen Körper? Wie können durch Gesänge und Vergebung neurogene Entzündungen abgeschwächt werden? Wie können Pflanzen und Rituale die physischen Bereiche des Gehirns, der Nerven, des Immunsystems und der Hormone beeinflussen? Durch Heilung der fehlangepassten epigenetischen Programmierung – das wäre mein Vorschlag.

20

Epigenetik, vererbter Stress und Auflösung durch spirituelle Heilung

Ricardo und die Shipibo-Schamanen diagnostizierten Lisas Migräne als ein energetisches und spirituelles Problem. Damit Lisa heilen konnte, müssten drei Dinge geschehen: 1) Lisa müsste von problematischen Energien spirituell gereinigt werden. 2) Sie müsste sich mit ihren belastenden Erinnerungen und früheren Erlebnissen versöhnen und durch Vergebung transformieren. 3) Sie müsste einen Weg finden, ihren Vater zu lieben und anzunehmen. Russ, Colleen, Maria, Karl und Mike sind alle durch ähnliche Heilungsprozesse gegangen, die eine spirituelle Reinigung, Versöhnung, Liebe und Akzeptanz umfassten. Im Laufe der Zeit verbesserte sich bei allen die emotionale und körperliche Gesundheit.

In einer Ayahuasca-Zeremonie nähern sich Shipibo-Schamanen auf energetische Weise der Heilung des Emotionalkörpers, dabei konzentrieren sie sich auf die Reinigung der wahrgenommenen energetischen Störungen, die auch als negative Geister bezeichnet werden. Im Einklang mit der persönlichen Arbeit des Teilnehmers, fördert der schamanische Reinigungsprozess die Heilung des Emotionalkörpers und seiner physischen Erscheinungsform.

Lisa musste von den problematischen Energien, die mit ihren vergangenen Traumata zusammenhingen, gereinigt werden, Energien wie der schwarze Drache und das dunkle Gewitter. Nach ihrer eigenen Einschätzung spielte die schamanische Reinigung eine entscheidende Rolle in ihrem Heilungsprozess und führte zu einer nachhaltigen Verbesserung ihrer körperlichen Gesundheit.

Sie fragen sich vielleicht, wie es zu einer körperlichen Wandlung führen kann, wenn der Emotionalkörper von Energien und Geistern wie dem schwarzen Drachen, gereinigt wird. Diese Energien entstehen – genauso wie schlechte Träume – aus negativen emotionalen Erfahrungen, die sich letztlich im Emotionalkörper (PNEI-Netzwerk) ansammeln. Intensive emotionale Erlebnisse prägen den Emotionalkörper und bewahren ihren energetischen Einfluss. Starke energetische Erfahrungen (wie zum Beispiel der Vater, der sein Kind anschreit) können einen prägen, und genauso können diese Prägungen in der Ayahuasca-Zeremonie energetisch freigesetzt werden. Ist die negative Energie erst einmal freigesetzt, kann das emotionale Netzwerk wieder gesünder funktionieren und die körperliche Heilung unterstützen.

Wo also leben diese Energien vergangener Traumata im Emotionalkörper (PNEI-Netzwerk), und wie entstehen diese Prägungen? Oder mit Jeremy Narby ausgedrückt: Wo leben diese »belebten Essenzen« und »Geister« auf molekularer Ebene?

Vor einiger Zeit sah ich den Science-Fiction-Film *Jupiter Ascending*. Zwar war ich nicht unbedingt begeistert, dennoch haben mir einige Ideen gefallen. In dem Film warten futuristische Weltraumvampire Tausende von Jahren auf einen bestimmten DNA-Code, der unter einer großen interplanetarischen Bevölkerung wieder auftauchen soll. Wenn dieser spezielle DNA-Code wieder erscheint, kann eine bestimmte Seele (ihre geliebte Mutter) reinkarnieren (in genau denselben Körper). Der Film will zum Ausdruck bringen, dass die Reinkarnation einer Seele einen spezifischen genetischen Code erfordert. Dies deutet darauf hin, dass die DNA der Sitz der Seele ist (wobei sich die Seele auf den Geist innerhalb einer Lebensspanne bezieht). Der genetische Code als spiritueller Prüfstein – diese Vorstellung war für mich sehr spannend. Schließlich hatte ich in Biologie gelernt, dass jedes Lebewesen auf DNA basiert.

Wenn also die DNA der Sitz der Seele ist, wo trifft der Sitz der Seele auf die Welt? Wo ist der Sitz des Sitzes der Seele? Unser DNA-Code befindet sich in unserer Epigenetik, der molekularen Maschinerie, die auf den Genen und um sie herum existiert (das griechische *epi* bedeutet »auf«). Diese molekulare Maschinerie wird auch als das Epigenom bezeichnet, genauso wie die Gesamtheit der menschlichen DNA als menschliches Genom bezeichnet wird. Somit ist das Epigenom der Sitz des Sitzes der Seele und tritt als Botschafter der Seele in dieser physischen Dimension auf. Die Seele interagiert biochemisch mit ihrer physischen Umgebung auf epigenetischer Ebene. Spirituelle Heilung interagiert mit der Biochemie auf epigenetischer Ebene.

Die Geschichten unserer emotionalen Traumata leben energetisch in uns weiter. Wie der schwarze Drache leben diese »Geister« weiter in unserer Epigenetik. In Lisas Fall war diese »Energie«, die sich durch ihr Epigenom bewegte, verknüpft mit Erinnerungen an Missbrauch, die in ihrem Emotionalkörper gespeichert waren. Die Geschichten unserer vergangenen Traumata und die damit verbundenen Energien leben in unserem Epigenom weiter. Interessanterweise wissen wir heute, dass epigenetische Störungen eine entscheidende Rolle spielen bei emotional bedingten Gesundheitsproblemen, einschließlich aller Krankheiten, die wir bisher angesprochen haben: PTBS, Depressionen, Psoriasis, Sucht und Migräneanfälle.[1]

Schamanen verwenden spirituelle Techniken, um Energien aufzulösen, die mit angehäuften emotionalen Traumata verbunden sind. Dieser geheimnisvolle Reinigungsprozess scheint durch die Heilung der fehlangepassten epigenetischen Programmierung zu erfolgen. Noch einmal, der Geist interagiert mit der Biochemie auf epigenetischer Ebene.

In den meisten Fällen, die ich hier vorgestellt habe, spielt das Kindheitstrauma auf die eine oder andere Weise eine bedeutende Rolle. In Kapitel 12 konnten wir beispielsweise sehen, wie unterdrückte Erinnerungen an den frühen Missbrauch Marias emotionalen und körperlichen Zustand jahrzehntelang unterbewusst beeinträchtigt hatten. Obwohl ihre Ärzte keinen Zusammenhang zwischen ihrem Kindheitstrauma und den Rücken- und Knieschmerzen sehen konnten, wäre die Heilung dieses Traumas letztlich der Schlüssel zu ihrer körperlichen Genesung gewesen. Die Heilung geschah durch die zeremonielle Reinigung ihres Emotionalkörpers und führte zu dem, was sie als »Heilung ihres limbischen Systems« bezeichnete.

Die aktuelle Forschung unterstützt die Vorstellung von »Energien«, die aus Kindheitstraumata im Epigenom als Prägungen in uns weiterleben. Der Sitz des Sitzes der Seele ist gewissermaßen ein Haus voller Geistwesen. Das Epigenom speichert emotionale Erinnerungen und damit auch die Geschichten unserer Traumata. In Studien über Affen und Menschen wird das biologische Gedächtnis von Misshandlungen in der Kindheit mit epigenetischen Prägungen in Verbindung gebracht.[2] Bei Affen können diese dauerhaften epigenetischen Prägungen später im Leben in den Zellen und im Gewebe des Emotionalkörpers nachgewiesen werden (PNEI-Netzwerk).[3]

Wie im letzten Kapitel erwähnt, untersuchen Wissenschaftler derzeit, wie Misshandlungen im Kindesalter die Epigenetik verändern und im weiteren Leben zu Migränekopfschmerzen führen.[4] Wie Geistwesen können auch diese epigenetischen Prägungen bis zum Tod in uns weiterleben und sogar an die nächste Generation weitervererbt werden.[5]

Einige dieser emotionalen Prägungen können nützlich sein, da sie das System stärken – wie die, die mit einem liebenden und unterstützenden Austausch verbunden sind. Dagegen können andere Prägungen problembehaftet sein, da sie Geschichten von wiederkehrenden stressbedingten Spannungen erzählen. Wie im letzten

Kapitel beschrieben, können epigenetische Prägungen auf verschiedene Weise auftreten, einschließlich der Markierung von Histonen (DNA-Verpackungsproteinen).[6] Diese Markierungen wirken, wie andere epigenetische Veränderungen, auf den Ausdruck nahegelegener Gene, indem sie ihre Aktivität regulieren und sie zum Beispiel an- oder abschalten. Ich bezeichne diese regulierenden Prägungen als epigenetische Programme.

Diese Programme sind eine Art von Software, die unbewusst emotionale Ereignisse aufzeichnet. Als Reaktion auf die eigene Umgebung regulieren diese Programme die Art und Weise, wie Gene in Erscheinung treten. So beeinflussen diese Prägungen aus dem emotionalen Gedächtnis unser Funktionieren. Starke emotionale Erfahrungen können beispielsweise die epigenetische Software verändern, die das Stressreaktionssystem steuert. Dementsprechend wird diese modifizierte Software unsere Reaktion auf emotionale Ereignisse in der Zukunft verändern.

Epigenetische Programme nehmen an unserem emotionalen Gedächtnis teil. Bei Lisa entwickelte sich die epigenetische Software als Reaktion auf das wiederholt verletzende Verhalten ihres Vaters und sammelte sich im Laufe der Zeit in ihrem Epigenom an. In einem solchen Szenario häufen sich diese Stressprogramme weiterhin an, wenn keine ausreichende emotionale Freisetzung, Auflösung oder Entlastung geschieht, und werden Teil des Betriebssystems. Schließlich führt permanenter Stress zu einer allostatischen Last, und das System beginnt in einem chronisch beanspruchten Modus zu arbeiten. So entwickelt sich eine fehlangepasste epigenetische Software, die später fehlangepasste Stressreaktionen verursacht.

Schäden durch anhaltenden Stress oder allostatische Last führen zu einer Ansammlung von problembelasteten Programmen in der epigenetischen Software. Wenn Ricardo einen *Pasajero* mit vielen ungelösten emotionalen Traumata sieht, sagt er dazu, *está muy cargado* (im Sinne von »diese Person trägt eine große Last mit sich«, also problematische Energien). Auf Englisch nennen wir es *emotional baggage* (emotionales Gepäck).

Es gibt viele Möglichkeiten, die epigenetischen Softwareprobleme zu beheben (zum Beispiel durch die Veränderung der Art, wie Histone markiert werden). Dies kann durch Kräuter und Arzneimittel oder sogar durch physische Entgiftung und Reinigung (wie eine Vegetalista-Diät) erreicht werden. (Interessanterweise können Bestandteile aus der Ayahuasca-Liane epigenetische Markierungen pharmakologisch verändern.[7])

Mit anderen Worten: Diese biologischen Programme können auch spirituell verändert werden. Die Epigenetik, der Sitz der Seele, reagiert energetisch auf Liebe und andere Phänomene. Die Forschung über schlechte Behandlung in der Kindheit und entsprechende Studien mit Affen haben gezeigt, dass junge Primaten (sowohl Menschen als auch Affen) epigenetisch auf Liebe und Liebesentzug reagieren.[8] Liebesentzug, der anhaltende Stress, ungeliebt zu sein, überwältigt den Emotionalkörper der jungen Primaten und hinterlässt eine dauerhafte fehlangepasste epigenetische Programmierung. Diese Affen leiden lebenslang unter sozialen Problemen und können schlecht mit Stress umgehen. In den bereits beschriebenen Fällen haben wir gesehen, wie ähnliche maladaptive Programme und Energien umprogrammiert werden können durch die Liebe und andere Fähigkeiten der Psyche (Seele).

Das Epigenom reagiert nicht nur auf Liebe, sondern auch auf Meditation und veränderte Bewusstseinszustände. Seit einiger Zeit untersuchen Forscher, wie Meditation die Biochemie des Körpers beeinflusst. Forschungen in den Siebzigerjahren ergaben, dass Meditation eine »Entspannungsreaktion« im gesamten Körper auslöst und dabei die Gehirnaktivität und die Funktionsfähigkeit des Emotionalkörpers (PNEI-Netzwerk) verändert. Jüngste Studien deuten darauf hin, dass diese »Entspannungsreaktion« durch zugrunde liegende epigenetische Veränderungen bestimmt wird.[9] Im Jahr 2014 zeigten Forscher in Spanien, wie sehr erfahrene Meditierende nach einem Tag intensiver Meditation eine epigenetische Veränderung in ihrem Körper erzielen können und dabei die Art verändern, wie sich Entzündungsgene ausdrücken. Obwohl mir keine spezifischen Studien über die epigenetische Wirkung von psychedelisch induzierten mystischen Zuständen bekannt sind, kann ich mir vorstellen, dass in einem solchen Fall ähnliche Mechanismen beteiligt sind.[10]

Meiner Meinung nach sprechen der Shipibo-Schamanismus und die damit verbundenen mystischen Ansätze epigenetische Prägungen im Emotionalkörper zumindest teilweise an. Ricardo spricht regelmäßig über die Reinigung der Energien aus emotionalen Traumata, dem Kindheitstrauma, dem vorgeburtlichen Trauma und den Traumata der Ahnen. Sie alle sind mit epigenetischen Prägungen verbunden.[11]

Was die Traumata der Ahnen angeht, wissen wir jetzt, dass wir epigenetische Software von unseren Eltern erben – Programme, die sich über die Jahre bei ihnen angesammelt haben, aus ihren Lebensgeschichten und wahrscheinlich auch aus den Lebensgeschichten ihrer Eltern etc. Bei der Befruchtung tragen Eizelle und Samenzelle nicht nur die mütterliche und väterliche DNA in sich, sondern auch die epigenetische Programmierung und den Mechanismus, die die DNA umgeben. Sie enthalten die Erfahrungen von mehreren Generationen und wirken auf die Funktionsweise der Gene ein. Die Programme helfen das zu entwickeln, was wir als Instinkte kennen.

Eine Maus, die in einer natürlichen Umgebung lebt, erbt die epigenetischen Programme von ihren Eltern. Mithilfe dieser Programme stimmen sich die Gene der Maus auf das Ökosystem ab. Eine solche Maus reagiert von Geburt an auf bestimmte Gerüche und Geräusche aus ihrer Umgebung und kann instinktiv verschiedene Nahrungsmittel und gefährliche Raubtiere wahrnehmen.[12] Einige ihrer Instinkte befinden sich im DNA-Code, andere sind auf der Ebene der Epigenetik gespeichert. Die epigenetische Software ermöglicht es dem Einzelnen, sich auf veränderte Bedingungen einzustellen und kommende Generationen darauf vorzubereiten. In vielen Fällen verbessert dies das Überleben, wie bei der Maus, deren System von Geburt an darauf abgestimmt ist, Nahrungsmittelquellen zu finden und Gefahren zu wittern.

Über die epigenetische Software werden aber nicht nur hilfreiche und vorteilhafte Instinkte vererbt, es werden auch fehlangepasste, nachteilige Programme weitergeben. Diese problematischen Programme beinhalten die Last dessen, was als »Traumata der Ahnen« bezeichnet wird. Die Forschung in Europa hat beispielsweise gezeigt, dass Kinder von KZ-Überlebenden zum einen epigenetische Prägungen erben, die auf den KZ-Erfahrungen der Eltern beruhen und zum anderen eher an stressbedingten Störungen wie Angstzuständen leiden.[13] Bislang wurde diese Tendenz auf Erziehungsprobleme zurückgeführt, doch Untersuchungen haben ergeben, dass sie mit epigenetischen Prägungen aus den Kriegstraumata zusammenhängt. Epigenetische Markierungen, die die Gene der Stresshormone beeinflussen, wurden sowohl bei Holocaust-Überlebenden als auch bei deren Kindern gefunden, nicht jedoch bei Kontrollgruppen, die aus ähnlichen Familien bestanden und außerhalb Europas lebten.

In einem anderen Fall haben Wissenschaftler der Emory University nachgewiesen, dass konditionierte Stressreaktionen bei Mäusen vererbbar sind.[14] In ihrer Studie wurde eine Gruppe von Mäusen regelmäßig mit einem Stromschlag gestresst, und zwar immer verknüpft mit einem bestimmten Geruch. Mit der Zeit waren die Mäuse darauf konditioniert, dass sie auf diesen Geruch auch ohne Elektroschock reagierten. Diese Konditionierung rief eine epigenetisch programmierte Stressreaktion hervor, die wiederum auf nachfolgende Generationen von Mäusen übertragen wurde (als Trauma der Ahnen). Die Nachkommen dieser Mäuse flippten aus, als sie den Geruch wahrnahmen, obwohl sie ihm noch nie begegnet waren. Eine solche epigenetische Programmierung scheint in mehreren Generationen weiterzuleben, bevor sie sich langsam verflüchtigt.

Zusammenfassend lässt sich sagen, dass der Emotionalkörper dazu bestimmt ist, auf erfreuliche und auf belastende Ereignisse zu reagieren und diese als Vorbereitung für die Zukunft zu speichern. Dazugehörige epigenetische Prägungen wirken auf die Funktion des Körpers ein und können sogar zukünftige Generationen beeinflussen. Solche Prägungen können nützlich und vorteilhaft sein, sie können aber auch fehlangepasste Stressreaktionen bewirken. Wiederkehrender, nicht abgebauter Stress kann zu vererbbaren epigenetischen Erkrankungen wie Angststörungen führen.

Die gute Nachricht ist, dass eine fehlangepasste Programmierung im Grunde ein Softwareproblem ist, kein Hardwareproblem. Bei Störungen, die auf ein emotionales oder sogar ein Ahnen-Trauma zurückzuführen sind, ist eine Heilung möglich. Belastungen durch übermäßigen Stress können von der Epigenetik befreit werden, die spirituelle Heilung bietet mehrere Möglichkeiten für genau diese Art der Linderung.

Liebe und Anerkennung können beispielsweise dabei helfen, Stressreaktionen auf ein gesünderes Maß zu senken. Im Falle eines Ahnen-Traumas kann spirituelle Heilung sogar eine Blutlinie heilen. In den bereits geschilderten Fällen haben die Qualitäten der Seele, wie Selbstliebe, Vergebung, Mitgefühl und Dankbarkeit, gezeigt, wie hilfreich sie bei der Heilung von fehlangepassten Stressreaktionen sind. Spirituelle Heilung trifft auf epigenetischer Ebene auf die Biochemie. Genauso wie die intensiven Energien eines emotionalen Traumas den Emotionalkörper prägen, können starke Energien im Zusammenhang mit einer tiefen emotionalen Heilung auch die epigenetische Programmierung verändern. Wenn es um die Heilung des Emotionalkörpers geht, dann ist Liebe die ursprüngliche spirituelle Medizin.

Unser epigenetischer Mechanismus scheint auf metaphysische Eingriffe zu reagieren: Liebe, veränderte Bewusstseinszustände, mystische Erfahrungen und schamanische Techniken. Indem wir uns mit fehlangepasster epigenetischer Software befassen, können wir die Genexpression und die Funktionsweise des Körpers beeinflussen. Damit werden wir uns in Kapitel 22 näher befassen, jetzt geht es erst weiter mit meinem Stipendium und wie die Pflanzen mir dabei halfen, problematische Energien zu erkennen.

21

Intensive Visionen durch weitere Initiationen

Nach meinem Verständnis reinigt und klärt der Shipibo-Schamane in der Zeremonie die problematischen Energien, die mit der maladaptiven Programmierung im Emotionalkörper verbunden sind. Der *Ayahuasquero* oder die *Ayahuasquera* setzt Ayahuasca ein, damit er bzw. sie diese schwierigen Energien diagnostizieren und behandeln kann. Die Schamanen entwickeln ihr diagnostisches Talent durch das Training mit den Pflanzen. In meinem Fall war der nächste Schritt in diesem Prozess die einjährige Pflanzendiät unter der Leitung von Ricardo, um dadurch meine Initiation in die Praxis abzuschließen.

Im Herbst 2014, einige Zeit nach Lisas Besuch, begann ich also den dritten Abschnitt meiner schamanischen Ausbildung und fing eine Diät mit Ayahuma an. Obwohl die Vegetalista-Diät schwer sein kann, hatte ich im Laufe der Jahre erkannt, dass die Shipibos mit ihrer Behauptung recht hatten: Die Ernährung mit den Meisterpflanzen ist eine Form von höherer Bildung. Ich wollte mehr über schamanische Heilung und Reinigung problematischer Energien lernen, und Ricardo empfahl mir, eine Diät mit einem

»starken Baum« zu probieren, eben Ayahuma (*Couroupita guianensis* – Kanonenkugelbaum). Dieser tropische Baum kann bis zu fünfunddreißig Meter hoch werden, er trägt farbenprächtige Büten in Rosa, Rot und Lila und verdankt seinen Namen seinen großen kugelrunden Früchten.

Ricardo und andere hatten mir gesagt, Ayahuma werde mir dabei helfen, meine Fähigkeit zu schamanischen Visionen weiterzuentwickeln und meine Icaros zu vertiefen. Wie bei Bobinsana, bietet auch der Geist von Ayahuma Schutz vor schädlichen Energien und schamanischen Angriffen, Ayahuma gilt jedoch als stärker. Ein Schamane benötigt in erster Linie Schutz, um mit den starken Energien umzugehen, die in den Zeremonien bei den *Pasajeros* auftreten können (wie im Fall von Russ' Kriegstrauma). Außerdem wird ein Schamane auch mit anderen dunklen Energien konfrontiert, die außerhalb der Zeremonie stattfinden, in der Natur und in der Welt insgesamt.

Traditionellerweise verstehen die Shipibo-Schamanen Hexerei als eine potenzielle Quelle dunkler Energien, und ein Schamane muss lernen, sich vor der böswilligen Gesinnung der Übeltäter zu schützen. Ich bin nicht sonderlich an der Hexerei interessiert, aber zweifelsohne hat der Ayahuasca-Schamanismus schon immer seine dunkle Seite gehabt. Es gibt einige Menschen, die als Magier oder *brujos* (Hexen) bezeichnet werden und die ausschließlich für bösartige Zwecke eine Diät mit Meisterpflanzen machen, um von ihnen zu lernen. Anstatt etwas über Demut, Heilung und Ermutigung zu lernen, sind diese Individuen an Macht, Zerstörung und Manipulation interessiert. Wie in Wirtschaft und Politik sind auch in der Welt des Pflanzenschamanismus alle Mittel recht.

Einigen Menschen fällt es schwer zu glauben, dass Ayahuasca für dunkle Absichten missbraucht werden könnte, besonders diejenigen, die intensive Heilungserfahrungen gemacht haben. Ich habe gelernt, dass sich Natur und Pflanzen bei menschlichen Belangen eher neutral verhalten. Eines Morgens nach der Zeremonie berichtete ein *Pasajero* über seine Erfahrung zum Thema Neutralität. Ayahuasca hatte ihm in der Nacht zuvor gesagt, dass es im Leben hier auf Erden für den Menschen hauptsächlich um den freien Willen geht. Deshalb sind die Menschen frei, ihre eigenen Entscheidungen zu treffen und bestimmte Dinge zu lernen, wenn nötig auch auf die harte Tour. Ayahuasca und die anderen Pflanzen können uns zu den Gefühlen unseres Herzens führen und uns erkennen lassen, welche schädlichen Auswirkungen unsere Entscheidungen haben. Die Meisterpflanzen werden sich uns nicht unbedingt in den Weg stellen. Letztlich sind wir unseren Entscheidungen selbst überlassen, im Guten wie im Schlechten.

Die Meisterpflanze Ayahuma ist bekannt für ihre starke Medizin und ihre dunkle Seite. Daher nehmen im Nihue-Rao-Zentrum nur fortgeschrittene Praktizierende Ayahuma ein. Meisterpflanzen wie Piñon Blanco und Ojé, die voller Licht sind und wenig Dunkles an sich haben, sind für Anfänger die bessere Wahl.

Die dunklen Energien der Pflanzen, wie bei Ayahuma, werden in Shipibo als *Shitanas* bezeichnet (wie bereits in Kapitel 16 in Bezug auf Marihuana erwähnt). Anstatt spirituelle Heilung zu lehren, lehren sie Hexerei. So glaubt man. Auch wenn solche Energien nützlich für die Selbstverteidigung sein können, muss ein Heiler, eine Heilerin, sehr vorsichtig mit diesen *Shitanas* umgehen, denn diese Energien können die eigene Medizin verunreinigen. In der Tradition von Ricardo begleitet der Meister den Diätprozess mit einer starken Pflanze wie Ayahuma, um die Reinigung von den *Shitana*-Energien (in der Zeremonie) zu unterstützen und das medizinische Training dadurch zu vertiefen.

Ich machte mir keine großen Sorgen um die *Shitanas* von Ayahuma. Ich war mir über meine Absichten im Klaren und wusste, dass Ricardo mir helfen würde, »bei der Medizin zu bleiben«, wie wir es ausdrücken. Mein Plan war, die Diät drei Monate einzuhalten, um meine Ausbildung abzurunden. Zu diesem Zeitpunkt im Verlauf des Fellowships hatte ich bereits sieben Jahre mit Ayahuasca gearbeitet, und vier Jahre davon war ich intensiv an den Zeremonien im Nihue Rao beteiligt.

Wie ich gehofft hatte, wurden meine Erlebnisse in den Zeremonien während der Ayahuma-Diät immer visionärer. Zum ersten Mal begegnete ich dem Geist dieser Pflanze in der ersten Woche. Während einer Zeremonie wurde ich in das Innere eines großen Baums geführt. In seinem hohlen Stamm saß ich in einem dunklen Raum mit drei oder vier Metern Durchmesser, groß genug, um mich umzuschauen. Dunkle Holzwände wölbten sich über mir, bedeckt mit glimmenden roten Mustern. Diese komplexen Muster leuchteten immer wieder vor ihrem dunklen Hintergrund auf und glühten wie Holzkohle. Es war irgendwie beängstigend dort drin. War das nun die Medizin von Ayahuma oder seine *Shitana*? Ich war mir nicht sicher. Ich saß einfach nur da in Respekt und Achtsamkeit. Ich spürte die Präsenz eines großen Geistes, konnte hinter den dunklen Wänden jedoch nichts sehen. Obwohl es keine klare Kommunikation gab, herrschte ein Gefühl gegenseitiger Anerkennung. Die glühenden Muster atmeten weiter ein und aus. Alles würde wieder in Ordnung kommen. Auch wenn ich mich im Schutz des Baumes sicher fühlte, war mir dennoch etwas unbehaglich, es war überall dunkler, als ich es gewohnt war. Ich saß einfach da, beobachtete und versuchte die Energie der langsam pulsierenden Muster aufzunehmen, bis die Vision schließlich verblasste.

Mit fortschreitender Diät lehrte mich Ayahuma ein paar neue Dinge. An einem Abend zeigte mir die Pflanze, wie ich aus einer neuen Perspektive mit Visionen umgehen könnte. Während einer ruhigen Phase in der Zeremonie, bevor Ricardo und die Schamanen anfingen zu singen, schaute ich hinaus und sah drei fürchterliche Monster, die mich anstarrten. Auf die Entfernung waren sie nicht allzu bedrohlich, aber sie standen mir im Weg und hinderten mich daran, etwas Produktiveres zu erleben. Sie fühlten sich wie eine Ablenkung an, und ich wollte sie vertreiben. Ayahuma vermittelte mir eine neue Strategie. Ich wurde geistig angewiesen, diese unangenehme mehrdimensionale Vision auf einen zweidimensionalen Bildschirm herunterzubrechen. Sobald ich diese Monsterszene in einem flachen Bildschirm eingefangen hatte, würde ich sie drehen und wenden, mit ihr herumspielen und sie schließlich wegwerfen können. Ich war noch nie auf die Idee gekommen, mit Visionen auf diese Art umzugehen. Ayahuma hatte meinen Geist für neue Möglichkeiten geöffnet.

Während einer anderen Zeremonie begegnete ich einer aggressiveren Energie. In meinen Visionen tauchte ein gefährlicher, schattenhafter Geist auf. Er kam sehr nah und wollte mich stören. Obwohl ich teils froh war, etwas zu sehen, hatte ich jedoch keine Lust auf düstere Visionen. Woher kam dieses Etwas nur? Ich war an dem Abend zu müde, um mich wirklich darum zu kümmern. Es gestikulierte herum und versuchte, mich zu bedrohen und näher zu kommen. Frustriert und wütend begann ich darüber nachzudenken, wie ich diesen dunklen Geist aus meinem zeremoniellen Erleben verbannen konnte. Als ich mir überlegte, wie ich ihn verbrennen oder anderweitig vernichten könnte, schossen plötzlich aus dem Nichts knorrige Äste hinter mir hervor und schlugen die Kreatur mit Fäusten, die alles zersplitterten. Ohne mein Wissen hatte Ayahuma zu meiner Verteidigung ein paar kräftige Fausthiebe losgelassen. Diese brutalen Zweige vernichteten den schattenhaften Geist, und er löste sich auf. Das war sehr erheiternd, aber zugleich auch schockierend. Ich hätte mich mehr mit diesem Geist auseinandersetzen sollen, woher er gekommen war, um dann sicherzugehen, dass er mit niemandem verbunden war. Aber es war zu spät. Es war außer Kontrolle geraten. Ich musste wohl noch mehr dafür tun, um meine Wut, meine Frustration und meine Ungeduld zu beherrschen. Im Verlauf meiner Diät arbeitete ich an diesen Themen. Und Ricardo half mir Schritt für Schritt, die *Shitana* von Ayahuma zu bereinigen und kontrollieren zu lernen.

Doch viel wichtiger war, dass ich auch mit der Ayahuma-Medizin in Verbindung stand. Während meiner Diät gestattete es mir Ricardo, weiterhin mit den *Pasajeros* zu arbeiten, und dank Ayahuma sah ich nun immer irgendetwas, wenn ich zu jemandem sang. Bei der kolumbianischen Frau und bei Lisa hatte ich bei meinen Gesängen visionäre Erlebnisse gehabt, das war jedoch eher die Ausnahme als die Regel gewesen. Jetzt nahm ich in jedem *Pasajero* bestimmte Energien wahr und sah ihre Geschichten. (Weiter unten werde ich über eine weitere spannende visionäre Erfahrung berichten.) Ich erzählte Ricardo von dieser aufregenden Veränderung. Seine Antwort lautete in etwa: »Joe, du glaubst gar nicht, wie langsam dieser Prozess ist. Krank zu werden geht schnell … und ganz einfach – die dunkle Seite funktioniert genau so, schnell und einfach. Aber Heilung benötigt Zeit. Ein Heiler zu werden ist ein sehr langsamer Prozess.«

Eine knappe Woche bevor die drei geplanten Monate vorüber waren, musste ich meine Ayahuma-Diät wegen eines Malariaanfalls beenden – ein berufliches Risiko. Ich hatte jedoch schon einmal Malaria gehabt und wusste, dass ich mich schnell wieder von dem elenden Fieber, den Schweißausbrüchen und den körperlichen Schmerzen erholen würde, sobald ich mit der medikamentösen Behandlung begonnen hatte. Bald darauf aß ich wieder normal und fühlte mich besser. Ich schloss meine Grundausbildung ab, und seit der dreimonatigen Ayahuma-Diät erlebte ich meistens Visionen, während ich meine Icaros für die Teilnehmer sang (auch in Nächten, in denen mein Erleben nicht sonderlich visuell erschien). Wie versprochen, entwickelte ich durch die Ayahuma-Diät mehr Praxis und stärkte mein Selbstvertrauen.

Nach Abschluss dieser Diät gab es keine große Feier oder Glückwünsche, sondern nur die Möglichkeit, weiterhin zu arbeiten und zu üben. Im Zentrum gab es die Gelegenheit, an freien Abenden mit ein paar Freunden eigene Zeremonien zu veranstalten, und das tat ich. Die meiste Übung erfuhr ich jedoch während der großen Zeremonien unter Leitung von Ricardo und den anderen Shipibo-Schamanen.

Als sich meine Visionen immer deutlicher zeigten, nahm ich bei den Menschen gelegentlich Dinge wahr, die sie mir verschwiegen hatten. Solche Visionen können entscheidend für den Heilungsprozess sein, sollten jedoch sorgfältig geprüft werden. Wenn es angemessen erscheint, diese Visionen mit der Person zu teilen, sollten sie zunächst skeptisch betrachtet werden, bevor sie als wichtig eingestuft werden. So wie es bei Träumen der Fall ist, spricht auch Ayahuasca oft durch Metaphern. In der weiten Welt des Schamanismus gibt es viel Raum für Projektionen, und wir sollten in unseren eigenen Interpretationen nicht zu verhaftet sein. Ein guter Arzt berücksichtigt nicht nur das, was er weiß (oder von dem er glaubt, es zu wissen), sondern auch das, was er nicht kennt. Mit Respekt und Demut arbeitet man daran, die Medizin in solchen Offenbarungen zu entdecken.

Vor einiger Zeit besuchte uns ein junger Mann namens Larry im Zentrum. Er war in seinen Dreißigern und kam von der Ostküste der Vereinigten Staaten. Im ersten Gespräch erzählte Larry, woran er in den zwei Wochen seines Aufenthalts arbeiten wolle. Am wichtigsten seien ihm seine sexuellen Probleme, er schaue sich übermäßig viel Pornografie im Internet an und habe gleichzeitig sexuelle Probleme im Zusammensein mit seiner Partnerin.

Ich glaube, die meisten Leute, die zu der Zeit im Zentrum waren, fanden Larry sehr freundlich, rücksichtsvoll und gutmütig. Seine Erfahrungen während der Ayahuasca-Zeremonien waren im Allgemeinen sehr angenehm. Jedoch hatte er nicht viele Visionen. Larry berichtete, dass er sich in den Zeremonien mit Ayahuasca durchweg körperlich und geistig sehr wohl fühle. Jede Nacht führte ihn Ayahuasca durch eine wilde Reihe von spontanen und manchmal unwillkürlichen Bewegungen seines Körpers und seiner Gliedmaßen, während er zu den Icaros »jammte«, wie er es ausdrückte. Seine zeremoniellen Erlebnisse waren ausnahmslos kraftvoll und gar nicht beunruhigend oder schwierig. Larry fing an zu glauben, er sei doch gesünder, als er bislang angenommen hatte.

In den anschließenden morgendlichen Gesprächen nach der Zeremonie, erzählte er offen, was er bearbeiten wolle. Er war sehr dankbar über die positiven Erfahrungen in den Zeremonien und führte sie auf seine allgemein glückliche Kindheit zurück. Er machte eine Diät mit Ajo sacha und verhielt sich sehr achtsam während des Prozesses. Dennoch meinte ein Teil in ihm, er lerne überhaupt nichts. Denn er war weiterhin blockiert gegenüber Visionen, was in manchen Fällen bedeutet, dass man das, was einem Ayahuasca zeigen möchte, nicht sehen will. Ansonsten kann diese Blockade auch auf einen Mangel an Interesse an einer möglicherweise einschlägigen Erinnerung oder vergangenen Erfahrung hindeuten.

An einem Abend ging ich zu Larrys Matte, um zu schauen, wie es ihm ging. Die Zeremonie war bereits etwas fortgeschritten, und er kam gerade von einer weiteren positiven Erfahrung herunter. Er hatte sich die meiste Zeit an dem Abend gut gefühlt, sich hin und her gewunden und mit seinen Beinen in der Luft herumgetreten. Ich fragte ihn, ob er irgendwelche Botschaften oder persönlichen Erkenntnisse erhalten habe. Wieder einmal hatte er keine besonderen Einsichten bekommen.

Ich fragte ihn, ob ich für ihn singen dürfte. Er willigte ein, und ich fing mit meinem Icaro an. Wie so oft, konnte ich zunächst nichts Spezielles wahrnehmen, und ich hatte keinen Plan für den Gesang. Es fiel mir schwer, den Anfang zu finden, aber ich beschloss, mich auf seine sexuellen Probleme und auf die Öffnung seiner Visionen zu konzentrieren in der Hoffnung, Ayahuasca würde etwas aufdecken.

Ich versuchte, mich intuitiv auf ihn einzuschwingen, mich auf seine innere Welt einzulassen, ihm nachzufühlen und dann zu beobachten, was sich zeigen würde. Für mich gab es einige Parallelen zwischen uns – zwei scheinbar nette Jungs, die allgemein ziemlich offen sind, wie die meisten Leute jedoch auch ein paar Geheimnisse haben. Also stellte ich mich intuitiv auf seine Situation ein. Ricardo rät uns immer, uns beim Singen zu schützen und vorsichtig zu sein, wenn wir uns mit den Energien des *Pasajeros* verbinden. Also sang ich und ließ mich vorsichtig auf Larry ein, ohne seine Energien zu übernehmen.

Nach einigen Minuten bemerkte ich etwas. Es war zunächst sehr schwach, aber es war da. Es war eine Art Dämon, der sich tief in Larrys Brust versteckte. Ich betrachtete ihn. Ricardo hatte mir einmal geraten, nicht gleich auf so ein Wesen einzugehen, sondern es erst mal eine Weile zu studieren und zu versuchen, die Geschichte hinter der Geschichte dieses dämonischen Geistes zu verstehen. Irgendetwas war hier verborgen. Obwohl es äußerlich gut aussah, haftete in der Tiefe irgendetwas Unangenehmes an diesem Dämon. Ich dachte daran, ihn in Ruhe zu lassen, wollte mich eigentlich nicht mit ihm befassen.

Ich setzte meinen Gesang fort mit allgemeineren Themen und versuchte, Larrys Verstand, Herz und Körper zu reinigen, um ihn für seine Visionen zu öffnen. Aber da saß dieser Dämon, der sich nirgendwohin bewegen wollte. Ayahuasca ließ mich wissen: »Du musst dich mit diesem Dämon auseinandersetzen.«

Also ging ich dem Dämon nach, versuchte ihn auszugraben, ihn aus Larrys Körper und Seele zu lösen. Ich sang weiter und versuchte, diesen dunklen Geist aus der Energie zu entwirren, die ihn anscheinend mit Larrys Leben verband. Mit meinem Gesang probierte ich, ihn herauszufischen, herauszuziehen, um ihn deutlicher sehen zu können. Es war ein schwach leuchtender Schädel. Larry saß anfangs im Schneidersitz, fast im Lotussitz, doch als ich mich auf diesen Schädel konzentrierte, hob Larry seine Knie und stellte seine Füße flach auf die Matte. (Später fragte ich ihn, warum er gerade in dem Augenblick seine Beine bewegt hatte; er meinte, es sei ihm einfach unbequem geworden, weshalb er seine Position änderte.)

In dieser neuen Sitzposition verwandelte sich der gruselige Schädel in das Skelett eines Neugeborenen, umgeben von einer grauen Aura. Als ich weitersang, stieg dieses dämonische Baby in Larrys Bauch hinab und nahm die Position eines Fötus ein. Intuitiv erhielt ich die Botschaft, dass Larry eine Abtreibung miterlebt hatte. Ich wusste nicht, ob das stimmte, aber ich bekam die Nachricht, dass sein Kind abgetrieben worden war, und dass der Geist dieses toten Babys irgendwie noch mit Larry verbunden war.

Das Skelettbaby bewegte sich weiter nach unten. Larrys Beine waren immer noch angewinkelt, und es rutschte weiter hinunter. Schließlich glitt dieses dämonische Baby zwischen seinen Beinen aus ihm heraus, wie eine energetische Geburt, und landete vor mir. Im Gesang und in meiner Vorstellung übergab ich dieses graue Geistwesen dem Licht, betete für seine Transzendenz und reinigte den Rest Dunkelheit. Ich arbeitete so lange weiter, bis sich alles geklärt hatte.

Schließlich beendete ich den Gesang und schaute nach Larry. Sein Erleben hatte sich verändert, er hatte endlich eine Vision. Darin sah er eine Versammlung von Menschen und in der Ferne, kaum wahrnehmbar, entdeckte er seinen Vater. Er erzählte: »Ich hatte das Gefühl, als ob jeder ein Teil meiner Familie war (einer Universalfamilie, die Jahrtausende überdauert hat). Ohne zu sprechen bestätigte mir mein Vater jedoch seine Rolle in meinem Leben als Vater und engstes Familienmitglied.« Larry hatte eine Vision über die Vaterrolle. Ich sagte ihm, ich würde ihm meine Vision gerne später unter vier Augen mitteilen.

Später in dieser Nacht, nachdem Ricardo die Zeremonie beendet hatte, ging ich zu Larry. Die Teilnehmer neben ihm gingen auf die andere Seite der Maloka, um zu plaudern, er ruhte sich allein aus. Ich erzählte ihm von meiner Vision, wollte jedoch erst wissen, ob er jemals an einer Abtreibung beteiligt gewesen wäre. Ja, meinte er, seine Freundin vom College hatte eine Abtreibung, er habe aber noch nie mit irgendjemandem darüber gesprochen.

Ich erzählte ihm von dem Geburtsvorgang, den ich beobachtet hatte. Ohne irgendeine Bewertung sprach ich mit ihm darüber, was eine Abtreibung aus unserer Sicht bedeuten kann, nämlich ein energetisches Problem, eine spirituelle Wunde, die irgendwann angesprochen und geheilt werden muss. Das überraschte Larry, der sich wenig Gedanken über die Abtreibung gemacht hatte. Er glaubte, Ayahuasca wollte ihn möglicherweise durch das Erlebnis hindurchführen, das seine Exfreundin damals durchleben musste.

Die Energien, die im Zusammenhang mit früheren Abtreibungen stehen, tauchen gerne in Heilzeremonien auf, vor allem bei Frauen. In Larrys Fall war die Schwangerschaft ein Unfall gewesen, er gab zu, er hätte besser aufpassen müssen. Unser Gespräch ließ Erinnerungen an seine frühere Promiskuität aufkommen – an sein rücksichtsloses Verhalten, weshalb er sich seiner Sexualität auch schämte. Dieser Prozess war ein echter Durchbruch für Larry. Er konnte nun an seinem früheren Draufgängertum arbeiten und die damit verbundenen Schamgefühle klären.

In der schamanischen Tradition sollen sogar spontane Fehlgeburten behandelt werden. Auch wenn sie vielleicht nicht die gleichen Gefühle von Scham oder Schuld erzeugen, hinterlassen sie dennoch eine spirituelle Wunde und energetische Spuren, die mit Trauma und Tod in Verbindung stehen. Wenn diese Energie nicht geklärt wird, kann sie sich später als Krankheit im Körper manifestieren.

Manchmal wissen wir nicht, welche Energien unserer Heilung und unserem Wachstum im Wege stehen. Ayahuasca und andere Pflanzen helfen uns dabei, das zu sehen, was wir normalerweise nicht sehen können und leiten unsere Intuition. Diese teilt dem Verstand dann mit, wo er als Nächstes suchen soll. Die intuitive Führung war in Nathans Fall entscheidend, darüber werde ich im nächsten Kapitel sprechen. Nathan kam ins Nihue-Rao-Zentrum, um seine jahrelangen Depressionen und seinen anhaltenden Kampf mit Morbus Crohn zu behandeln.

22

Nathans Morbus Crohn und die Heilung eines gebrochenen Herzens

Im Januar 2015 kam Nathan ins Nihue-Rao-Zentrum auf der Suche nach Hilfe für seinen Morbus Crohn. Den größten Teil seines Aufenthaltes habe ich verpasst, da ich zu dieser Zeit in den USA Urlaub machte, ich traf ihn jedoch kurz bevor er wieder abreiste. Martina, Cvita und ihr Mann Markus Drassl (Martinas Bruder) hatten Nathan begleitet und empfahlen mir, seinen Fortschritt zu verfolgen. Zu diesem Zeitpunkt hatte ich meine schamanische Grundausbildung abgeschlossen und konzentrierte mich auf die nächste Aufgabe, nämlich eine Brücke zwischen Schulmedizin und traditionellem Schamanismus zu bauen. Ich hatte angefangen, Geschichten für dieses Buch zusammenzutragen und war auf der Suche nach interessanten Fällen. Bei einigen Fällen hatte ich eine deutliche Verbesserung beim Reizdarmsyndrom (RDS) und bei chronisch-entzündlichen Darmerkrankungen (CED) festgestellt, darüber wollte ich gerne berichten, und das Team wies mich auf Nathan hin. Nach seinem dreiwöchigen

Aufenthalt in Peru hatte sich seine Crohn-Krankheit dramatisch verbessert.

Im Frühjahr 2016, mehr als ein Jahr später, interviewte ich Nathan zu seiner Gesundheit und seiner Zeit im Nihue Rao. Er lebt in Kanada, ist Lokomotivführer und besuchte das Zentrum, als er Mitte vierzig war. Die meiste Zeit seines Lebens hatte er an Morbus Crohn gelitten. Bei dieser chronisch-entzündlichen Darmerkrankung ist die Darmschleimhaut im Magen-Darm-Trakt entzündet, in der Regel ist der Dickdarm betroffen. Sie geht einher mit Bauchschmerzen, schwerem Durchfall, Müdigkeit, Gewichtsverlust und Mangelernährung. Es wird angenommen, dass die Crohn-Krankheit durch eine Kombination von Faktoren verursacht wird: Umwelt, Immunsystem, Bakterien der Darmflora und genetische Veranlagung.[1] Es gibt keine anerkannte Behandlung zur Heilung dieser Krankheit, dennoch können Therapien die Symptome stark lindern und sogar langfristig zu einer Besserung führen.

Nathans Symptome fingen im Teenageralter an: intensive, wiederkehrende Bauchschmerzen und häufiger Durchfall. Er wurde zunächst mit Immunsuppressiva wie Prednison behandelt, um die Entzündung im Darm zu beruhigen, gegen die Schmerzen bekam er Opiate wie Tylenol Nr. 3 und Percocet.* Mit dreiundzwanzig hatte er ständig Entzündungen im Darm, die sogar zu einer Perforation (Durchbruch in der Darmwand) führten. Die Perforation entwickelte sich zu einer Fistel, also einem Kanal zwischen Darm und Harnblase. Durch diese Fistel konnten Stuhl und Urin frei hin und her wandern, was zu Mehrfachinfektionen führte.

Nathan wurde sehr krank und musste ins Krankenhaus. Bei einer Notoperation wurden Darm und Blase wieder geflickt, die Biopsie des während der Operation entnommenen Gewebes bestätigten die Diagnose Morbus Crohn. Die Operation war erfolg-

---

* Prednison ist ein synthetisch hergestelltes Steroidhormon; Tylenol Nr. 3 enthält Codein und ist ein amerikanischer Markenname, vergleichbar mit dem Präparat Paracetamol; Percocet enthält das Opioid Oxycodon, ebenso ein starkes Schmerzmittel; Anm. d. Ü.

reich, und Nathan erholte sich wieder, aber obwohl seine Krankheit sehr ernst war, vernachlässigte er die Nachsorge bei seinen Ärzten. Er kämpfte mit emotionalen Problemen und war unglücklich darüber, wie die Immunsuppressiva seine Gefühlswelt beeinflussten.

Im Laufe der Jahre hatte Nathan weitere Probleme mit dem Darm und musste zweimal operiert werden, dabei wurde jedes Mal ein Teil des Darms entfernt (Darmresektion). Bei solchen Operationen werden nach dem Entfernen des Darmabschnitts idealerweise die gesunden »Enden« des Darms sofort wieder miteinander verbunden, um eine normale Darmfunktion, einen normalen Stuhlgang zu gewährleisten. Nach einer der Operationen konnte Nathans Darm aufgrund einer anhaltenden Infektion nicht sofort wieder verschlossen werden. Bis dies möglich war, musste Nathan drei Monate lang einen externen Ileostomiebeutel (der den Stuhl aus dem Dünndarm sammelt) verwenden. Zwischen den einzelnen Operationen wurde er hauptsächlich mit Schmerzmitteln behandelt. Seine letzte Darmresektion war im Jahr 2010.

Von 2010 bis 2012 verbesserte sich Nathans Verdauung zunächst, doch dann kamen seine Symptome zurück: häufige Bauchschmerzen und bis zu fünfzehn Stuhlgänge am Tag, teilweise sogar blutig. Während dieser Jahre passte er nicht sonderlich gut auf sich auf. Bevor er nach Peru kam, hatte er trotz seiner Symptome nicht ernsthaft daran gedacht, seine Ernährung zu ändern, die vor allem aus stark verarbeiteten Lebensmitteln und einem täglichen Frühstückssandwich mit Speck bestand. Nathan hatte ganz andere Sorgen. Er hatte die meiste Zeit seines Lebens an Depressionen gelitten.

Psychologische Probleme, wie Ängste und Depressionen, sind bei chronisch-entzündlichen Darmerkrankungen häufig anzutreffen.[2] Es wird vermutet, dass dies mit dem psychischen Stress zusammenhängt, der sich auf die Darm-Hirn-Achse auswirkt, die Hypothalamus-Hypophysen-Nebennierenrinden-Achse (HPA-Achse, also das Stressreaktionssystem) und das periphere Nervensystem (autonome Nervensystem).[3] Das heißt, bei Morbus Crohn geht es um Störungen in mehreren Bereichen des Emotionalkörpers (des PNEI-Netzwerks). Wie bei Psoriasis und Migräne, wird auch die Darmentzündung bei Morbus Crohn in Zusammenhang gebracht mit einer Funktionsstörung im Emotionalkörper und der damit verbundenen neurogenen Entzündung.[4] Wie Sie vielleicht schon vermutet haben, können epigenetische Störungen (maladaptive Software) ebenfalls eine bedeutende Rolle in der Entwicklung von Morbus Crohn spielen.[5]

Trotz seiner chronischen Depression war Nathan kaum in psychotherapeutischer und psychiatrischer Behandlung. Er hatte eine ziemlich traumatische Kindheit hinter sich. Seinen biologischen Vater hatte er nie kennengelernt, und der Mann, der für ihn sein Vater war, starb, als Nathan fünf Jahre alt war. Seine Mutter hatte sich immer wieder auf Männer eingelassen, die zu physischer Gewalt neigten, so auch der Mann, den sie heiratete, als Nathan sechs war. Nach Jahren schwerer körperlicher Misshandlungen lief Nathan mit dreizehn von zu Hause weg. Er blieb kurze Zeit in einem Heim, fand jedoch bald eine Wohnung, wo er allein lebte. Er machte sich älter und suchte sich eine Arbeit. Ein Onkel unterstützte ihn ein wenig.

Nathans Verdauungsprobleme entwickelten sich in seiner Jugend, und als Erwachsener litt er an Depressionen und Wutausbrüchen. Er erzählte mir, wie er sich regelmäßig mit irgendwelchen Leute anlegte, die »mich auf der Straße oder in Kneipen oder wo auch immer provoziert haben, eben böse Leute«. Im Jahr 2001 riet ihm eine ehemalige Freundin, in einer Psychotherapie an seiner Wut zu arbeiten. Diesen Rat befolgte er, und die Therapie half ihm dabei, besser mit seiner Wut umzugehen.

Trotz seiner Probleme mit Wut war Nathan in seinen Partnerschaften nie gewalttätig geworden. Er hatte jedoch Mühe, eine Beziehung zu führen, und seine Depression verschlimmerte die Lage oft. Nach seiner Operation im Jahr 2010 verschlechterte sich seine Stimmung weiter. Seine damalige Frau ermutigte ihn, Hilfe zu suchen und Antidepressiva einzunehmen. Drei Monate lang versuchte er es mit Antidepressiva, fand sie jedoch nicht hilfreich. Er meinte dazu: »Ich mag keine Pillen und glaube sowieso nicht daran. Ich finde, sie machen die Dinge nur noch schlimmer.«

Nathan lehnte weitere psychotherapeutische oder psychiatrische Behandlungen ab. Zeitweise nahm er Schmerzmittel und eine essbare Form von medizinischem Marihuana ein, um seinen Darm zu beruhigen. Irgendwelche ernsthaften Probleme mit Drogen oder Alkohol hatte er nie. Im Laufe unseres Gesprächs gestand er mir, er sei die meiste Zeit seines Lebens selbstmordgefährdet gewesen. Im Jahr 2013 konkretisierten sich seine Gedanken an Selbstmord, und er begann, Daten festzulegen, an denen er seinem Leben ein Ende setzen wollte.

2014 hörte Nathan durch den Podcast von Joe Rogan zum ersten Mal von Ayahuasca. Es ging um Geschichten über Menschen, die in den Amazonas reisten, um ihre Depressionen zu heilen. Vom Nihue-Rao-Zentrum erfuhr er durch die Webseite der Journalistin Amer Lyon (www.reset.me), er nahm Kontakt zum Zentrum auf und legte einen Termin für seinen Besuch fest.

Wie bereits erwähnt, war Nathan im Januar 2015 im Nihue Rao. Damals leitete Ricardo das Zentrum zusammen mit Cvita und Markus. Markus ist Künstler (und hat das Buchcover und die Zeichnungen zu jedem Kapitel der US-amerikanischen Ausgabe gestaltet), er arbeitet seit Jahren bei uns und hat die Ausbildung absolviert. Er ist sehr talentiert und bringt eine gute Mischung aus mentaler Klarheit und Unbeschwertheit in seine Arbeit mit ein. Als ich an diesem Kapitel arbeitete, fragte ich ihn danach, wie er Nathan bei seiner Ankunft im Zentrum eingeschätzt hatte. Für Markus war Nathan eindeutig ein sehr gutmütiger und liebenswürdiger Mensch, aber extrem verzweifelt. Während seiner ersten Tage sprach er immer wieder über Selbstmord. Nathan hatte Markus erzählt, Nihue Rao sei seine letzte Option: Wenn die Pflanzen ihm nicht helfen könnten, wolle er nicht weiterleben.

Nathan begann seine Vegetalista-Diät mit einem Brechmittel, und nachdem er seine Situation und Absichten mit Ricardo besprochen hatte, erhielt er die Meisterpflanze Ojé. Zur Erinnerung: Der Saft des Ojé-Baums wird traditionell zur Behandlung von Darmparasiten verwendet und ist bekannt für seine abführende und entgiftende Wirkung. Ricardo hoffte, dass Ojé seiner Verdauung helfen und ihn spirituell inspirieren würde, über seine Depression hinauszusehen. Nachdem Nathan mit der Ojé-Diät begonnen hatte, nahm er an den Ayahuasca-Zeremonien teil.

Bei unserem Gespräch 2016 erzählte mir Nathan: »Als ich im Zentrum ankam, machte ich mir wirklich Sorgen über meine Toilettengänge – am Tag zuvor hatte ich noch fünfzehnmal aufs Klo gemusst. Doch durch die Diät musste ich am ersten Tag nur noch etwa dreimal. Nach den ersten beiden Zeremonien, die für mich sowohl oben als auch unten ziemlich ekelhaft waren (durch das Kotzen und den Durchfall), musste ich die Toilette außer zum Pinkeln kaum noch aufsuchen, außerdem gab es die regulären Toilettenpausen. Diese Veränderung trat schon nach der zweiten Zeremonie bei mir ein. Ich hatte eigentlich auch keine Bauchschmerzen mehr, als ich im Zentrum war. Ich kann mich zumindest nicht an irgendwelche erinnern. Der Magen tat mir vom vielen Kotzen weh. Aber der Crohn-Schmerz – ich glaube ich hatte überhaupt keinen mehr.«

Die Umstellung auf Vollwertkost mit hauptsächlich frischem Fisch und Gemüse machte für Nathans Verdauung wahrscheinlich den größten Unterschied aus. Vermutlich profitierte er auch von den Regenwaldbakterien, die seiner Darmflora zugeführt wurden. Für ihn spielten jedoch Ojé und die Ayahuasca-Zeremonien die entscheidende Rolle in der Heilung seiner Darmerkrankung und nicht die Magen-Darm-Reinigungen.

Nathan war ein *Pasajero* mit besonders ausgeprägtem Vorstellungsvermögen, er hatte mehrere mystische Erlebnisse »außerhalb dieser Welt«. So beschrieb er einen Reinigungsprozess aus einer Zeremonie, in dem »mich Schlangen verfolgen, während ich kotze – dann bin ich im Badezimmer und kotze in einen Eimer, in dem sich die Schlangen befinden, die dann mein Erbrochenes auflecken und anschließend sterben«.

Aus einer anderen Zeremonie beschreibt er Folgendes: »Ich sah diesen kahlen Kerl in einem goldenen Kampfwagen fahren – zuerst war es Jean-Luc Picard aus Star Trek, dann verwandelte er sich in Gandhi, dann wurde er zu meinem Arzt, der auch eine Glatze hat. Als er näher kam, musste ich gähnen, und er versuchte mir eine Pille in den Mund zu stecken. Ich weigerte mich, und er verwandelte sich in eine riesige, eine übermäßig große Viper. Dann verschwand er.«

Nathan war besonders beeindruckt von seinen vielfältigen Erlebnissen mit Außerirdischen. Diese seltsamen Wesen, möglicherweise Lebewesen aus einer höheren Dimension, spielten eine entscheidende Rolle in seiner Heilung. In einer Vision wurde er an Bord ihres Raumschiffs gebracht: »Dort arbeiteten sie an mir, reparierten und verkabelten mein Gehirn neu. Die Aliens benutzten dafür einen Computer.«

Auf dem Raumschiff (auf der Toilette im Nihue-Rao-Zentrum) beobachtete er einen Alien, wie er die Reprogrammierung durchführte. Nathan beschrieb es mir so: »Ich kann das Summen hören, es ist sehr laut in meinem Kopf. Es ist fast überwältigend. Dann schaut mich der Alien an. Im Raumschiff befinde ich mich in einem Glaskasten, der mich vor den Aliens schützt, gleichzeitig bin ich jedoch auf der Toilette. Der Alien war mit der Umprogrammierung beschäftigt, drehte sich um und schaute mich an, ohne Emotion, nur um den Fortschritt festzustellen. Er wandte sich dann ab, und ich musste mich wie verrückt übergeben. An einem Punkt schien ich eine außerkörperliche Erfahrung hinter der Toilette zu haben, ich sah meinen Körper über dem Kotzeimer gekrümmt. Dann geriet der Alien in Panik und drückte diesen Knopf, ich saß auf der Toilette und spürte einen Stromschlag an meinem Oberschenkel, ich sah, wie etwas hinter mir aufstieg, eine bläulich weiße Energie.« Dann verblasste die Vision.

In den Zeremonien hatte Nathan auch persönliche Erlebnisse. Eines Abends bat er Ayahuasca, ihm seinen wahren Vater zu zeigen. Dazu erzählte er mir: »Ich hatte eine schreckliche Kindheit und verlor meinen Vater mit fünf Jahren – wenn er denn mein Vater war. Böse Stiefväter folgten, und der letzte, der immer noch mit meiner Mutter zusammen ist, war furchtbar zu uns, Prügelattacken und solche Sachen. Ayahuasca zeigte mir diesen letzten Stiefvater und sagte so etwas wie: ›Vergiss deinen Vater, dieses hier ist dein Vater.‹ Von sechs bis dreizehn, bevor ich auszog, war er derjenige, der mich aufgezogen hat. Ayahuasca sagte mir: ›Vergib ihm einfach, und er kann Papa sein.‹«

In einer weiteren Zeremonie erhielt Nathan eine Vision von einer Tante, die ihn und auch einige seiner Cousinen und Cousins als Kind missbrauchte. Er hatte sich an diesen sexuellen Missbrauch bisher nicht erinnert, doch nun löste diese Nachricht etwas in ihm aus. Er wusste, er würde hier weiter nachforschen, sobald er wieder zu Hause war.

»Eine weitere wirklich verrückte Zeremonie fand mit Cvita statt«, erzählte mir Nathan. Cvita war zu seiner Matte gekommen und fragte, ob sie für ihn singen könne. Nathan bejahte. Er befand sich gerade mitten in einem sehr intensiven und dunklen Ayahuasca-Erlebnis. Cvita begann mit ihrem Icaro, und während des gesamten Gesangs gab Ayahuasca Nathan klare Anweisungen. Zuerst sollte er die Augen schließen.

»So saß ich also im Schneidersitz mit meinen Händen auf dem Schoß, Cvita sang und sang, und es kamen viele Schlangen und Piranhas, die mich beißen. Es war eine wirklich dunkle Zeremonie.

Cvita sang weiter, und es wurde immer leichter und leichter. Dann erschienen Schmetterlinge und Libellen, alles war sehr erdig, wie in einem Garten oder Ähnliches. Dann spürte ich ganz intensiv, dass der Gesang gleich zu Ende sein würde. Bei diesem Gefühl sah ich plötzlich diesen riesigen Piranha über ihr, der auf mich zukam.

Ich blieb ganz still, ohne zu zucken. In diesem Augenblick ging Cvita auf die Knie und drückte meinen Kopf nach unten. Währenddessen sang sie einfach weiter und weiter und fuhr fort mit dem, was sie gerade tat. Als mein Kopf in meinen Händen ruhte, sah ich die Form eines Herzens, so wie es ein Kind malen würde, nur war es gebrochen.

Dann griff Cvita meine Hände und drückte sie zusammen, wodurch sie auch das Herz zusammendrückte. Ich öffnete meine Hände und sah, dass es ganz war, dann zerbrach es wieder. Cvita schloss meine Hände wieder, drückte sie zusammen, öffnete sie, das Herz war ganz, brach jedoch wieder entzwei. Sie näherte sich meiner Brust und meinem Rücken und sang weiter. Dann schaute sie sich wieder meine Hände an, und das Herz war heil.«

Nathan sprach kein Wort mit Cvita, während sie sang. »Das war die verrückteste Zeremonie für mich, denn sie manipulierte meine Hände. Es war wirklich ein starkes Erlebnis für mich.«

Nach drei Wochen zeremonieller Heilung beendete Nathan seine Ojé-Diät. Er kehrte zurück nach Kanada und fühlte sich sehr viel besser, doch kurz nach seiner Rückkehr erkrankte er an Malaria und einigen Darmparasiten. Zwei Wochen lang war er sehr krank mit häufigem Durchfall, er bekam Medikamente, die ihm halfen. Als er sich schließlich von der Krankheit erholt hatte, bemerkte er, dass er nicht mehr so häufig auf die Toilette musste.

Als es Nathan besser ging, besuchte er seine Mutter und seinen Stiefvater und erzählte ihnen von seinen Erfahrungen in den Zeremonien. Sie wussten, warum er nach Peru gegangen war, er hatte seiner Mutter gesagt, dass er sehr deprimiert und selbstmordgefährdet war. Seine Mutter verriet ihm immer noch nichts über seinen biologischen Vater, doch Nathan erzählte seinem Stiefvater, was Ayahuasca ihm vermittelte hatte. Er beschrieb die Vision, in der er seinen Stiefvater gesehen hatte, der sein »Papa« war, nicht sein Vater, sondern sein Papa. Sein Stiefvater konnte diese Rolle annehmen und entschuldigte sich bei Nathan für die ganzen Misshandlungen. Nathan erinnerte sich: »Er meinte, er sei einfach kein guter Vater, er wisse nicht, was ein Vater sei, er sei nur ein LKW-Fahrer und wisse nicht, wie man ein Vater sei. Jetzt vertragen wir uns wieder miteinander, es ist gut geworden.« Nathan sagte, ihr gestörtes Verhältnis hätte sich jetzt verbessert.

Er ging auch das Thema Missbrauch durch seine Tante an und sprach mit seinen Cousinen und Cousins, die den sexuellen Missbrauch bestätigten. Die Tante hatte alle missbraucht und auch Nathan im Alter von fünf bis zwölf Jahren. Nathan sprach darüber mit seiner Mutter, die anfing zu weinen. Sie hatte von nichts gewusst. Jetzt arbeitet Nathan weiterhin an seinen Gefühlen über diesen Missbrauch und übt sich kontinuierlich in Vergebung.

Seit seiner Rückkehr aus Peru und der Nachbereitung seiner »Ayahuasca-Hausaufgaben«, ist Nathans Stimmung besser geworden. Als wir miteinander sprachen, hatte er sich gerade scheiden lassen, trotzdem war er nicht mehr depressiv. Bis zum Frühjahr 2016 hatte es nur einen Tag gegeben, an dem er sich überwältigt und hilflos fühlte, wie er berichtete: Als er wegen seiner Scheidung vor Gericht war, wo er und seine Exfrau um das Sorgerecht für die Kinder kämpften. Es waren nur kurze Gefühlsausbrüche, von denen er sich schnell erholte, und er sagte, ansonsten sei er optimistisch in Bezug auf sein Leben. Er hat keine Suizidgedanken mehr und vermeidet Stressfaktoren, die zuvor seinen Morbus Crohn verschlimmert hatten. Jetzt arbeitet er an seinem nächsten Ziel: eine erfolgreiche Liebesbeziehung.

Nach der Pflanzendiät wurde Nathan, wie er sagt, »ein wenig vorsichtiger« bei dem, was er aß. Durch die dreiwöchige Diät hatte er eine einfachere Ernährung kennengelernt, und jetzt isst er mehr frisches Gemüse, trinkt Kombucha und nimmt täglich Probiotika ein. Seit seinem Aufenthalt im Nihue-Rao-Zentrum hat er keine Bauchschmerzen mehr. An einem schlechten Tag muss er höchstens drei- oder viermal auf die Toilette. Ab und zu bekommt er wieder Bauchkrämpfe, die zu Durchfall führen könnten. Dann nimmt er sofort medizinisches Marihuana ein, das beruhigt den Darm und löst die Symptome.

Nathans Ernährungsumstellung hat dazu beigetragen, die Entzündungsanfälligkeit seines Darms dramatisch und anhaltend zu verbessern. Wie er sagt, ging dieser Rückgang der Entzündung mit einer deutlichen Verbesserung seiner psychischen Gesundheit einher. Tiefe emotionale Heilung durch die Pflanzen und die damit verbundenen spirituellen Techniken veränderten etwas in Nathans Körper. Diese geistige und körperliche Veränderung geschah nach einer intensiven energetischen Reinigung seines Emotionalkörpers, der mystischen Reprogrammierung seines »Gehirns« und der Heilung seines gebrochenen Herzens. Durch die spirituelle Heilung konnte Nathan emotional geheilt werden. Die emotionale Heilung ermöglichte die Heilung seines Mind-Body – Körper und Geist kamen wieder in Einklang. Angesichts der Natur einer Depression und der Crohn-Krankheit vermute ich, dass ein Teil der Heilung durch die energetische Klärung der fehlangepassten epigenetischen Software stattfinden konnte.

Nathans *susto*

Als Nathan sich darauf vorbereitete, Nihue Rao zu verlassen, sprach das Team mit ihm über eine mögliche Verlängerung. Es gab noch mehr Reinigungsarbeit zu tun. Wie bei Maria war auch bei Nathan *susto* diagnostiziert worden, die Diagnose der Schamanen für Menschen, deren Seele durch einen großen Schock oder ein Trauma im Leben aus dem Körper vertrieben wurde. Diese Vorstellung ist vergleichbar mit dem Konzept des Seelenverlustes, der durch eine Seelenrückholung aufgelöst wird. Als Kind hatte Nathan körperliche Gewalt und Missbrauch erlebt. Das hatte einen dissoziierten Zustand zur Folge, in dem er keinen Zugang mehr zu seinen verdrängten Erinnerungen hatte. Wie bereits erwähnt, stört diese Dissoziation die limbische bzw. emotionale Entwicklung. Wie die interkulturelle Psychologin Monica Williams erklärt, ähneln die Symptome von *susto* tatsächlich denen der posttraumatischen Belastungsstörung, nämlich Angst, Vermeidung, Schreckhaftigkeit, Schlafstörungen und Depressionen.[6]

Als wir zuletzt miteinander sprachen, war Nathan noch etwas besorgt über die Diagnose *susto*, auch wenn es ihm besser ging. Ich ermutigte ihn, sich darüber keine großen Sorgen zu machen und einfach mit seiner Heil- und Integrationsarbeit fortzufahren. Zum richtigen Zeitpunkt würde er sicherlich wieder schamanische Unterstützung suchen.

Nathans Fall ist ein beeindruckendes Beispiel dafür, wie spirituelle Heiltechniken eine chronisch-entzündliche Darmerkrankung beeinflussen können. In der Medizin sollte man, wann immer möglich, an die Wurzel des Problems gehen, um die zugrunde liegenden Ursachen zu finden. Emotionales Trauma und Misshandlungen in der Kindheit, einschließlich des körperlichen und sexuellen Missbrauchs, waren die Hauptursachen für Nathans psychische und physische Erkrankung. Auch wenn es sehr wichtig war, dass Nathan seine Ernährung umstellte, benötigte er zusätzlich eine tiefe emotionale Heilung. Der metaphysische Zugang offenbarte ihm einen Weg zu seiner Genesung.

23

Adams Angst und die beruhigende Kraft des Mitgefühls

Bis zum Ende des Jahres 2015 hatte ich etwa die Hälfte der fünf Jahre seit seiner Gründung im Nihue-Rao-Zentrum verbracht. Das Leben dort war oft sehr schön. Der Urwald präsentierte sich in tausend verschiedenen Grüntönen, die Regenfälle waren mächtig, die Menschen wunderbar und die Nächte unglaublich sternenklar. Dazu kamen die schweren Zeiten, in denen die Zeremonien anstrengend waren, die Nächte beängstigend, die Organisation des Zentrums zu Streitigkeiten führte und die persönlichen Dramen im Vordergrund standen. Trotz dieser Höhen und Tiefen war ich von der Heilarbeit inspiriert. Zusätzlich zu den Fällen, die ich hier in diesem Buch vorstelle, habe ich Hunderte von Menschen erlebt, die durch tiefe Heilungserlebnisse durchgegangen sind. Aufgrund des beschränkten Internetanschlusses im Urwald war es schwer, zu allen Teilnehmern Kontakt zu halten und herauszufinden, wie es ihnen nach ihrer Rückkehr ergangen war. Wir hatten außerdem genug mit den *Pasajeros* vor Ort zu tun.

2016 traf ich die Entscheidung, mehr Zeit außerhalb vom Nihue-Rao-Zentrum zu verbringen, um an anderen Projekten zu arbeiten, Kontakt zu den *Pasajeros* zu halten und dieses Buch zu schreiben. Das Zentrum hatte sich etabliert, und wir erhielten mehr Unterstützung. Ich hatte nun Zeit, meine Ideen zu entwickeln und meine eigenen Erfahrungen als Arzt und Schamane zu integrieren.

Nihue Rao war ursprünglich Ricardos Vision, und obwohl es mein Zuhause weg von zu Hause geworden war, dachte ich über meinen eigenen, unabhängigen Weg nach. Das »Fellowship of the River« war dabei, seinen Kurs zu ändern, oder vielleicht floss es auch nur zurück ins Meer. Also beschloss ich, ab 2016 meinen Aufenthalt im Zentrum auf etwa vier Monate im Jahr zu beschränken.

Auch wenn ich nicht vor Ort war, blieb ich in Kontakt mit dem Zentrum und unterstützte das Team aus der Ferne. Ich half weiterhin dabei, die *Pasajeros* zu beurteilen, und beantwortete gelegentlich Fragen per Internet. Anfang 2016 bat mich Martina, ein paar Fragen eines fünfundfünfzigjährigen Mannes namens Adam zu beantworten. Er suchte nach Hilfe für seine Ängste.

Angststörungen treten dann auf, wenn man sich ohne ersichtlichen Grund verängstigt, verzweifelt und unbehaglich fühlt.[1] Viele von uns spüren von Zeit zu Zeit Angst. Nach Angaben des National Institute of Mental Health leiden 18 Prozent der erwachsenen amerikanischen Bevölkerung an Angststörungen, bei über 22 Prozent davon werden sie als schwerwiegend angesehen. Es gibt verschiedene Arten anerkannter Angststörungen, unter anderem die generalisierte Angststörung, die soziale Angststörung, spezifische Phobien und PTBS. Angststörungen, wie auch Depression und Sucht, werden mit dem gleichen engstirnigen Denken in Verbindung gebracht, wie in Kapitel 5 beschrieben (und das im Zusammenhang mit einer Überaktivität bestimmter Hirnareale steht – dem DMN). Diese Art des Denkens erschwert den Kontakt zu den eigenen Gefühlen und zu der Welt um einen herum. Sie trennt die Verbindung mit dem Herzen. Diese Trennung wird von unangemessenen Angstgefühlen genährt, was zu weiteren Problemen im

Emotionalkörper führt. Angstzustände sind Störungen im limbischen System des Gehirns, im Stressreaktionssystem (HPA-Achse) und im autonomen Nervensystem (was beispielsweise zu hoher Herzfrequenz und Bluthochdruck führt).[2]

Angstzustände können durch Drogen (Koffein, Alkohol oder Benzodiazepin-Entzug), Störungen im Hormonhaushalt (z. B. Schilddrüsenüberfunktion), Stressoren im Alltag und wieder einmal genetische/epigenetische Wechselwirkungen ausgelöst werden. Epigenetische Störungen, die der Angst (und der Depression) zugrunde liegen, scheinen in vielen Fällen in emotionalen Traumata verwurzelt zu sein.[3] Diese Störungen können herrühren aus Traumata im Erwachsenenalter, in der Kindheit, aus vorgeburtlichen Traumata oder sogar aus Traumata der Ahnen, wie in Kapitel 20 beschrieben.[4]

Psychedelische Medikamente wie MDMA (Ecstasy) und Psilocybin haben sich bei der Behandlung von Angststörungen als vielversprechend erwiesen, sogar bei der therapieresistenten PTBS und der Todesangst bei Krebspatienten im Endstadium.[5] Aktuelle Forschungen am Menschen und am Tier haben gezeigt, dass Ayahuasca und seine Alkaloide bei der Behandlung von Angststörungen ebenfalls hilfreich sein können.[6] Dies haben wir auf jeden Fall im Zentrum erlebt.

Seit fast dreißig Jahren wurde Adams Angststörung auf unterschiedliche Weise therapiert. Per E-Mail besprachen wir nun seine medizinische Heilbehandlung im Nihue Rao. Um sich auf seinen Aufenthalt vorzubereiten, wollte er das Xanax (Alprazolam, ein Benzodiazepin, aus der gleichen Familie wie Valium), das er gegen die Angststörung einnahm, ausschleichen. Er plante, das Medikament bereits drei Wochen vor seiner Ankunft im Zentrum abzusetzen. Man muss Benzodiazepin vorsichtig ausschleichen, denn ein zu schnelles Absetzen kann zu gefährlichen Entzugserscheinungen führen, einschließlich Krampfanfällen. Ich riet ihm, sein Vorhaben mit seinem Arzt zu besprechen. Obwohl Xanax bei Ayahuasca nicht unbedingt kontraindiziert ist, war es uns wichtig, dass er ohne das Medikament stabil genug war für seine Pflanzendiät, um mögliche Wechselwirkungen auszuschließen. Nach etwas E-Mail-Verkehr legte Adam seinen Besuchstermin im Nihue Rao fest und bereitete sich vor. Er brachte sein Medikament für den Notfall mit, war jedoch entschlossen, es ohne auszuhalten.

Zu seiner psychiatrischen Vorgeschichte erzählte mir Adam: »Diese Angststörungen habe ich seit meinem sechsundzwanzigsten Lebensjahr. Wir reden hier von fast dreißig Jahren, in denen ich mit Ängsten und den dazugehörigen Depressionen zu tun hatte. Über die Jahre habe ich vieles ausprobiert, von kognitiver Therapie bis hin zu Medikamenten. Ich habe jedes Antidepressivum probiert, das es gibt. Eigentlich bin ich gar kein Medikamenten-Typ, aber ich habe einen Haufen Zeug eingenommen … ohne jegliche Wirkung. Das Einzige, was bei mir wirklich funktioniert hat, wenn auch nur streckenweise, war Xanax – nach Bedarf.

Ich war ziemlich niedrig eingestellt, musste das Mittel auch nicht viermal am Tag einnehmen, habe es aber trotzdem etwa an fünf Tagen pro Woche genommen. Es fühlte sich wie eine Krücke an. Ich hatte es im Auto mit dabei oder eine Tablette in meiner Hosentasche, für den Fall, dass ich sie brauchte. Ich hätte nie gedacht, dass ich süchtig nach diesem Zeug werde (Xanax ist bekannt dafür, süchtig zu machen), aber in Peru hatte ich definitiv das Gefühl, dass ich unter einigen Entzugserscheinungen litt. Ich habe gemerkt, dass es wirklich schwer ist, davon runterzukommen. Ja, dieses Medikament habe ich mehr als zwanzig Jahre genommen.

Nach Peru zu gehen war so etwas wie mein letzter Strohhalm. Ich fühlte mich einfach krank. Ich bewegte mich am Rand des Spielfeldes durchs Leben und wollte wieder voll am Leben teilhaben, doch die Angst hielt mich zurück. Und ich habe viel Angst.

Das will ich alles aufarbeiten. Ich war an einem Punkt in meinem Leben angekommen, an dem ich vorher noch nie war. Ich war sehr bereit … weil ich schon so vieles ausprobiert hatte.«

Zusätzlich zu den Therapien und Medikamenten hatte Adam auch Akupunktur ausprobiert, und in jüngeren Jahren hatte er regelmäßig Yoga und Meditation praktiziert. Doch dann verlor er die Motivation, diese Praxis aufrechtzuerhalten: »An dem Punkt in meinem Leben fühlte ich mich nur noch krank, und ich habe nichts mehr getan. Deshalb brauchte ich etwas Drastisches. So entschied ich mich für Ayahuasca und wollte nach Peru runterfliegen, um alles mal wachzurütteln.«

Damals lebte Adam allein mit seinem Hund im Süden der Vereinigten Staaten. Er war seit mehreren Jahren geschieden. Seine Exfrau lebte mit ihrer Tochter in Deutschland, ihrer Heimat. Beruflich befand sich Adam im Umbruch, nachdem er zuvor als Filmemacher und Hochschullehrer gearbeitet hatte.

Ich verpasste Adams Besuch im Zentrum, aber wir blieben in Kontakt. Ich interviewte ihn drei Wochen, nachdem er seinen zehntägigen Aufenthalt absolviert hatte und wieder zu Hause war.

»Meine Absicht bestand auf der rationalen Ebene hauptsächlich darin, meine Ängste und Depressionen loszuwerden. Als Nächstes wollte ich herausfinden, was ich mit meinem Leben anfangen sollte. Ich wollte eine Richtung finden, im Grunde noch mal von vorne anfangen. So bin ich das Ganze angegangen und habe mich darauf eingelassen.«

Adam kam im Nihue-Rao-Zentrum an und freute sich darüber, gleich eine interessante und nette Gruppe von Menschen zu treffen, sowohl *Pasajeros* als auch Teammitglieder. Er ging seine Absichten mit Ricardo und dem Team durch und erhielt eine Vegetalista-Diät mit Piñon Blanco (dem wissenschaftlichen Arzt und Lichtbringer).

In unserem Telefoninterview fragte ich Adam nach seinen Zeremonie-Erfahrungen. Er nahm seine Tagebuchnotizen zu Hilfe, während wir über seine Erlebnisse sprachen.

»Ich hatte vorher ein paar Bücher zu dem Thema gelesen, aber nichts kann einen darauf vorbereiten. Jede Zeremonie, außer die letzte, war einfach ein gehöriger Tritt in den Hintern. Sie waren brutal. Die ersten beiden waren sehr kathartisch. Wie gesagt, nichts und niemand hätte mich darauf vorbereiten können.

Dies sind meine Notizen zur ersten Zeremonie: viel Durchfall, viele Visionen, einige Zeichentrickfilm-Charaktere traten dabei ins Licht. Mein Mund und mein Hals verwandelten sich in das Maul einer Anakonda, und ich atmete meine Ängste und meinen Schmerz aus. Schlangen bewegten sich durch meine Nase, meine Kehle herunter und reinigten meinen gesamten Körper. Ich sah meine Ängste und arbeitete an der Heilung der Beziehungen zu meiner Exfrau und all meinen früheren Freundinnen. Ich gewann eine Menge Klarheit. Zu meiner Exfrau hatte ich über viele Jahre eine schlechte Beziehung gehabt. Die Medizin erzählte mir von ihrer Fehlgeburt und wie sie an dieser Erfahrung zerbrach. Deshalbe wurde sie verbittert und hart zu mir. Ich konnte Liebe und Mitgefühl für sie entwickeln.

Das hatte ich alles verdrängt. Jetzt erinnere mich, dass sie vor der Geburt unserer Tochter eine Fehlgeburt hatte ich hatte es total ausgeblendet. Weißt du, in der Zeremonie bin ich durch so viele Dinge durchgegangen, die ich alle unterdrückt hatte. Es war wirklich eine autobiographische Erfahrung.

Die erste Nacht führte mich durch alle meine Themen. Ich war richtig erschöpft. Ich saß auf meiner Matte und schaukelte hin und her. Ich arbeitete die Dinge durch und legte mich dann hin. Dann kam Mama (Ayahuasca) und sagte: ›Du musst jetzt wieder aufstehen. Wir müssen noch weiterarbeiten.‹ Ich sagte so viel wie, ach, Mensch, ich will mich einfach nur ausruhen. Doch ich musste einfach irre viel durcharbeiten, immer wieder. Nach dem Ende der ersten Zeremonie fühlte ich mich zwar besser, aber innerlich zerbrochen. Ich befand mich zwischen meinem alten kranken Selbst und meinem neuen geheilten Selbst. Es war tatsächlich ein sehr intensives Arbeiten und ein wenig beängstigend für mich.

In meiner zweiten Zeremonie war es das Gleiche. Noch mehr Reinigung, immer tiefer und tiefer, weitere Visionen und Arbeit an meinen Ängsten. Rolando sang, und ich hörte ihm und dem Schamanen zu seiner Linken zu.«

Irgendwann spätabends wurde Adam zu Rolando geführt, um seinen persönlichen Heilgesang zu erhalten. Der Assistent erinnerte Rolando an Adams Absicht, an seinen Ängsten arbeiten zu wollen.

Adam beschrieb mir diese Erfahrung: »Rolandos Gesang war sehr mächtig, wie ein Exorzismus. Ich hatte die Vision eines älteren Kriegerhäuptlings, der die Angst aus mir hinaustrieb. Seine Stimme wurde dabei immer lauter und durchdringender. Ich sah rote Flammen vor mir, als ob ein Ofen mit einem Blasebalg angefacht wurde. Die Intensität nahm mit jedem Vers seines Icaros zu. Das Feuer wurde stärker und heller, und die Farbe änderte sich von Rot zu Orange, dann zu Gold. Auch ich wurde immer größer und größer. Der Icaro verwandelte mich von einem kleinen ängstlichen Mann in einen tapferen Kriegshelden. Mein ganzer Körper zitterte heftig. Nach dem Gesang streckte Rolando seine Hand aus, legte seine Finger auf meinen Kopf und hüllte mich mit Mapacho-Rauch ein.

Ich wurde von einem ängstlichen zu einem furchtlosen Menschen. Ich sah mich als jungen, starken Krieger. Ich saß aufrecht auf meinem Pferd und wurde in einer Zeremonie zum Anführer meines Volkes gewählt. Es fühlte sich sehr stimmig an, mich dieser Medizin hinzugeben. Es war einfach super, super intensiv.

Nach der Zeremonie fragte ich den Kerl neben mir, wer denn der alte Typ gewesen war, der links neben Rolando gesungen hatte. Er antwortete: ›Da war keiner.‹ Das war also die verdammte Vision … verrückt! So verlief meine zweite Zeremonie.«

Zwischen der zweiten und dritten Zeremonie entwickelte Adam ein Zittern. Er erzählte: »Mein Kopf wackelte von Zeit zu Zeit unwillkürlich. Ich dachte zunächst, Ayahuasca hätte eine verdeckte Krankheit freigesetzt wie Parkinson. Meine Großmutter litt darunter. Mein Kopf wackelte einfach unkontrolliert. Ich war entsetzt und bereute meine Reise nach Peru bereits. Der Schamane sagte, das sei normal, ich solle mir keine Sorgen machen.«

Adam hatte seine Medikamente schon zu lange abgesetzt, um jetzt noch auf Entzug zu sein, er erlebte irgendeine Art mystische energetische Entladung. Eine solche Entladung im Rahmen einer Diät mit einer Meisterpflanze wird als normal betrachtet. Nach den Zeremonien arbeiteten Piñon Blanco und Ayahuasca noch weiter an ihm – wie wir dazu sagen. Dieses Schütteln war die Entladung von Energie aus dem Emotionalkörper. Die Meisterpflanzen steuern die traditionelle Shipibo-Heilung und setzen die Arbeit am Tag und in der Nacht fort, um Schicht für Schicht abzutragen, als Vorbereitung auf die Zeremonie.

Adams dritte Zeremonie war schwer und überwältigend. Seine Einträge dazu lauteten: »Ich konnte nur Dunkelheit wahrnehmen, ein Gefühl der Angst, eine schwere Last und einen Körper, der sich unkontrolliert zu den Icaros schüttelte. Erst war ich in Schweiß gebadet, dann war mir eiskalt. Zusammengekauert wie ein Embryo betete ich dafür, dass das Schütteln und die Panik aufhören würden. Ich konnte weder Visionen noch Licht wahrnehmen. Alles war einfach nur dunkel und schwer.

Nach der Zeremonie waren meine Sinne absolut hypersensibel. Ich war sehr wacklig auf den Beinen und brauchte Hilfe, um zu meiner Tambo zurückzukehren. Das dauerte bis zum nächsten Tag. Ich hätte eine Stecknadel fallen hören können. Wenn jemand sprach, war es wie ein Kratzen mit den Nägeln über eine Schultafel. Ich war die ganze Zeit am Rande meiner Nerven.

Ich war tatsächlich so durch den Wind, dass ich Emilie (ein Mitarbeiter des Zentrums) sagte, ich wolle kein Ayahuasca mehr trinken.« Emilie versicherte ihm, er müsse überhaupt nicht trinken, es sei keine Verpflichtung. Das Schamanen-Team bat ihn lediglich, an den Zeremonien teilzunehmen, um seinen Icaro zu empfangen.

Adam setzte seine Diät fort und nahm an seiner vierten Zeremonie teil, ohne zu trinken. Das ist bei der traditionellen Shipibo-

Heilung durchaus üblich. Sobald jemand mit dem Prozess verbunden ist, kann er auch ohne Ayahuasca während der Zeremonie eine mystische Erfahrung machen. Obwohl er kein Ayahuasca getrunken hatte, fühlte sich Adam die ganze Nacht über sehr zittrig. Schließlich wurde er zu seinem Icaro mit Pedro aufgerufen, einem Shipibo-Schamanen, der zu Besuch war. Adam war dermaßen wacklig auf den Beinen, dass er auf dem Weg zu Pedro gestützt werden musste.

»Ich hatte nichts getrunken und bekam dennoch Visionen und spürte die Auswirkungen. Ich bewegte mich zur Musik. Mein Körper war wie eine Marionette, die hin und her, von einer Seite zur anderen bewegt wurde. Pedros Icaro war sehr stark«, erinnerte sich Adam. Pedro sang in Shipibo, aber Adam schien die Worte und die Botschaft zu verstehen, sie drangen in seinen Körper und in seine Seele ein. Durch den Icaro verstand Adam, dass trotz seines Fortschritts noch mehr Angst in ihm gereinigt werden musste.

»Mitten im Gesang griff ich an meinen Kopf und zog mein falsches Selbst herunter. Zum Vorschein kam ein Lichtwesen voller Liebe und Licht. Ich lächelte von Ohr zu Ohr, fühlte mich vollkommen entspannt, aber auch unendlich müde. Mein Körper war so leicht wie Luft. Nach meinem Icaro ging ich zu meiner Matte zurück und fiel in einen tiefen, tiefen Schlaf. Nachdem die Zeremonie beendet war, ging ich in meine Tambo und schlief dermaßen tief, wie ich es seit Jahren nicht mehr erlebt hatte. Das war umwerfend. Und das sogar ohne getrunken zu haben.«

Adam ruhte sich das ganze Wochenende über aus und setzte die Diät mit Piñon Blanco fort. Am Montag nahm er an seiner fünften Zeremonie teil. Er beschloss, wieder Ayahuasca zu trinken, reduzierte jedoch die Menge. Es wurde wieder eine Nacht der intensiven Reinigung, die die Energien aus seinem Leben und jenseits davon klärte.

»Die ganze Nacht ging es um Reinigung und Entleerung. Zuerst klärte ich meine angstbesetzten Zellen, dann reinigte ich mein Inneres komplett. Nachdem dieses Leben sauber war, reinigte ich meine vergangenen Leben und löschte jegliche Dunkelheit, die ich aufspüren konnte. Meine Reinigung war sehr körperlich, und ich entleerte mich sehr heftig.

Als meine Vorleben gereinigt waren, entleerte ich mich weiterhin für die Menschen, die sich nicht entleeren konnten. Ich fragte Ayahuasca: ›Warum nur? Ich bin schon gereinigt, und dennoch muss ich mich entleeren.‹ Sie erwiderte: ›Du musst dich für die Leute entleeren, die es nicht können.‹ Ich meinte, okay. Ich erlebte ihre Ängste und Traumata und reinigte mich von alledem. Ich empfand viel Mitgefühl für sie, für die Menschen, die sich nicht klären konnten, weil sie zu alt oder zu gebrechlich waren. Die Icaros bewegten mich tief, und wieder schaukelte und bebte mein Körper zu ihren Schwingungen. Ich gab mich vollkommen hin und war zum Schluss völlig erschöpft. Ich verband mich kurz mit meiner Meisterpflanze Piñon Blanco. Es fiel mir sehr schwer, mich für mehr als ein paar flüchtige Augenblicke zu konzentieren.«

In der nächsten Nacht, seiner sechsten und letzten Zeremonie, verringerte Adam seine Dosis weiter. Nach so viel Intensität sehnte er sich nach einer sanfteren Erfahrung. »Bei meiner Absicht für die sechste Zeremonie ging es nur um meine Zukunft. Es wird einem gesagt, man solle keine Erwartungen haben. Ayahuasca gibt einem das, was man braucht und nicht unbedingt das, was man sich wünscht. Ich hatte gehofft, eine Vision zu meinem zukünftigen beruflichen Weg oder meiner Partnerschaft oder etwas Ähnlichem zu erhalten. Aber so funktioniert das nicht. Diese Zeremonie war ziemlich anspruchslos. Ich war high, aber gleichzeitig auch nicht high. Ich konzentrierte mich auf die Icaros, bewegte meinen Kopf zum Gesang. Das Erleben war viel weniger intensiv. Als ich nach meiner Zukunft fragte, kam das Bild eines leeren Whiteboards.

Ich sah mich vor diesem Whiteboard, und die Botschaft war einfach eine leere Tafel, eine saubere Tafel. Sie wollte mir sagen, dass ich meine Zukunft selbst gestalten könne, sowohl in der Liebe als auch im Beruf. Mein Körper war reine weiße Lichtenergie. Ich trug kein Gepäck mit mir in die Zukunft. Die Antwort lautete also: Deine Zukunft ist das, was du daraus machst. Du hast kein Gepäck mehr. Du bist geklärt, und ich werde dir nicht sagen, wie deine Zukunft aussieht. Das machst du selbst.«

Viele *Pasajeros* nehmen an den Zeremonien teil in der Hoffnung, einen Blick auf ihre geheimnisvolle Zukunft, ihre zukünftige Liebe oder ihre Karriere zu werfen. Für die Shipibos ist es jedoch viel wertvoller, Vergangenheit und Gegenwart zu klären. Durch die Reinigung des Geistes, der Emotionen und des Körpers kann man die Sehnsucht des Herzens viel klarer spüren. Sind die Blockaden einmal gelöst und die fehlangepassten Programme aufgedeckt, kommt eine innere Führung zum Vorschein. Ein gesunder Emotionalkörper hilft uns dabei, das zu spüren, was jenseits unseres Verständnisses liegt. Wir lernen, das wahrzunehmen, was uns im Augenblick antreibt und warum. Im Laufe der Zeit führt uns dieses Gespür genau dorthin, wo unsere Bestimmung liegt.

Bis zu einem gewissen Grad erlebte Adam diese Art der Klärung. Er meinte dazu: »Ayahuasca hat mir nicht das gegeben, was ich wollte, sondern das, was ich brauchte. Alle Blockaden in mir sind aufgelöst. Und jetzt bin ich hier. Ich verließ das Zentrum am zehnten Februar, also vor etwa drei Wochen. Vorher hatte ich jeden Tag Ängste, ob mit oder ohne Medikamente. Seitdem nehme ich überhaupt nichts mehr, nicht mal mehr ein Aspirin.

Ich schlafe jetzt auch sehr gut. Als ich zurückkam, war ich etwa eine Woche lang krank. Ich weiß immer noch nicht, ob ich Malaria hatte oder nicht, aber ich war eine Woche lang absolut schwach und hatte zehn Tage lang einen schlimmen trockenen Husten, das ist jetzt alles sehr viel besser geworden. Diese Behandlung rettete mir das Leben, weil ich durch sie einen Neustart erfahren habe. Ich glaube, so kann ich es formulieren.«

Ich wollte wissen, ob er das Gefühl hatte, das bekommen zu haben, wonach er gesucht hatte. Seine Antwort: »Ja, zu hundert Prozent.«

Im Laufe der Zeit merkte er jedoch, wie die Begeisterung langsam nachließ. Wie bei Mike, der sich bei seiner Rückkehr geheilt fühlte, gab es noch mehr zu tun. Ricardos Kommentar dazu wäre: »Dies war Adams erster Prozess.«

»Am Tag meiner Abreise befand ich mich in einem hyperrealen Zustand, weißt du, wenn alles irgendwie so durchdringend ist. Ich hatte das Gefühl, als wäre ich im siebten Himmel. Mein Körper fühlte sich schwerelos an. Ich war voller Freude. Ich bewegte mich irgendwo zwischen den Welten, war weder richtig in der physischen Welt noch in der spirituellen. Es war etwas beunruhigend, aber irgendwie auch cool. Ich will mal ehrlich sein: Jetzt bin ich seit einigen Wochen zurück und merke, wie sich mein Erleben verändert.«

Die Dinge wurden erneut zu einer Herausforderung. Als er wieder in die »zerrissene Welt« zurückkehrte, wie er es ausdrückte, kamen auch seine Ängste zurück. »Jetzt bin ich zurück und wieder im alten Fahrwasser, aber die Angst ist nicht die gleiche. Ich konzentriere mich zu sehr auf die Dinge, beispielsweise wie werde ich Geld verdienen und dieses und jenes. Ich entwickle wieder Angst, aber sie ist nicht diesselbe«, meinte er.

Adam hatte immer noch ängstliche Tendenzen und reagierte weiterhin auf bestimmte Trigger, jedoch nicht mehr so stark wie vorher. Zwar hatte sich seine maladaptive Programmierung verändert, er war jedoch immer noch anfällig.

Es fiel ihm schwer, seine Erfahrungen im Zentrum in sein Leben in Amerika zu integrieren. Alleine war das schwierig. »Ich bin allein in den Amazonas gereist, und dort sind offensichtlich alle miteinander verbunden, da alle ein ähnliches Ziel haben, eine ähnliche Einstellung und aufgeschlossen sind gegenüber der Medizin. Spirituell sind sie auf dem gleichen Weg. Zu Hause angekommen, lebe ich wieder allein. Mit meinem Hund, aber dennoch isoliert. Ich habe Freunde, aber nicht jeder ist offen für eine solche Erfahrung. Eine Gemeinschaft vor Ort, mit der man sich austauschen kann, wäre schön. Wir gründeten eine Facebook-Gruppe, und die Leute haben sich ein wenig ausgetauscht, aber meistens nur durch Bilder. Ich habe Kontakt zu ein paar Leuten, und wir halten uns auf dem Laufenden.«

Wie der schamanische Heiler Malidoma Somé sagt, brauchen Menschen ein Gefühl der Verbundenheit: Verbindung zu einer Gemeinschaft, zur Natur, zum Geist. Adam hatte einen entscheidenden Reinigungsprozess hinter sich, war jetzt aber wieder allein mit sich selbst und unsicher, was er mit sich anfangen sollte. Die Wirkung ließ allmählich nach.

Er kehrte zu seiner Meditationspraxis zurück und suchte nach einer gleichgesinnten spirituellen Gemeinschaft, um sich ihr anzuschließen. Wie Ricardo oft sagt, müsste sich Adam »gut um seine Medizin kümmern«, also um die medizinischen Energien, die er von den Pflanzen gewonnen hatte.

Im Juli 2016 nahm ich noch einmal Kontakt zu Adam auf. Seine Ängste waren zurückgekommen. Zwar hatte er seine Symptome ohne Medikamente im Griff, was nach zwanzig Jahren eine erhebliche Verbesserung war, er war jedoch nicht geheilt. Glücklicherweise hatte er die Hoffnung nicht vollständig aufgegeben, aber er brauchte noch mehr Unterstützung. Wir sprachen eine Weile miteinander, und ich erfuhr, dass er nicht alle seine Ayahuasca-Hausaufgaben gemacht hatte. So hatte er sich nicht mit seiner Exfrau über die Fehlgeburt aus seinen Visionen ausgetauscht. Ich ermutigte ihn, auf sie zuzugehen. Nach meinem Eindruck musste er noch an der Entwicklung seines Mitgefühls arbeiten. Spirituelle Heilung geschieht oftmals in Etappen.

Ich stellte den Kontakt zu jemandem her, mit dem Adam seine Erlebnisse besser integrieren konnte. Dieser Mensch versteht die Pflanzenmedizin und kann Adam dauerhafte Unterstützung und Begleitung anbieten. Adam meditiert weiterhin und plant nun seinen nächsten Aufenthalt im Nihue-Rao-Zentrum, um den Klärungsprozess fortzusetzen. Hoffentlich kann er sich bald einer Gemeinschaft anschließen, die ihn darin unterstützt, seinen Weg zur Heilung zu finden.

Obwohl Ayahuasca Adam seine Zukunft nicht gezeigt hatte, gab sie ihm dennoch ein paar Ideen, woran er arbeiten sollte. Das geheimnisvolle Leben bietet uns Trittsteine. Bewegt man sich von einem Trittstein zum nächsten, werden neue Möglichkeiten aufgedeckt, auf diese Weise kommen wir auf dem spirituellen Weg voran. Als ich damals mit meinem Medizinstudium begann, hätte ich nie gedacht, eines Tages den Shipibo-Schamanismus in Peru zu erforschen. Aber mit dem Fellowship machte ich meinen Weg von einem Trittstein zum nächsten, und wie bei Adam geht meine Reise kontinuierlich weiter.

24

Die Rolle spiritueller Heilung im modernen Gesundheitswesen

Während ich dieses Buch beende, bin ich wieder mal auf dem Weg nach Südamerika zum Nihue Rao Centro Espiritual und besuche bei der Gelegenheit meine Familie in Kolumbien. Dieser zweimonatige Aufenthalt wird der Abschluss meines »Fellowships of the River« sein. Ende dieses Jahres 2016 werde ich als Geschäftspartner vom Nihue Rao zurücktreten. Da ich weniger Zeit im Zentrum verbringen werde, kann ich mich nicht mehr um die Organisation dort kümmern. Wie es heißt, kann man nicht auf zwei Hochzeiten gleichzeitig tanzen. Vielleicht werde ich weiterhin als Berater helfen, aber für mich ist der Zeitpunkt gekommen, neue Wege zu finden, um meine Ausbildung in die Praxis umzusetzen. Jetzt möchte ich vor allem erst einmal das weitergeben, was ich gelernt habe.

Das »Fellowship of the River« war ein faszinierendes Abenteuer und eine kraftvolle medizinische Ausbildung, die mich sehr viel über den Wert spiritueller Heilung gelehrt hat. Durch die Arbeit mit Hunderten von *Pasajeros* ist mir klar geworden, dass sich der Mensch verbunden fühlen und in Frieden sein muss mit seiner Umgebung, mit seiner Gemeinschaft, mit sich selbst und mit seinem Herzen. Durch das Herz können wir diese subjektive Gegebenheit der ozeanischen Grenzenlosigkeit erfassen. Durch das Herz lernen wir den Spirit kennen. Wir spüren ihn, auch wenn ihn unser Verstand nicht erfassen kann. Spirit ist Erinnerung, Spirit ist Möglichkeit. Spirit berührt den Leib und ist so real wie Herzschmerz und Freude. Spirituelles Leiden macht uns krank, spirituelle Heilung lässt uns gesunden.

Ich respektiere die moderne Wissenschaft und diejenigen, die an ihren Lehren festhalten wie an einer Religion. Ich bitte nur um den gleichen Respekt für meine Überzeugungen und meine Interpretation der gegenwärtigen Erkenntnisse. Das Fellowship hat mich zu einer neuen medizinischen Philosophie geführt. Im Gegensatz zu der meiner klassischen medizinischen Ausbildung, fordert mich diese neue Philosophie nicht dazu auf, mein Herz oder meine Seele zu verleugnen, im Gegenteil: Sie verlangt die Anerkennung der emotionalen und spirituellen Dimensionen menschlicher Gesundheit. In der heutigen Zeit haben wir es mit einer Epidemie von seelischen, das heißt spirituellen Krankheiten zu tun. Um diesen angemessen zu begegnen, müssen wir unsere medizinischen und kulturellen Paradigmen erweitern. Zumindest müssen wir unsere Fähigkeit entwickeln, seelisches Leiden zu erkennen und zu behandeln.

Viele medizinische und spirituelle Traditionen haben gezeigt, dass Geist und Körper miteinander verbunden sind, und zwar über den Emotionalkörper (das PNEI-Netzwerk), wie in Kapitel 6 dargelegt wurde. Dieser Emotionalkörper hat sein eigenes Gegenüber, nämlich den Energiekörper, der sich mit Spirit verbindet. Der Emotionalkörper ist ein Portal zu den energetischen Ebenen und verbindet die Einheit von Körper und Geist mit dem Spirit. Das Portal wirkt in beide Richtungen. Wir können den Emotionalkörper durch die spirituelle Ebene beeinflussen und den Körper durch mystische Techniken heilen. Ebenso hilft uns der Emotionalkörper, die spirituelle Ebene zu erreichen. Ein gesunder Emotionalkörper ermöglicht einen besseren Zugang zu einem spirituellen Bewusstseinszustand.

Wenn wir den Emotionalkörper vernachlässigen, beeinträchtigen wir unseren Zugang zum großen Mysterium. Eine solche Vernachlässigung in institutioneller Hinsicht führt zu einer Gesellschaft, die nur beschränkten Zugang zu persönlich bedeutungsvollen und spirituell relevanten Erfahrungen hat. Sind wir von der Inspiration abgeschnitten, versuchen wir uns durch materielle Aktivitäten emotional zu stimulieren. Diese materialistische Haltung enttäuscht uns oft, und durch die Enttäuschung ermutigen wir uns gegenseitig, unsere Gefühle über Dinge, Beziehungen, Arbeit, Kultur und Umwelt zu ignorieren. Auf der persönlichen Ebene fördert eine Vernachlässigung des Emotionalkörpers Krankheiten wie PTBS, Rückenschmerzen oder Migräne. Wenn Ärzte die zugrunde liegenden Ursachen dieser Krankheiten, emotionale Traumata (Kindheitstrauma, Kriegstrauma etc.) und stressige Lebenssituationen, ignorieren, dann verzögert sich die Heilung. Mit dieser ignoranten Einstellung liegen wertvolle Ressourcen der Gesundheitsversorgung einfach brach.

Spirituelle Pflanzenheilmittel wie Ayahuasca, Peyote und Meisterpflanzen können uns – wenn sie richtig angewendet werden – helfen, diese Art von Problemen anzugehen. Spirituelle Medizin kann unseren energetischen Emotionalkörper heilen und damit Geist und Körper wieder in Einklang bringen.

Wie wir in den vorgestellten Fällen gesehen haben, ist diese überlieferte Medizin besonders nützlich bei der Behandlung von Störungen, deren Ursachen in einer emotionalen und energetischen Dysfunktion liegen. Psychedelische Arzneimittel können bei richtiger Anwendung eine ähnliche Heilung bewirken. Die moderne klinische Forschung untermauert das Versprechen dieser Medizin. In der Praxis ist spirituelle Pflanzenmedizin wie alle anderen Formen spiritueller Heilung von großem Nutzen, wenn sie in einem größeren Zusammenhang eingesetzt wird, der eine kontinuierliche Integration und Unterstützung einbezieht. Das kann eine fortdauernde Nachsorge mit einem professionellen Therapeuten oder eine spirituelle Praxis innerhalb einer unterstützenden Gemeinschaft sein.

Ob es nun durch spirituelle Pflanzenmedizin, psychedelische Medizin, spirituelle Praxis oder einfach nur praktizierte Liebe geschieht – die Rolle spiritueller Heilung im modernen Gesundheitssystem besteht darin, die emotionalen und spirituellen (energetischen) Dimensionen von Krankheit zu behandeln. Wie Ricardo oft erwähnt, werden chemische und physische Behandlungsansätze wie Medikamente und Operationen das Problem nicht lösen, wenn eine Krankheit energetischer Natur ist. Wir brauchen dazu einen Schamanen oder spirituellen Heiler.

Schamanische Herangehensweisen interagieren mit dem Energiekörper, auf diese Weise helfen sie, Dysfunktionen im Emotionalkörper zu heilen. Bei der Behandlung solcher Störungen sollten westliche Diagnosetechniken eingesetzt werden, um eindeutige Krankheitsursachen auszuschließen. Wenn diese Analysen keine eindeutige Ursache ergeben, sondern vielmehr auf messbare Fehlfunktionen in verschiedenen Bereichen des Emotionalkörpers hinweisen, dann sollte eine schamanische oder spirituelle Behandlung in Betracht gezogen werden. Solche Ansätze sollten insbesondere bei Erkrankungen wie Depressionen, PTBS, chronischem idiopathischem Husten, psychosomatischen Schmerzen, Psoriasis und entzündlichen Hauterkrankungen, Süchten, Migräne, chronisch-entzündlichen Darmerkrankungen und Angstzuständen weiter erforscht werden.

Spirituelles Wohlbefinden spiegelt sich in emotionaler Gesundheit wieder. Hier trifft der Schamanismus auf die Schulmedizin, und das habe ich im »Fellowship of the River« gelernt. Ich habe nicht nur schamanische Praktiken kennengelernt, sondern darüber hinaus von den Pflanzen und den Einheimischen des Amazonas-Regenwaldes Folgendes erfahren:

1. Damit man emotional und spirituell heilen kann, muss man ein starres und engstirniges Denken überwinden, welches wahrscheinlich auf die Dysfunktion im DMN (Ruhemodusnetzwerk) zurückzuführen ist und unseren Geist vor unserem Herzen verschließt. Auch wenn begrenzte Denkmuster als Schutzmechanismus wirken können, blockieren sie doch auf lange Sicht ungelöste vergangene Erfahrungen und unsere gegenwärtigen Gefühle und schränken den Zugang zu unserem Emotionalkörper ein. Eine ungesunde Gesellschaft kann die Situation verschlimmern, indem sie starres und potenziell schädliches Denken unterstützt. Ich selbst war in dieser Art von Denken gefangen, als ich während meines Medizinstudiums depressiv wurde. Bei der Peyote Church öffnete der Spirit Walk meinen Geist wieder für mein Herz und die Welt um mich herum.
2. Sobald wir unseren Geist für unser Herz öffnen, gewinnen wir wieder Zugang zu unseren Gefühlen und unserem Gespür. Wir werden uns bewusst, was in unserem Emotionalkörper (PNEI Netzwerk) geheilt werden muss, zum Beispiel frühere emotionale Traumata und ungelöste emotionale Prozesse. So wurde Russ daran erinnert, seine familiären Beziehungen zu heilen. Colleen musste lernen, sich selbst auf eine Weise zu lieben, die sie als Kind nie gelernt hatte.
3. Ungelöster Stress und emotionale Traumata sammeln sich im Emotionalkörper an, was sich als allostatische Last im PNEI-Netzwerk manifestiert. Die Energien und dynamischen physiologischen Prozesse, die mit ungelöstem Stress und emotionalen Traumata verbunden sind, liegen dem zugrunde, was traditionell als spirituelle Krankheit bezeichnet wird. Werden diese Energien nicht bearbeitet, sind sie jahrzehntelang in uns gespeichert und führen zu körperlichen Erkrankungen, wie wir bei Maria gesehen haben. In Karls Fall führten diese Energien zu einer unbewussten Schuld, die über siebzig Jahre in ihm schlummerte. Durch den spirituellen Prozess der Vergebung und der Annahme konnten diese Energien transformiert werden.

4. Liebe bedeutet, all das anzunehmen, was ist – bedingungslos.
5. Die akkumulierten Energien (ähnlich der allostatischen Last) spiegeln sich in den epigenetischen Prägungen im PNEI-Netzwerk wider, das Erinnerungen an emotionale Traumata und Stress speichert. So wie die epigenetische Software durch Stress und Traumata beeinflusst wird, kann sie auch durch mystische Erlebnisse wie Liebe, Meditation und, so meine Hypothese, durch schamanische Icaros beeinflusst werden. Wir haben das bei Sharons Reaktion auf Meditation und Pflanzenschamanismus gesehen und bei Lisa und Nathans Reaktion auf den Heilgesang. Spirit trifft Biochemie auf der epigenetischen Ebene. Nebenbei bemerkt, fördert Psychotherapie (die auch durch eine unsichtbare emotionale Verbindung, also limbische Resonanz arbeitet) ebenso die Heilung, indem sie epigenetische Veränderungen herbeiführt.[1]
6. Spirituelle Heilung, sei es durch schamanische Pflanzenmedizin oder andere Methoden, hilft uns, dysfunktionale Energien (fehlangepasste Programme) aus unserem Emotionalkörper zu entfernen und sie durch die Fähigkeiten der Seele (Psyche) zu transformieren: Selbstliebe, Vergebung, Mitgefühl und Dankbarkeit. Das haben wir wiederholt erlebt, bei Adam, der seine Angst klärte und zum Mitgefühl fand, und bei Mike, der sich mit seiner Vergangenheit aussöhnte und lernte, sich zum ersten Mal selbst zu lieben.
7. Im Prozess emotionaler und spiritueller Heilung erhalten wir weiteren Zugang zu spirituellen Erfahrungen. Diese prägen unsere Empfindung für persönliche und spirituelle Sinnhaftigkeit. Transzendente Erlebnisse helfen uns, unseren Geist mehr zu öffnen und uns mit unserem Herzen zu verbinden. Dadurch kann der Emotionalkörper weiter heilen, was zu einer deutlichen Verbesserung in Körper und Geist, also im Leib führt.

Der Emotionalkörper verbindet Geist und Körper, dabei ist das Herz der Mittelpunkt in diesem gesamten Gebilde – es spürt, nimmt wahr und tauscht sich mit metaphysischen Energien aus. Verkörpertes Bewusstsein ist eingebettet in einem größeren Mysterium, jenseits von dem, was unser Verstand erfassen kann. Paradoxerweise erlaubt uns der Zugang zu diesem unfassbaren Mysterium den Sinn der Dinge zu verstehen. Die Verbindung zum großen Geheimnis schenkt uns einen Sinn und Zweck in diesem Leben. Die subjektive Verbundenheit zur grenzenlosen Transzendenz, die durch den energetischen Emotionalkörper erfahren wird, bezeichnen wir üblicherweise als Vertrauen.

Ich bin mir nicht sicher, wohin mich meine Reise als Nächstes führt, aber ich habe Vertrauen. Meinem Herzen zum Amazonas zu folgen war damals die richtige Entscheidung für mich, und jetzt schickt mich meine innere Führung woanders hin. Ich bin sehr dankbar für die Zeit im Amazonas-Regenwald mit seiner ganzen Magie. Ich liebe den Dschungel und hoffe, dass wir diese unglaubliche Ressource mit seinem mächtigen Fluss gebührend schützen können.

Auf diesem Fleckchen Erde ist die Magie der Natur noch lebendig. Ich bin meinen Pflanzenlehrern, meinen schamanischen Lehrern, Cvita und allen, die diese Reise ermöglicht haben, ewig dankbar. Meinem Freund und Lehrer Ricardo Amaringo bin ich besonders zu Dank verpflichtet, obwohl wir nicht immer einer Meinung waren. Durch ihn bin ich zu einem Schamanen geworden. Und ich muss mich natürlich besonders bei *la Madre Ayahuasca* bedanken für ihre ganze Hilfe.

Wenn wir nun den Boden für die Praxis spiritueller Pflanzenmedizin bereiten, sollten wir daran denken, sowohl vorsichtig als auch aufgeschlossen zu sein – wie unsere Ahnen. Während Ayahuasca und ähnliche spirituelle Heilmittel ihren Platz in den medizinischen und spirituellen Heiltraditionen der Welt finden, sollten wir nicht vergessen, dass es im Grunde nur eine Medizin gibt: die, welche uns heil werden lässt.

Dank

Dieses Buch wäre ohne meine Familie nie möglich gewesen: meine Mutter, mein Vater, meine Brüder Mario und Camilo, meine Schwägerinnen Lilit und Maritza, meine Nichte und meine Neffen. Ich möchte ihnen für ihre immerwährende Hilfe und Unterstützung danken. Meine Dankbarkeit gilt auch meinen Großeltern, Tanten, Onkeln, Cousins und Cousinen, ebenso meiner Großfamilie und den Patenkindern, einschließlich des berühmten Dirk Wiggins, dessen entscheidende Einsichten dazu beitrugen, dieses Buch auf die nächste Ebene zu bringen. Ich danke auch Hernando Garcia-Barriga und seiner Familie von Herzen.

Natürlich danke ich auch meiner schamanischen Familie sehr: Ricardo Amaringo, Cvita Mamic, Markus und Martina Drassl sowie allen anderen Menschen, die sich der Unterstützung der Besucher des Nihue-Rao-Zentrums verschrieben haben. Mein ganz besonderer Dank gilt Emilie Lescale und Philippe Favre. Ebenso bedanke ich mich bei meiner schamanischen Familie in Arizona: Anne Zapf, Matthew Kent und deren Familie. Ich danke euch allen dafür, dass ihr mich durch das »Fellowship of the River« geführt habt. Ohne euch hätte ich es nie geschafft. Ein besonderes Dankeschön möchte ich an alle Langzeitdiäthalter im Nihue Rao richten – ihr habt den Geist dort zum Leben erweckt.

Der Shipibo-Kultur und allen TAPM-Heilern, die meine Ausbildung begleitet haben, bin ich auf ewig dankbar: einmal mehr Ricardo Amaringo, Rolando Tangoaa Murayari, Miguel Muñoz,

Julian Arevalo, Olivia Arevalo, Estela Pangoza, Wiler Noriega, Sulmira Vela, Celestina, Ronnie Vasquez, Marcelo Alvarez, Isabel Pinedo, Kestembetsa, Sonia Chuquimbalqui, Taita Juan Chindoy, Juan Flores, Percy Garcia, Maria Luisa und allen Schamanen, mit denen ich das Vergnügen hatte im Nihue Rao, *Iquitos*, zu arbeiten.

Diese Arbeit wäre ohne die Unterstützung unserer peruanischen Mitarbeiter im Nihue Rao nicht möglich gewesen. Danke euch, dass ihr mich wie ein Familienmitglied behandelt habt. *Mil gracias*, tausend Dank jedem Einzelnen von euch aus Llanchama, Iquitos, Pucallpa und vielen anderen Orten.

Meinen Pflanzenlehrern kann ich nicht genug danken: Ayahuasca, Chacruna, Coca, Piñon Blanco, Bobinsana, Ayahuma, Ajo sacha, Marosa und Peyote.

Ich bin allen Besuchern dankbar dafür, dass ich ihnen begegnen und mit ihnen arbeiten durfte. Wir nennen sie liebevoll *Pasajeros*, die aus allen Teilen der Welt zu uns kommen.

Dieses Projekt wäre nicht zu realisieren gewesen, hätten die einzelnen Teilnehmer ihre Heilungsgeschichten nicht großzügig und offenherzig mit uns geteilt. Ich danke euch für die Inspiration und für das, was ihr mich gelehrt habt. Gott segne euch.

Vielen Dank an meine Lektorin Caroline Pincus. Ich gebe zu, dass ich etwas grinsen musste, als ich auf ihrer Homepage las, sie sei eine »Schamanin der Worte«. Als wir jedoch ins Gespräch kamen, wusste ich, dass ich eine wahre Verbündete für dieses Projekt gefunden hatte. Du bist mir ans Herz gewachsen, und ich danke dir für deine brillanten Einfälle und deine Freundschaft. Du hast mich dazu gebracht, meinen Schreibstil weiterzuentwickeln und zu verbessern. Ohne dich hätte ich dieses Projekt nicht umsetzen können. *Gracias.* Danke an Jeremy Narby, der mir half, dich zu finden.

Ich danke auch allen meinen weiteren Lektoren: meinem Bruder Mario, Michelle Chargois und Ariel Whitworth, durch die ich dieses Buch auf den Weg bringen konnte. Und allen Menschen, die mich darin unterstützt haben, das Projekt voranzutreiben, einschließlich meinem anderen Bruder Camilo, Maritza, Cvita, Martina, Markus, Dave S., meiner Mutter, Ian und Kasi. Segen für euch alle mit eurer Geduld und Rücksichtnahme.

Gabor Maté danke ich dafür, dass er ein Vorbild und ein ehrlicher Arzt ist und dieses Buch mit seinem durchdachten und präzisen Vorwort beehrt hat. Ich bin sehr stolz auf dieses Vorwort. Ich wünschte, mein Vater könnte es sehen – und ich weiß, dass er es tut. Ich wünsche Maté und seiner Familie alles Gute.

Mein Dank gebührt auch Jeremy Narby und Alberto Villoldo für ihre anregende Arbeit und die Ermutigung, dieses Buch zu schreiben. Ich möchte ebenso dem Pionier und Ayahuasca-Forscher Dennis McKenna für seine Unterstützung danken.

Darüber hinaus gilt mein Dank den Fakultäten und den Mitarbeitern der Einrichtungen, die für mich wichtig waren: UCLA Department of Biology, UCSD School of Medicine, St. Joseph's Hospital Family Medicine Residency, UCLA Family Medicine Residency, UCLA Center for East-West Medicine, Pacific College of Oriental Medicine, Scripps Center for Integrative Medicine, und der UCSD Department of Psychiatry. Insbesondere bedanke ich mich bei zwei Dozenten, die für mich entscheidend waren, Sandra Daley und Paul Mills.

Ich danke einigen wundervollen Freunden, Kollegen und geliebten Menschen für ihre besonderen Beiträge zu diesem Abenteuer: Keyvan Hariri, Sabrina Sykes, Ken Kodama, R. Cahn, Reverend I. Trujillo, L. Miles, J. Felder, J. Brainin, K. Mohammadi, J. Dawley, D. Monaco, M. Casillas, Maria Yraceburu, M. A. Coveñas, dem gesamten Team des Raumschiffs Erde (jedem Einzelnen von euch), mit einem besonderen *Gracias* an Bryon Hatcher, Russ Binicki und Miguel Montiel, K. Eichelberger, Soi Bari, Flor, Sita, Chonon Yaca, Malidoma Somé, Mbali, S. Gomes, A. M. Coelho, Inti Munay, J. Rivera, Rosalia, J. Nuñez, C. Tanner, M. Watherston, S. Their, R. Feingold, U. Portocarerro, S. Vieira, Bia Labate, Charles Grob, Chris Kilham, Zoe Helene, Amber Lyon, T. Mathope, K. Hui, R. Bonakdar, Fred Kahn, A. Turner, C. Wells, James,

E. Maupin, J. Harrison, R. P. Duncan, M. Muench, Reverend John Robson und vielen, vielen anderen.

Abschließend vielen Dank an alle fleißigen medizinischen Wissenschaftler und Forscher dort draußen. Danke dafür, dass sie unsere Wissensgrundlage weiterentwickeln und mir bewiesen haben, dass Biologie, Emotion und Spiritualität nicht voneinander zu trennen sind.

Glossar

Abuta (*Cissampelos pariera*): Eine holzige Schlingpflanze aus dem Regenwald, die auch als Hebammenkraut bezeichnet wird, da sie seit Jahrtausenden für alle Arten von Frauenkrankheiten als Heilmittel benutzt wird.

Ajo sacha (*Mansoa alliacea* – Knoblauchrebe): Eine tropische Rebe aus dem Regenwald, die nach Knoblauch riecht. Sie ist bekannt für ihre spirituellen und medizinischen Eigenschaften. Sie wird traditionellerweise in der schamanischen Ausbildung eingesetzt und zur Behandlung von körperlichen Beschwerden.

Allostatische Last: Stressbedingte biologische Abnutzung – »wear and tear« – gemessen an stressinduzierten physiologischen Veränderungen.

Ayahuasca (*Banisteriopsis caapi*): Eine holzige Liane, heimisch im Amazonasbecken und von vielen Kulturen als eine heilige Pflanze angesehen. Sie wird in Kombination mit anderen heimischen psychotropischen Pflanzen als Tee eingenommen.

Ayahuasquero/Ayahuasquera: Mann bzw. Frau, der oder die sich in schamanischen Zeremonien der Arbeit mit Ayahuasca widmet.

Ayahuma (*Couroupita guianensis* – Kanonenkugelbaum): Ein tropischer Baum, der bis zu fünfunddreißig Meter hoch wird. Mit großen runden Früchten in Form einer Kanonenkugel und üppigen, farbenprächtigen Blüten in Rosa, Rot und Lila. Er wird auch in der schamanischen Ausbildung verwendet.

Ayurveda: Ein traditionelles medizinisches System mit historischen Wurzeln in Indien.

Azucena (*Lilium spp.*): Eine im Regenwald wachsende Zwiebelpflanze mit Blüten. Sie wird für die Zubereitung von Brechmitteln verwendet.

Beso de la novia (*Psychotria poeppigiana* – Kussmundpflanze): Eine blühende Pflanze im Amazonasbecken, die für medizinische und toxische Zubereitungen verwendet wird und eng verwandt ist mit Chacruna.

Boa huasca (*Monstera spp.*): Eine rötliche, holzige Liane, in der Shipibo-Tradition bekannt für ihren medizinischen Wert bei der Behandlung männlicher und weiblicher Fortpflanzungsorgane. Sie wird in der schamanischen Ausbildung verwendet.

Bobinsana (*Calliandra angustifolia*): Ein strauchartiger Baum, der wunderschöne zarte rosa und rote blasenartige Blüten hervorbringt. Er wird in der schamanischen Ausbildung verwendet und außerhalb des Schamanismus als Kräutermedizin für verschiedene Beschwerden wie Gelenkschmerzen und Rheuma eingesetzt.

Chacruna (*Psychotria viridis*): Ein Strauch, der im Amazonasbecken heimisch ist und eine hohe Konzentration an Dimethyltryptamin (DMT) enthält, das ist ein wirksames Halluzinogen, das Ayahuasca-Visionen induziert. Chacruna gilt bei den Shipibos als Meisterpflanze.

Chiric Sanango (*Brunfelsia grandiflora*): Ein Strauch aus der Familie der Nachtschattengewächse mit wohlriechenden weißen und lila Blüten. Nach der Shipibo-Tradition trägt die Medizin des Chiric Sanango zur Stärkung der Gelenke und des Körpers bei (wenn man sie auf traditionelle Weise einnimmt). Er wird auch in der schamanischen Ausbildung verwendet.

Coca (*Erythroxylum coca*): Eine hoch angesehene Heilpflanze in der traditionellen Andenkultur, die sich über Bolivien, Peru, Ecuador und Kolumbien erstreckt. Coca ist eine extrem nahrhafte Pflanze, reich an essenziellen Mineralstoffen und Vitaminen. Für die Inka (die präkolumbianische Hochkultur, die bis zur Ankunft der spanischen Konquistadoren einen Großteil von Peru beherrschten) war Coca die allerheiligste Pflanzenmedizin.

Curare: Ein pflanzliches Gift, das zu einer Muskellähmung führt. Es wird von den Amazonas-Stämmen auf verschiedene Art hergestellt und traditionellerweise für die Jagd verwendet.

Default Mode Network (DMN): Das neuronale Ruhemodusnetzwerk im Gehirn, das am aktivsten ist, wenn eine Person nicht auf die Außenwelt konzentriert ist, sondern vielmehr über sich selbst, die Vergangenheit oder die Zukunft nachdenkt. Eine Überaktivität bestimmter Bereiche dieses Netzwerkes ist verbunden mit einer verminderten Wahrnehmung der Außenwelt und des Körpers (Interozeption/emotionale Wahrnehmung) und mit starren und sich wiederholenden Denkmustern. Eine solche Überaktivität steht auch im Zusammenhang mit bestimmten psychischen Problemen, darunter Depressionen, Angstzustände und Süchte.

Dimethyltryptamin (DMT): Eine starke, psychedelisch wirkende Substanz aus der Tryptamin-Familie.

Emotionalkörper: Das Medium, durch das wir Emotion und Gefühl erleben.

Epigenetik: Sie beschäftigt sich damit, was *auf* den Genen liegt. Die Epigenetik untersucht die Merkmalsvariationen, die sich aus externen Faktoren oder Umwelteinflüssen ergeben; sie können Gene ein- oder ausschalten und wirken sich darauf aus, welche Gene die Zelle aktiviert. Es wird beispielsweise untersucht, wie externe Faktoren wie Ernährung oder Lebensstil Gene steuern und damit Krankheiten wie Diabetes, Krebs und Parkinson hervorrufen. Die Bandbreite möglicher Phänotypen von einem bestimmten Genotyp wird erforscht.

HPA-Achse: Die Hypothalamus-Hypophysen-Nebennierenrinden-Achse, zentrales Element des Stressreaktionssystems.

Gringo: In Südamerika die – meist abwertende – Bezeichnung für Menschen, die nicht romanischer Herkunft sind.

Icaro: Ein traditioneller Heilgesang eines *Ayahuasquero* und Hauptbestandteil einer Shipibo-Ayahuasca-Zeremonie. Die Pflanzen lehren den *Ayahuasquero* sein Lied.

La dieta: Siehe Vegetalista

La selva: Spanische Bezeichnung für »der Dschungel«.

Limbische Resonanz: Die Fähigkeit zweier Menschen, sich auf die Innenwelt des anderen einzulassen und einen emotionalen Zustand miteinander zu teilen. Sie stellen sich emotional auf unbewusste Signale ein (ausgedrückt durch Augen, Mimik, Tonfall etc.), die vom limbischen System ausgesendet werden.

Limbische Revision: Veränderung der Persönlichkeit durch die limbische Steuerung in der Therapie.

Limbische Steuerung: Hier geht es um Ansteckung durch Emotionen oder Stimmungen. Sind unsere limbischen Systeme einmal in Resonanz, beeinflussen und steuern sie sich gegenseitig. In langfristigen Beziehungen wirkt sich die limbische Steuerung auf die Entwicklung und Stabilität unserer Persönlichkeit und Stimmung aus (so definiert in *A General Theory of Love* – siehe dazu Kapitel 13).

Limbisches System: Das emotionale Verarbeitungszentrum des Gehirns, bestehend aus mehreren Bereichen, darunter Amygdala, Hypothalamus und Hippocampus.

LSD: Lysergsäurediethylamid, das derzeit als psychedelische Droge untersucht wird.

Maloka: Ein großes Rundhaus im Regenwald, in traditioneller Bauweise errichtet.

Mapacho (*Nicotiana rustica* – Bauern-Tabak): Schwarzer Tabak aus dem Amazonas.

Mareación: Spanischer Begriff für einen Zustand von Übelkeit, Schwindel und Desorientierung als physische und psychische Auswirkungen des Ayahuasca-Gebräus.

MDMA: 3,4-Methylendioxy-*N*-methylamphetamin (Ecstasy), wird derzeit als psychedelisches Medikament untersucht.

Neurogene Entzündung: Eine Entzündung, die vom Nervensystem hervorgerufen wird, obwohl keine Verletzung oder Infektion vorliegt. Sie ist oft ein Zeichen einer Dysfunktion im PNEI-Netzwerk (Emotionalkörper), möglicherweise aufgrund eines ungelösten emotionalen Traumas.

Ojé (*Ficus insipida*): Ein hoher, tropischer Baum aus Lateinamerika, der sein Wachstum als Kletterpflanze beginnt. Er wird in der schamanischen Ausbildung eingesetzt, und sein Milchsaft wird traditionell wegen seiner antiparasitären und abführenden Eigenschaften verwendet.

Pasajero/Pasajera: Spanischer Ausdruck für Reisender/Reisende. Begriff, der von einigen Schamanen für einen Suchenden verwendet wird, der nach Peru reist, um die traditionelle Amazonas-Pflanzenmedizin (TAPM) kennen zu lernen.

Peyote (*Lophophora williamsii*): Ein kleiner, stachelloser, langsam wachsender Kaktus, der in Mexiko und im Südwesten der USA beheimatet ist. Er enthält unter anderem das psychedelisch wirksame Alkaloid Meskalin. Ohne der Pflanze zu schaden, kann der obere Teil des Kaktus vorsichtig geerntet und als sogenannter »peyote button« (Peyote-Knopf) für Zeremonien verwendet werden.

Piñon Blanco (*Jatropha curcas* – Purgiernuss): Ein Regenwaldstrauch mit großen, öligen Samen. Nach der Shipibo-Tradition soll der Geist dieser Meisterpflanze ein sehr reines Licht ins Herz und in den Geist bringen.

Psychoneuroendokrinoimmunologie (PNEI): Das komplexe physiologische Netzwerk, das die Psyche, das Nervensystem, das Hormonsystem und das Immunsystem miteinander verbindet. Die physische Manifestation des Emotionalkörpers.

Psychoneuroimmunologie (PNI): Sie untersucht die Wechselwirkung zwischen psychologischen Prozessen, dem Nervensystem und dem Immunsystem.

PTBS: Posttraumatische Belastungsstörung, eine chronische Angststörung, die sich nach einem traumatischen Erlebnis entwickelt.

Serotonin: Ein Neurotransmitter, der eine entscheidende Rolle bei Stimmungsschwankungen spielt. Andere Bezeichnungen sind 5-Hydroxytryptamin (5-HAT) oder Enteramin.

Shipibo: Eine indigene Kultur vom Ucayali River im oberen Amazonasbecken von Peru.

Shitana: Shipibo-Bezeichnung für die dunkle Energie der Pflanzen.

Soplar: Spanische Bezeichung für »blasen«.

Soplos: Spanische Bezeichnung für »das Blasen« – beschreibt das Ausatmen des Schamanen, das beabsichtigte Energien enthält.

SRRI: Selective Serotonin Reuptake Inhibitor, selektiver Serotonin-Wiederaufnahmehemmer, zum Beispiel Fluoxetin (Prozac).

Stressreaktionssystem: Das physiologische System im Körper, das auf kurz- und langfristige Stressoren reagiert und verantwortlich ist für die Kampf-oder-Flucht-Reaktion und die Reaktion auf chronischen Stress (reguliert durch die HPA-Achse).

Susto: Spanische Bezeichnung für »Schreck/Schrecken«. *Susto* ist ein lateinamerikanisches Konzept, nach dem ein traumatisches Ereignis der Seele einen solchen Schrecken einjagt, dass sie oder ein Anteil von ihr aus dem Körper vertrieben wird. Das ist häufiger bei Kindern der Fall, die besonders empfänglich für ein solches Trauma sind.

Tambo: Peruanisches Spanisch für »Dschungelhütte«.

TAPM: Traditional Amazonian Plant Medicine, traditionelle Amazonas-Pflanzenmedizin.

Vegetalista: Eine Vegetalista-Diät beinhaltet die Ernährung mit verschiedenen Heilpflanzen. Die Diät kann sehr unterschiedlich sein, abhängig von dem Schamanen, der sie verordnet.

Quellennachweis

1 »The Fellowship of the River«

1. S. H. Buhner: *Plant Intelligence and the Imaginal Realm*. Rochester, VT, Bear & Company, 2014.

3 Der verwundete Heiler

1. R. Puthran et al.: »Prevalence of Depression amongst Medical Students:- A Meta-Analysis«, in *Medical Education* 50 (4), 2016, S. 456–468.
2. Medscape, http://www.medscape.com/viewarticle/838437 [Stand: 04.02. 2019].

4 Der Weg des Peyote

1. J. H. Halpern: »Hallucinogens and Dissociative Agents Naturally Growing in the United States«, in *Pharmacology & Therapeutics* 102, 2004, S. 131–138; H. R. El-Seedi et al.: »Prehistoric Peyote Use: Alkaloid Analysis and Radiocarbon Dating of Archaeological Specimens of Lophophora from Texas«, in *Journal of Ethnopharmacology* 101, 2005, S. 238–242.
2. D. E. Nichols: Serotonin and the Past and Future of LSD, www.maps.org/news-letters/v23n1/v23n1_p20–23.pdf [Stand: 04.02.2019].
3. F. X. Vollenweider, M. Kometer: »The Neurobiology of Psychedelic Drugs: Implications for the Treatment of Mood Disorders«, in *Nature Reviews Neuroscience* 11 (9), 2010, S. 642–651; T. Amoroso: »The Psychopharmacology of ±3,4 Methylenedioxymethamphetamine and its Role in the Treatment of Post-Traumatic Stress Disorder«, in *Journal of Psychoactive Drugs* 47 (5), 2015, S. 337–344; R. G. dos Santos et al.: »Antidepressive, Anxiolytic, and Antiaddictive Effects of Ayahuasca, Psilocybin, and Lysergic Acid Diethylamide (LSD): A Systematic Review of Clinical Trials Published in the Last 25 Years: Antidepressive Effects of Ayahuasca, Psilocybin, and LSD«, in *Therapeutic Advances in Psychopharmacology* 6 (3), 2016, S. 193–213; J. J. Rucker et al.: »Psychedelics in the Treatment of Unipolar Mood Disorders: A Systematic Review«, in *Journal of Psychopharmacology* 30 (12), 2016, S. 1220–1229.

4. T. Amoroso: »The Psychopharmacology of ±3,4 Methylenedioxymethamphetamine, a. a. O.; R. G. dos Santos et al.: Antidepressive, Anxiolytic, and Antiaddictive Effects, a. a. O.; J. J. Rucker et al.: Psychedelics in the Treatment, a. a. O.; D. J. McKenna: »Clinical Investigations of the Therapeutic Potential of Ayahuasca: Rationale and Regulatory Challenges«, in *Pharmacology & Therapeutics* 102 (2), 2004, S. 111–129; J. H. Halpern et al.: »Psychological and Cognitive Effects of Long-Term Peyote Use among Native Americans«, in *Biological Psychiatry* 58 (8), 2005, S. 624–631; J. C. Bouso et al.: »Personality, Psychopathology, Life Attitudes, and Neuropsychological Performance among Ritual Users of Ayahuasca: A Longitudinal Study«, in *PLoS One* 7 (8), 2012, e4241; P.-Ø. Johansen, T. S. Krebs: »Psychedelics Not Linked to Mental Health Problems or Suicidal Behavior: A Population Study«, in *Journal of Psychopharmacology* 29 (3), 2015, S. 270–279.
5. R. J. Strassman et al.: »Dose-Response Study of N,N-Dimethyltryptamine in Humans. II. Subjective Effects and Preliminary Results of a New Rating Scale«, in *Archives General Psychiatry* 51 (2), 1994, S. 98–108.
6. T. Amoroso: The Psychopharmacology of ±3,4 Methylenedioxymethamphetamine, a. a. O.; R. G. dos Santos et al.: Antidepressive, Anxiolytic, and Antiaddictive Effects, a. a. O.; S. Ross et. al.: »Rapid and Sustained Symptom Reduction Following Psilocybin Treatment for Anxiety and Depression in Patients with Life-Threatening Cancer: A Randomized Controlled Trial«, in *Journal of Psychopharmacology* 30 (12), 2016, S. 1165–1180; R. R. Griffiths et al.: »Psilocybin Produces Substantial and Sustained Decreases in Depression and Anxiety in Patients with Life-Threatening Cancer: A Randomized Double-Blind Trial«, in *Journal of Psychopharmacology* 30 (12), 2016, S. 1181–1197; M. W. Johnson et al.: »Pilot Study of the 5-HT2AR Agonist Psilocybin in the Treatment of Tobacco Addiction«, in *Journal of Psychopharmacology* 28 (11), 2014, S. 983–992.

5 Geist, Gefühl und Vertrauen

1. R.N. Spreng et al.: »The Common Neural Basis of Autobiographical Memory, Prospection, Navigation, Theory of Mind, and the Default Mode: A Quantitative Meta-Analysis«, in *Journal of Cognitive Neuroscience* 21 (3), 2009, S. 489–510; G. A. van Wingen et al.: »Short-Term Antidepressant Administration Reduces Default Mode and Task-Positive Network Connectivity in Healthy Individuals During Rest«, in *NeuroImage* 88, 2014, S. 47–53; J. Posner et al.: »Antidepressants Normalize the Default Mode Network in Patients with Dysthymia«, in *JAMA Psychiatry* 70 (4), 2013, S. 373–382; A. Hahn et al.: »Differential Modulation of the Default Mode Network via Serotonin-1A Receptors«, in *Proceedings of the National Academy of Sciences of the United States of America* 109 (7), 2012, S. 2619–2624; R. L. Carhart-Harris et al.: »The Entropic Brain: A Theory of Conscious States Informed by Neuroimaging Research with Psychedelic Drugs«, in *Frontiers in Human Neuroscience* 8, 2014, S. 20; J. C. Bouso et al.: »Long-Term Use

of Psychedelic Drugs is Associated with Differences in Brain Structure and Personality in Humans«, in *European Neuropsychopharmacology* 25 (4), 2015, S. 483–492; F. Palhano-Fontes et al.: »The Psychedelic State Induced by Ayahuasca Modulates the Activity and Connectivity of the Default Mode Network«, in *Public Library of Science (PLoS) One* 10 (2), 2015, e0118143.

2. R. L. Carhart-Harris et al.: The Entropic Brain, a. a. O.
3. J. Posner et al.: Antidepressants, a. a. O.; ebd.
4. G. A. van Wingen: Short-Term Antidepressant Administration, a. a. O.; J. Posner et al.: Antidepressants, a. a. O.
5. R. L. Carhart-Harris et al.: The Entropic Brain, a. a. O.; J. C. Bousco et al.: Long-Term Use of Psychedelic Drugs, a. a. O.; F. Palhano-Fontes et al.: The Psychedelic State Induced by Ayahuasca , a. a. O.; R. G. dos Santos et al.: »Antidepressive, Anxiolytic, and Antiaddictive Effects of Ayahuasca, Psilocybin, and Lysergic Acid Diethylamide (LSD): A Systematic Review of Clinical Trials Published in the Last 25 Years: Antidepressive Effects of Ayahuasca, Psilocybin, and LSD«, in *Therapeutic Advances in Psychopharmacology* 6 (3), 2016, S. 193–213; R. F. Sanches et al.: »Antidepressant Effects of a Single Dose of Ayahuasca«, in Patients with Recurrent Depression: A SPECT Study, in *Journal of Clinical Psychopharmacology* 36 (1), 2016, S. 77–81; F. Moreno et al.: »Safety, Tolerability, and Efficacy of Psilocybin in 9 Patients with Obsessive-compulsive Disorder«, in *Journal of Clinical Psychiatry* 67 (11), 2006, S. 1735–1740; E. Domínguez-Clavé et al.: »Ayahuasca: Pharmacology, Neuroscience, and Therapeutic Potential«, in *Brain Research Bulletin* 126 (Teil 1), 2016, S. 89–101.
6. R. L. Carhart-Harris et al.: The Entropic Brain, a. a. O.; J. C. Bousco et al.: Long-Term Use, a. a. O.; F. Palhano-Fontes et al.: Psychedelic State, a. a. O.; R. G. dos Santos et al.: Antidepressive, Anxiolytic, and Antiaddictive Effects, a. a. O.
7. G. A. van Wingen et al.: Short-Term Antidepressant Administration; a. a. O.; J. Posner et al.: Antidepressants, a. a. O.; A. Hahn et al.: Differential Modulation, a. a. O.; R. L. Carhart-Harris et al.: The Entropic Brain, a. a. O.; J. C. Bousco et al.: Long-Term Use, a. a. O.; F. Palhano-Fontes et al.: The Psychedelic State, a. a. O.; R. G. dos Santos et al.: Antidepressive, Anxiolytic, and Antiaddictive Effects, a. a. O.; R. F. Sanches et al.: Antidepressant Effects, a. a. O.; F. Moreno et al.: Safety, a. a. O.; E. Domínguez-Clavé et al.: Ayahuasca, a. a. O.; J. Soler et al.: »Exploring the Therapeutic Potential of Ayahuasca: Acute Intake Increases Mindfulness-related Capacities«, in *Psychopharmacology (Berl)* 233 (5), 2016, S. 823–829; V. A. Taylor et al.: »Impact of Meditation Training on the Default Mode Network during a Restful State«, in *Social Cognitive and Affective Neuroscience* 8 (1), 2013, S. 4–14; K. A. Garrison et al.: »Meditation Leads to Reduced Default Mode Network Activity beyond an Active Task«, in *Cognitive Affective & Behavioral Neuroscience* 15 (3), 2015, S. 712–720.
8. R. R. Griffiths et al.: »Mystical-Type Experiences Occasioned by Psilocybin Mediate the Attribution of Personal Meaning and Spiritual Significance

14 Months Later«, in *Journal Psychopharmacology* 22 (6), 2008, S. 621–632; dies.: »Psilocybin Occasioned Mystical-type Experiences: Immediate and Persisting Dose-related Effects«, in *Psychopharmacology* 218 (4), 2011, S. 649–665.

6 Tukuymanta

1. W. Davis: *One River: Explorations and Discoveries in the Amazon Rainforest.* New York, NY: Simon & Schuster, 2010.
2. S. V. Beyer: *Singing to the Plants: A Guide to Mestizo Shamanism in the Upper Amazon.* Albuquerque, NM: University of New Mexico Press, 2009.

7 Verantwortungsvolle Praxis

1. R L. Carhart-Harris et al.: »The Entropic Brain: A Theory of Conscious States Informed by Neuroimaging Research with Psychedelic Drugs«, in *Frontiers in Human Neuroscience* 8, 2014, S. 20.
2. A. G. Szmulewicz et al.: »Switch to Mania after Ayahuasca Consumption in a Man with Bipolar Disorder: A Case Report«, in *International Journal of Bipolar Disorders* 3, 2015, S. 4.

8 Behandlung posttraumatischer Belastungsstörungen auf dem Raumschiff Erde

1. American Psychiatric Association: *Diagnostic and Statistical Manual of Mental Disorders*, in American Psychiatric Association. Arlington, VA: American Psychiatric Publishing, [5]2013, S. 271–280.
2. S. A. Rauch et al.: »Prolonged Exposure for PTSD in a Veterans Health Administration PTSD Clinic«, in *Journal of Traumatic Stress* 22 (1), 2009, S. 60–64.
3. K. M. Chard et al.: »A Comparison of OEF and OIF Veterans and Vietnam Veterans Receiving Cognitive Processing Therapy«, in *Journal of Traumatic Stress* 23 (1), 2010, S. 25–32.
4. C. L. Lancaster et al.: »Post-Traumatic Stress Disorder: Overview of Evidence-Based Assessment and Treatment«, in *Journal of Clinical Medicine* 5 (11), 2016.
5. E. Todd: »The Value of Confession and Forgiveness According to Jung«, in *Journal of Religion and Health* 24 (1), 1985, S. 39–44.
6. B. T. Mausbach et al.: »A 5-Year Longitudinal Study of the Relationships between Stress, Coping, and Immune Cell Beta2-Adrenergic Receptor sensitivity«, in *Psychiatry Research* 160 (3), 2008, S. 247–255; dies. »Stress-Related Reduction in Personal Mastery is Associated with Reduced Immune Cell Beta2-Adrenergic Receptor Sensitivity«, in *International Psychogeriatrics* 19 (5), 2007, S. 935–946.

9 Der Emotionalkörper

1. F. Palhano-Fontes et al.: »The Psychedelic State Induced by Ayahuasca Modulates the Activity and Connectivity of the Default Mode Network«, in *Public Library of Science (PLoS) One* 10 (2), 2015; R. L. E. P. Reniers et al.: »Moral Decision-Making, ToM, Empathy and the Default Mode Network«, in *Biological Psychology* 90 (3), 2012, S. 202–210.
2. B. T. Mausbach et al.: The Attenuating Effect of Personal Mastery on the Relations between Stress and Alzheimer Caregiver Health: A Five-Year Longitudinal Analysis«, in *Aging & Mental Health* 11 (6), 2007, S. 637–644.
3. B. T. Mausbach et al.: »The Moderating Effect of Personal Mastery and the Relations between Stress and Plasminogen Activator Inhibitor-1 (PAI-1) Antigen«, in *Health Psychology* 27 (2), 2008, S. 172–179; dies »A 5-Year Longitudinal Study of the Relationships between Stress, Coping, and Immune Cell Beta2-Adrenergic Receptor Sensitivity«, in *Psychiatry Research* 160 (3), 2008, S. 247–255, S. K. Roepke et al.: »Personal Mastery is Associated with Reduced Sympathetic Arousal in Stressed Alzheimer Caregivers«, in *American Journal of Geriatric Psychiatry* 16 (4), 2008, S. 310–317; dies.: »The Moderating Role of Personal Mastery on the Relationship between Caregiving Status and Multiple Dimensions of Fatigue«, in *International Journal of Geriatric Psychiatry* 24 (12), 2009, S. 1453–1462.
4. P. A. Dennis et al.: »Examining the Crux of Autonomic Dysfunction in Posttraumatic Stress Disorder: Whether Chronic or Situational Distress Underlies Elevated Heart Rate and Attenuated Heart Rate Variability«, in *Psychosomatic Medicine* 78 (7), 2016, S. 805–809; N. P. Daskalakis et al.: »Endocrine Aspects of Post-Traumatic Stress Disorder and Implications for Diagnosis and Treatment«, in *Endocrinology and Metabolism Clinics of North America* 42 (3), 2013, S. 503–513; D. Lindqvist et al.: »Proinflammatory Milieu in Combat-Related PTSD is Independent of Depression and Early Life Stress«, in *Brain, Behavior, and Immunity* 42, 2014, S. 81–88.
5. J. C. Bouso et al.: »MDMA-Assisted Psychotherapy Using Low Doses in a Small Sample of Women with Chronic Posttraumatic Stress Disorder«, in *Journal of Psychoactive Drugs* 40 (3), 2008, S. 225–236; M. C. Mithoefer et al.: »The Safety and Efficacy of {+/-} 3,4-Methylenedioxymethamphetamine-Assisted Psychotherapy in Subjects with Chronic, Treatment-Resistant Posttraumatic Stress Disorder: The First Randomized Controlled Pilot Study«, in *Journal of Psychopharmacology* 25 (4), 2011, S. 439–452; dies.: »Durability of Improvement in Post-Traumatic Stress Disorder Symptoms and Absence of Harmful Effects or Drug Dependency after 3,4-Methylenedioxymethamphetamine-Assisted Psychotherapy: A Prospective Long-Term Follow-Up Study«, in *Journal of Psychopharmacology* 27 (1), 2013, S. 28–39; T. Amoroso, M. Workman: »Treating Posttraumatic Stress Disorder with MDMA-Assisted Psychotherapy: A Preliminary Meta-Analysis and Comparison to Prolonged Exposure Therapy«, in *Journal of Psychopharmacology* 30 (7), 2016, S. 595–600.

6. I. Tamburini et al.: »MDMA Induces Caspase-3 Activation in the Limbic System but not in Striatum«, in *Annals of the New York Academy of Sciences* 1074 (1), 2006, S. 377–381; G. Giannaccini et al.: »Short-Term Effects of 3,4-Methylen-Dioxy-Metamphetamine (MDMA) on 5-HT(1A) Receptors in the Rat Hippocampus«, in *Neurochemistry International* 51 (8), 2007, S. 496–506; J. Riba et al.: »Increased Frontal and Paralimbic Activation Following Ayahuasca, the Pan-Amazonian Inebriant«, in *Psychopharmacology (Berl)* 186 (1), 2006, S. 93–98; E. Domínguez-Clavé et al.: »Ayahuasca: Pharmacology, Neuroscience and Therapeutic Potential«, in *Brain Research Bulletin* 126 (Teil 1), 2016, S. 89–101.

11 Der Placebo-Effekt und der unerklärliche chronische Husten

1. H. Brody: »The Doctor as Therapeutic Agent: A Placebo Effect Research Agenda«, in *The Placebo Effect: An Interdisciplinary Exploration,* A. Harrington (Hg.). Cambridge, MA: Harvard University Press, 1999, S. 77–92.
2. S. Faruqi et al.: »On the Definition of Chronic Cough and Current Treatment Pathways: An International Qualitative Study«, in *Cough* 10 (5), 2014; M.M. Cornere: »Chronic Cough: A Respiratory Viewpoint«, in *Current Opinion in Otolaryngology & Head Neck Surgery* 21 (6), 2013, S. 530–534.
3. N.M. Ryan et al.: »Arnold's Nerve Cough Reflex: Evidence for Chronic Cough as a Sensory Vagal Neuropathy«, in *Journal of Thoracic Disease* 6 (7), 2014, S. 748–752.
4. K.W. Altman et al.: »Neurogenic Cough«, in *Laryngoscope* 125 (7), 2015, S. 1675–1681.
5. P.H. Black: »Stress and the Inflammatory Response: A Review of Neurogenic Inflammation«, in *Brain Behavior, and Immunity* 16 (6), 2002, S. 622–53.

12 Ein verborgenes Trauma heilen

1. http://www.rain-tree.com/ubos.html [Stand: 04.04.2019].
2. http://www.raintree.com/abuta.html [Stand: 04.04.2019].
3. A.H. Modell: *Imagination and the Meaningful Brain.* Cambridge, MA: MIT Press, 2003.

13 Ayahuasca, die traditionelle Amazonas-Pflanzenmedizin und die Heilung des limbischen Systems

1. T. Lewis, F. Amini, R. Lannon: *A General Theory of Love.* New York, NY: Vintage Books, 2000.

16 Psoriasis spirituell behandeln

1. W.-H. Boehncke, M. P. Schön: »Psoriasis«, in *The Lancet* 386 (9997), 2015, S. 983–994; A. Menter et al.: »Guidelines of Care for the Management of Psoriasis and Psoriatic Arthritis: Section 1. Overview of Psoriasis and Guidelines of Care for the Treatment of Psoriasis with Biologics«, in *Journal of the American Academy of Dermatology* 58 (5), 2008, S. 826–850.
2. W.-H. Boehncke, M. P. Schön: Psoriasis, a. a. O.; C. J. Connor et al.: »Exploring the Physiological Link between Psoriasis and Mood Disorders«, in *Dermatology Research and Practice* 2015.
3. R. J. Harvima et al.: »Association of Psychic Stress with Clinical Severity and Symptoms of Psoriatic Patients«, in *Acta Dermato-Venereologica* 76 (6), 1996, S. 467–471; H. J. Hunter et al.: »Does Psychosocial Stress Play a Role in the Exacerbation of Psoriasis?«, in *British Journal of Dermatology* 169 (5), 2013, S. 965–974.
4. R. Martín-Brufau et al.: »Psoriasis Lesions Are Associated with Specific Types of Emotions: Emotional Profile in Psoriasis«, in *European Journal of Dermatology* 25 (4), 2015, S. 329–34.
5. K. S. Leslie et al.: »Sulphur and Skin: From Satan to Saddam!«, in *Journal of Cosmetic Dermatology* 3 (2), 2004, S. 94–98.
6. Ebd.; A. Buske-Kirschbaum et al.: »Blunted HPA Axis Responsiveness to Stress in Atopic Patients is Associated with the Acuity and Severeness of Allergic Inflammation«, in *Brain, Behavior, and Immunity* 24 (8), 2010, S. 1347–1353; C. Liezmann et al.: »Stress, Atopy, and Allergy: A Re-Evaluation from a Psychoneuroimmunologic Perspective«, in *Dermato-Endocrinology* 3 (1), 2011, S. 37–40; H. Cvitanović, E. Jančić: »Influence of Stressful Life Events on Coping in Psoriasis«, in *Collegium Antropologicum* 38 (4), 2014, S. 1237–1240.
7. B. S. McEwen: »Stress, Adaptation, and Disease: Allostasis and Allostatic Load«, in *Annals of the New York Academy of Science* 840 (1), 1998, S. 33–44.
8. R.-P. Juster et al.: »Allostatic Load and Comorbidities: A Mitochondrial, Epigenetic, and Evolutionary Perspective«, in *Development and Psychopathology* 28 (4.1), 2016, S. 1117–1146; D. Mauss et al.: »The Streamlined Allostatic Load Index: A Replication of Study Results«, in *Stress – International Journal on the Biology of Stress* 19 (6), 2016, S. 553–558; B. M. Lidy Verburg-van Kemenade et al.: »Neuroendocrine-Immune Interaction: Evolutionarily Conserved Mechanisms that Maintain Allostasis in an Ever-changing Environment«, in *Development & Comparative Immunology* 66, 2017, S. 2–23.
9. E. M. Maloney et al.: »Chronic Fatigue Syndrome and High Allostatic Load: Results from a Population-Based Case-Control Study in Georgia«, in *Psychosomatic Medicine* 71 (5), 2009, S. 549–556.
10. B. M. Lidy Verburg-van Kemenade et al.: Neuroendocrine-Immune Interaction, a. a. O.

17 Den Schmerz im Kern der Sucht heilen

1. G. Thomas et al.: »Ayahuasca-Assisted Therapy for Addiction: Results from a Preliminary Observational Study in Canada«, in *Current Drug Abuse Reviews* 6 (1), 2013, S. 30–42.
2. R.G. dos Santos et al.: »Antidepressive, Anxiolytic, and Antiaddictive Effects of Ayahuasca, Psilocybin, and Lysergic Acid Diethylamide (LSD): A Systematic Review of Clinical Trials Published in the Last 25 Years«, in *Therapeutic Advances in Psychopharmacology* 6 (3), 2016, S. 193–213; B. Labate, C. Cavnar (Hgg.): *The Therapeutic Use of Ayahuasca*. Springer Science & Business Media, 2013; A. Loizaga-Velder, R. Verres: »Therapeutic Effects of Ritual Ayahuasca Use in the Treatment of Substance Dependence_Qualitative Results«, in *Journal of Psychoactive Drugs* 46 (1), 2014, S. 63–72; A.J. Oliveira-Lima et al.: »Effects of Ayahuasca on the Development of Ethanol-Induced Behavioral Sensitization and on a Post-Sensitization Treatment in Mice«, in *Physiology & Behavior* 142, 2015, S. 28–36; A.A. Nunes et al.: »Effects of Ayahuasca and its Alkaloids on Drug Dependence: A Systematic Literature Review of Quantitative Studies in Animals and Humans«, in *Journal of Psychoactive Drugs* 48 (3), 2016, S. 1–11.
3. R.C. Malenka, E.J. Nestler, S.E. Hyman: »Reinforcement and Addictive Disorder«, in *Molecular Neuropharmacology – A Foundation for Clinical Neuroscience*, A. Sydor, R.Y. Brown (Hgg.). New York, NY: McGraw-Hill Medical, [2]2009, S. 364–365, 375; J.E. Murray et al.: »Basolateral and Central Amygdala Differentially Recruit and Maintain Dorsolateral Striatum-Dependent Cocaine-Seeking Habits«, in *Nature Communications* 6 (10088), 2015; D. Ladrón de Guevara-Miranda et al.: »Cocaine-Conditioned Place Preference is Predicted by Previous Anxiety-Like Behavior and is Related to an Increased Number of Neurons in the Basolateral Amygdala«, in *Behavioral Brain Research* 298 (Teil B), 2016, S. 35–43.
4. D.L. Rovaris et al.: »Corticosteroid Receptor Genes and Childhood Neglect Influence Susceptibility to Crack/Cocaine Addiction and Response to Detoxification Treatment«, in *Journal of Psychiatric Research* 68, 2015, S. 83–90.
5. https://www.drugabuse.gov/publications/drugfacts/nationwide-trends [Stand: 11.02.2019].
6. W.A. Richards: »Entheogens in the Study of Mystical and Archetypal Experiences«, in *Research in the Social Scientific Study of Religion* 13, 2003, S. 143–155.
7. R.R. Griffiths et al.: »Psilocybin Can Occasion Mystical-Type Experiences Having Substantial and Sustained Personal Meaning and Spiritual Significance«, in *Psychopharmacology (Berl)* 187 (3), 2006, S. 268–283; Diskussion S. 284–292; dies.: »Mystical-Type Experiences Occasioned by Psilocybin Mediate the Attribution of Personal Meaning and Spiritual Significance 14 Months Later«, in *Journal of Psychopharmacology* 22 (6), 2008, S. 621–32; A. Garcia-Romeu et al.: »Psilocybin-Occasioned Mysti-

cal Experiences in the Treatment of Tobacco Addiction«, in *Current Drug Abuse Reviews* 7 (3), 2014, S. 157–164.
8. R. R. Griffiths et al.: Mystical-Type Experiences, a. a. O.
9. A. Garcia-Romen et al.: Psilocybin-Occasioned Mystical Experiences, a. a. O.
10. W. Hall et al.: »The Brain Disease Model of Addiction: Is it Supported by the Evidence and has it Delivered on its Promises?«, in *The Lancet Psychiatry* 2 (1), 2015, S. 105–110.

19 Lisas Migräne und der schwarze Drache

1. T. A. Smitherman et al.: »The Prevalence, Impact, and Treatment of Migraine and Severe Headaches in the United States: A Review of Statistics from National Surveillance Studies«, in *Headache* 53 (3), 2013, S. 427–436.
2. E. A. Schindler et al.: »Indoleamine Hallucinogens in Cluster Headache: Results of the Clusterbusters Medication Use Survey«, in *Journal of Psychoactive Drugs* 47 (5), 2015, S. 372–381.
3. D. Borsook et al.: »Understanding Migraine through the Lens of Maladaptive Stress Responses: A Model Disease of Allostatic Load«, in *Neuron* 73 (2), 2012, S. 219–234; N. Maleki et al.: »Migraine: Maladaptive Brain Responses to Stress«, in *Headache* 52 (2), 2012, S. 102–106; G. E. Tietjen et al.: »Childhood Maltreatment in the Migraine Patient«, in *Current Treatment Options in Neurology* 18 (7), 2016, S. 31.
4. T. A. Smitherman et al.: The Prevalence, Impact, and Treatment, a. a. O.; W. J. Meggs: »Neurogenic Inflammation and Sensitivity to Environmental Chemicals«, in *Environmental Health Perspectives* 101 (3), 1993, S. 234–238.
5. G. E. Tietjen et al.: Childhood Maltreatment, a. a. O.; D. Roos-Araujo et al.: »Epigenetics and Migraine: Complex Mitochondrial Interactions Contributing to Disease Susceptibility«, in *Gene* 543 (1), 2014, S. 1–7; R. Malhotra: »Understanding Migraine: Potential Role of Neurogenic Inflammation«, in *Annals of Indian Academy of Neurology* 19 (2), 2016, S. 175–182.
6. W. J. Meggs: Neurogenic Inflammation, a. a. O.; R. Malhotra: Understanding Migraine, a. a. O.

20 Epigenetik, vererbter Stress und Auflösung durch spirituelle Heilung

1. P. O. McGowan: »Epigenomic Mechanisms of Early Adversity and HPA Dysfunction: Considerations for PTSD Research«, in *Frontiers in Psychiatry* 4 (110), 2013; Z. Kaminsky et al.: »Epigenetic and Genetic Variation at SKA2 Predict Suicidal Behavior and Post-Traumatic Stress Disorder«, in *Translational Psychiatry* 5 (8), 2015, e627; P. O. McGowan: »Epigenetics

in Mood Disorders«, in *Environmental Health and Preventive Medicine* 13 (1), 2008, S. 16–24; H. Sun et al.: »Epigenetics of the Depressed Brain: Role of Histone Acetylation and Methylation«, in *Neuropsychopharmacology* 38 (1), 2013, S. 124–137; T. Holloway, J. González-Maeso: »Epigenetic Mechanisms of Serotonin Signaling«, in *ACS Chemical Neuroscience* 6 (7), 2015, S. 1099–1109; C. Smart et al.: »Early Life Trauma, Depression, and the Glucocorticoid Receptor Gene: An Epigenetic Perspective«, in *Psychological Medicine* 45 (16), 2015, S. 3393–3410; R. M. Trowbridge, M. R. Pittelkow: »Epigenetics in the Pathogenesis and Pathophysiology of Psoriasis Vulgaris«, in *Journal of Drugs in Dermatology* 13 (2), 2014, S. 111–118; Y. Deng et al.: »The Inflammatory Response in Psoriasis: A Comprehensive Review«, in *Clinical Reviews in Allergy & Immunology* 50 (3), 2016; N. A. Fineberg et al.: »New Developments in Human Neurocognition: Clinical, Genetic, and Brain Imaging Correlates of Impulsivity and Compulsivity«, in *CNS Spectrums* 19 (1), 2014, S. 69–89; E. Eising et al.: »Epigenetic Mechanisms in Migraine: A Promising Avenue?«, in *BMC Medicine* 11 (26), 2013.

2. I. C. Weaver: »Epigenetic Programming by Maternal Behavior and Pharmacological Intervention. Nature versus Nurture: Let's Call the Whole Thing Off«, in *Epigenetics* 2 (1), 2007, S. 22–28; E. McCrory et al.: »The Impact of Childhood Maltreatment: A Review of Neurobiological and Genetic Factors«, in *Frontiers in Psychiatry* 2 (48), 2011; M. Suderman et al.: »Conserved Epigenetic Sensitivity to Early Life Experience in the Rat and Human Hippocampus«, in *Proceedings of the National Academy of Sciences of the United States of America* 109 (2), 2012, S. 17266–17272; N. Provençal et al.: »The Signature of Maternal Rearing in the Methylome in Rhesus Macaque Prefrontal Cortex and T Cells«, in *Journal of Neuroscience* 32 (44), 2012, S. 15626–15642; M. Bellis, A. Zisk: »The Biological Effects of Childhood Trauma«, in *Child and Adolescent Psychiatric Clinics of North America* 23 (2), 2014, S. 185–222.
3. N. Provençal et al.: Signature, a. a. O.
4. D. Roos-Araujo et al.: »Epigenetics and Migraine: Complex Mitochondrial Interactions Contributing to Disease Susceptibility«, in *Gene* 543 (1), 2014, S. 1–7; G. E. Tietjen et al.: »Childhood Maltreatment in the Migraine Patient«, in *Current Treatment Options in Neurology* Vol. 18 (7), 2016, S. 31.
5. M. E. Bowers, R. Yehuda: »Intergenerational Transmission of Stress in Humans«, in *Neuropsychopharmacology* 41 (1), 2016, S. 232–244; T. Klengel et al.: »Models of Intergenerational and Transgenerational Transmission of Risk for Psychopathology in Mice«, in *Neuropsychopharmacology* 41 (1), 2016, S. 219–231.
6. H. L. Mathews, L. Witek Janusek: »Epigenetics and Psychoneuroimmunology: Mechanisms and Models«, in *Brain, Behavior, and Immunity* 25 (1), 2011, S. 25–39.
7. X. Qi-Bing et al.: »Design, Synthesis, and Biological Evaluation of Hybrids

of β-Carboline and Salicylic Acid as Potential Anticancer and Apoptosis Inducing Agents«, in *Scientific Reports* 6 (36238), 2016.

8. N. Provençal et al.: Signature, a. a. O.
9. J. A. Dusek et al.: »Genomic Counter-Stress Changes Induced by the Relaxation Response«, in *Public Library of Science (PLoS) One* 3 (7), 2008, e2576; D. S. Black et al.: »Yogic Meditation Reverses NF-κB and IRF-Related Transcriptome Dynamics in Leukocytes of Family Dementia Caregivers in a Randomized Controlled Trial«, in *Psychoneuroendocrinology* 38 (3), 2013, S. 348–355; P. Kaliman et al.: »Rapid Changes in Histone Deacetylases and Inflammatory Gene Expression in Expert Meditators«, in *Psychoneuroendocrinology* 40, 2014, S. 96–107.
10. T. Holloway, J. González-Maeso: Epigenetic Mechanisms, a. a. O.
11. C. Smart et al.: Early Life Trauma, a. a. O.; M. E. Bowers, R. Yehuda: Intergenerational Transmission, a. a. O.; H.-S. Lee: »Impact of Maternal Diet on the Epigenome during In Utero Life and the Developmental Programming of Diseases in Childhood and Adulthood«, in *Nutrients* Vol. 7 (11), 2015, S. 9492–9507.
12. S. St-Cyr, P. O. McGowan: »Programming of Stress-Related Behavior and Epigenetic Neural Gene Regulation in Mice Offspring through Maternal Exposure to Predator Odor«, in *Frontiers in Behavioral Neuroscience* 9, 2015, S. 145.
13. M. E. Bowers, R. Yehuda: Intergenerational Transmission, a. a. O.
14. B. G. Dias, K. J. Ressler: »Parental Olfactory Experience Influences Behavior and Neural Structure in Subsequent Generations«, in *Nature Neuroscience* 17 (1), 2014, S. 89–96.

22 Nathans Morbus Crohn-Krankheit und die Heilung eines gebrochenen Herzens

1. T. Stefanelli et al.: »New Insights into Inflammatory Bowel Disease Pathophysiology: Paving the Way for Novel Therapeutic Targets«, in *Current Drug Targets* 9 (5), 2008, S. 413–418.
2. J. R. Goodhand et al.: »Mood Disorders in Inflammatory Bowel Disease: Relation to Diagnosis, Disease Activity, Perceived Stress, and Other Factors«, in *Inflammatory Bowel Diseases* 18 (12), 2012, S. 2301–2309; E. A. Walker et al.: »The Relationship of Current Psychiatric Disorder to Functional Disability and Distress in Patients with Inflammatory Bowel Disease«, in *General Hospital Psychiatry* 18 (4), 1996, S. 220–229.
3. B. R. Filipovic, B. F. Filipovic: »Psychiatric Comorbidity in the Treatment of Patients with Inflammatory Bowel Disease«, in *World Journal of Gastroenterology* 20 (13), 2014, S. 3552–3563.
4. D. de Fontgalland et al.: »The Neurochemical Changes in the Innervation of Human Colonic Mesenteric and Submucosal Blood Vessels in Ulcerative Colitis and Crohn's Disease«, in *Neurogastroenterology & Motility* 26

(5), 2014, S. 731–744; T. Münster et al.: »Characterization of Somatosensory Profiles in Patients with Crohn's Disease«, in *Pain Practice* 15 (3), 2015, S. 265–271.

5. E. McDermott et al.: »DNA Methylation Profiling in Inflammatory Bowel Disease Provides New Insights into Disease Pathogenesis«, in *Journal of Crohn's and Colitis* 10 (1), 2016, S. 77–86; A. H. Bai et al.: »Dysregulated Lysine Acetyltransferase 2B Promotes Inflammatory Bowel Disease Pathogenesis through Transcriptional Repression of Interleukin-10«, in *Journal of Crohn's and Colitis* 10 (6), 2016, S. 726–734.
6. http://www.newstaco.com/2013/06/07/the-science-behind-susto [Stand: 11.02.2019].

23 Adams Angst und die beruhigende Kraft des Mitgefühls

1. http://www.mentalhealthamerica.net/conditions/anxiety-disorders [Stand: 11.02.2019].
2. M.B. Müller et al.: »Hypothalamic-Pituitary-Adrenocortical System and Mood Disorders: Highlights from Mutant Mice«, in *Neuroendocrinology* 79 (1), 2004, S. 1–12.
3. M. Shimada-Sugimoto et al.: »Genetics of Anxiety Disorders: Genetic Epidemiological and Molecular Studies in Humans«, in *Psychiatry and Clinical Neuroscience* 69 (7), 2015, S. 388–401; A.R. Tyrka et al.: »Methylation of the Leukocyte Glucocorticoid Receptor Gene Promoter in Adults: Associations with Early Adversity and Depressive, Anxiety, and Substance-Use Disorders«, in *Translational Psychiatry* 6 (7), 2016, e848; S.J. Nieto et al.: »Don't Worry: Be Informed about the Epigenetics of Anxiety«, in *Pharmacology Biochemistry and Behavior* 146–147, 2016, S. 60–72.
4. Y. Zheng et al.: »Gestational Stress Induces Depressive-Like and Anxiety-Like Phenotypes through Epigenetic Regulation of BDNF Expression in Offspring Hippocampus«, in *Epigenetics* 11 (2), 2016, S. 150–162.
5. C.S. Grob et al.: »Pilot Study of Psilocybin Treatment for Anxiety in Patients with Advanced-Stage Cancer«, in *Archives of General Psychiatry* 68 (1), 2011, S. 71–78; M.C. Mithoefer et al.: »Novel Psychopharmacological Therapies for Psychiatric Disorders: Psilocybin and MDMA«, in *The Lancet Psychiatry* 3 (5), 2016, S. 481–488; R.G. dos Santos et al.: »Antidepressive, Anxiolytic, and Antiaddictive Effects of Ayahuasca, Psilocybin, and Lysergic Acid Diethylamide (LSD): A Systematic Review of Clinical Trials Published in the Last 25 Years«, in *Therapeutic Advances in Psychopharmacology* 6 (3), 2016, S. 193–213; S. Ross et al.: »Rapid and Sustained Symptom Reduction Following Psilocybin Treatment for Anxiety and Depression in Patients with Life-Threatening Cancer: A Randomized Controlled Trial«, in *Journal of Psychopharmacology* 30 (12), 2016, S. 1165–1180; R.G. dos Santos et al.: »Antidepressive and Anxiolytic Effects of

Ayahuasca: A Systematic Literature Review of Animal and Human Studies«, in *Brazilian Journal of Psychiatry* 38 (1), 2016, 65–72.
6. R.G. dos Santos et al.: Antidepressive, Anxiolytic, and Antiaddictive Effects, a.a.O.; ders.: Antidepressive and Anxiolytic Effects of Ayahuasca, a.a.O.

24 Die Rolle spiritueller Heilung im modernen Gesundheitswesen

1. S. Roberts et al.: »HPA Axis Related Genes and Response to Psychological Therapies: Genetics and Epigenetics«, in *Depression & Anxiety* 32 (12), 2015, S. 861–870.

Register

Abtreibung 186, 260 f.
Albtraum 60 f.
Alkoholabhängigkeit 214
Allergie 128, 187
Allostase 195
Amazonas-Pflanzenmedizin *(siehe TAPM)*
Angst 61 f.
Angststörung 20, 62, 275
Angstzustände 214, 276, 291
Antidepressiva 43, 46 f., 62, 265 f.
Asthma 137, 187
Autoimmunerkrankung 11, 182
Ayahuasca 9 ff., 17 ff., 23 ff., 45, 52, 61f., 64f., 69, 71 ff., 82, 85 ff., 93 ff., 99 ff., 104 ff., 108 ff., 111f., 117 ff., 125, 127, 130 ff., 139, 143 ff., 147, 152 ff., 160 ff., 169 ff., 175, 178, 180, 186f., 190, 194, 198 ff., 202, 206, 210, 212 ff., 218, 220 f., 223 f., 230 f., 233 f., 238, 240, 242 f., 247, 251 ff., 257 ff., 261, 266 f., 269 ff., 276 ff., 286, 290, 294
- Dosis 29 ff., 86, 94, 104,163
- Gehirn und 10 ff., 109, 112
- Missbrauch von 12, 48, 252
- Suchterkrankungen und 198 ff., 215 f.
- Wirkung von 29 ff., 72 ff., 86 f., 90, 101, 109
- Zubereitung 24, 27, 41
Ayahuasca-Schamanismus 17 ff., 69, 117, 119, 252
Ayahuasca-Tee 24, 29 f., 76, 85, 95, 121
Ayahuasca-Tourismus 79, 117 ff.
Ayahuasca-Trunk 27, 74, 80, 86, 89, 93 f., 131, 161, 164 f., 202, 223
Ayahuasca-Visionen 27 f., 73 ff., 89, 106, 115, 119, 145, 157, 163, 169, 220f.
Ayahuasca-Zeremonie 17 ff., 21, 24, 52, 61, 65, 71, 88, 99, 101 f., 104, 107 f., 111, 115, 117, 127, 130, 137, 139, 153, 157, 169 f., 175, 178, 186 ff., 210, 213 ff., 217, 231, 234, 242f., 257, 267

Benzodiazepin 276 f.
Bewusstsein 20, 31 f., 46, 53 f., 67, 87, 89 f., 92, 135 f., 148, 156, 166, 176, 294
- verändertes/erweitertes 13, 42, 47, 63 f., 106, 119, 138, 147, 163, 167, 187, 193, 214, 247, 250, 290
- spirituelle Heilung und 138 ff.
Blockaden 104, 169, 284
Bluthochdruck 99, 104 f., 111, 276
- chronischer Stress und 111
Bobinsana 217, 218 ff., 222 f.

CFS (Chronic Fatigue Syndrome) 196 f.
Chromatin 232, 234, 248
Curare 76 ff., 80 ff., 85

Dankbarkeit 54, 105, 216, 237, 250, 293
Darmerkrankungen, chronisch-entzündliche (CED) 10, 262 ff., 265, 273, 292
Depression 20, 37, 62, 111, 182, 264 ff., 272 f., 275 ff., 291
Diabetes 99, 102, 233
Diät 27 ff., 40 f., 71, 74, 82, 93, 95, 102, 104, 107, 114 ff., 128, 140 ff., 152, 157 f., 161, 164 f., 168 ff., 187 ff., 191 ff., 195, 202, 209, 213, 215, 217 f., 220 ff., 226, 230, 234, 236, 239, 247, 251 ff., 267 ff., 277 f., 282
DMN (Default Mode Network) 62, 64, 90, 112, 148, 275
- Dysfunktion im 292
- limbisches System und 150
DMT (Dimethyltryptamin) 24, 26, 48, 164, 228
Drogen 198 ff.

Drogen/Substanzen, psychedelische 16 f., 45, 47 f., 52, 62 f., 80 f., 109, 162 ff.

Drogenabhängigkeit 198 ff.

Ecstasy (MDMA) 43, 46 f., 112, 200, 276
Ekzem 181 ff.
Emotionalkörper 20 f., 105 f., 108 ff., 135 ff., 148, 150, 152, 158 f., 181 ff., 199, 207, 215 f., 229, 240 ff., 251, 265, 272, 276, 281, 284, 289, 290 ff., 293
- bewusster Verstand und 148, 150
- chronische Krankheiten und 21
- emotionales Trauma und 250, 293
- Energiekörper und 181, 289, 290 f., 294
- Entscheidungsfreiheit und 207
- epigenetische Prägung und 242 ff.
- Funktionsstörung des 112, 135, 137, 148, 150, 158, 181 ff., 196, 199, 241, 251, 265, 276, 291 f.
- Heilung des 242 ff., 251
- PNEI-Netzwerk und 111, 136, 152, 159, 186 f., 199, 240 ff., 245, 247, 289
- Reinigung des 106, 272
- schamanische Behandlung und 108, 181, 215f., 251
- Stress und 229, 293
- Vernachlässigung des 291
Emotionen 12, 16, 20, 42, 61, 105 f., 111 f., 153 ff., 187 f., 193, 239, 284
Entheogene (Psychedelika) 80, 207, 215
Entzündung 11f., 67, 111 f., 128, 142, 150, 181 ff., 240 f., 247, 262 ff.
- neurogene 137, 181, 240f.
Epigenetik 12, 22, 233 f., 242 ff.
- DNA und 244, 248
Epigenom 244 f., 246 f.
Ergotamine 228
Erkrankung, psychosomatische 20, 105, 136 f., 153, 158, 241, 291

Erschöpfungssyndrom, chronisches *(siehe CFS)*

Fehlgeburt 261, 279, 286
Fibromyalgie 137

Gelenkschmerzen 217
Gemütszustand, psychedelischer 13, 24, 63 f., 90, 105, 146, 163, 214, 248, 276
Genexpression 250
Genom 244
Gesundheit 10 ff., 16, 20, 36, 39 ff., 66, 102, 104, 136 ff., 141, 152 f., 193, 196, 200, 214, 241 ff., 262 ff., 289
- emotionale/psychische 16, 21, 62 f. 66, 111, 141, 152, 159, 242, 272, 291
- Gesundheitssystem und 38 f., 58, 288 ff.
- mystische Zustände und 214

Heilung 9 ff., 20 f., 28, 35 ff., 43, 85, 93, 100 ff., 104, 107, 115 ff., 125, 129, 135 ff., 164 f., 168, 172, 185, 192 ff., 198 ff., 213 ff., 223 f., 234, 238 ff., 241 ff., 252, 256, 261 ff., 279, 281 f., 296
- emotionale 63, 105, 108 f., 112, 152f., 158, 190, 195, 199, 241, 250, 272 f.
- schamanische 13, 157, 215, 226, 251
- Schmerzen bei 224
- spirituelle 16, 18, 20 f., 63, 89, 109, 120 ff., 135, 138, 158, 242 ff., 250, 253, 272, 286, 288 ff.
Herz-Kreislauf-Erkrankung 99, 182
Hexerei 252 f.
HPA-Achse (Hypothalamus-Hypophyse-Nebennierenrinden-Achse) 112, 199, 264, 276
Husten, chronischer 20, 124 ff., 138, 153, 181, 240, 291

Ibuprofen 228
Identität 87, 154
Interozeption 12, 61 f., 112
Intuition 76, 87, 163, 165, 169, 221 ff., 261

Kindheitstrauma 141, 146, 149, 167, 190 ff., 245 f., 248, 264, 290
Kokain 115, 199 ff., 209 ff., 215 f.
Kopfschmerzen 224, 226 ff., 230f., 236, 239, 245
Krankheit 10 ff., 16, 20, 36, 66, 111 f., 126 f., 129, 135 f., 145, 153, 158, 182, 191, 195, 208, 214, 233, 244, 261, 263 f., 270, 272, 280, 289 ff.
- chronische 21, 107
- Ernährung, Lebensstil und 233
- spirituelle 112, 158, 197, 199, 289 ff.

Last, allostatische 194 ff., 229, 241, 246, 292 f.
Lerndiät 107, 114f., 119, 168, 217
Liebe 11, 105, 133, 135f., 157, 159, 160 ff., 177, 199, 209, 215 f., 231, 237, 240, 242, 245, 247, 250, 271, 279, 282 ff., 291 ff.
- Mangel an 129, 134, 159, 199, 247
LSD 46 ff., 62, 79 f., 163, 200, 228
Lymphom 182

Marihuana 48, 104, 185, 187 ff., 190, 193, 200, 253, 266, 271
Meditation 13, 36, 46, 63, 67, 160, 184, 247, 279, 286, 293
- epigenetische Veränderung und 247

Medizin 9 f., 13, 15 ff., 24, 35 ff., 44, 46, 48, 51, 53, 55, 57 f., 66 f., 74, 77 f., 88, 90, 96, 102, 104, 106, 115, 119, 122, 126, 129, 142, 144 f., 157, 162, 182, 190, 192, 195, 199, 253, 257, 262, 266, 271, 273, 276, 287, 288 f., 291, 296
- Pflanzenmedizin 9, 17, 19 ff., 25, 44 ff., 67 f., 79f., 84 f., 89 ff., 102, 107 f., 111 ff., 114 ff., 118 ff., 128, 143, 146, 152 ff., 162, 164, 170 ff., 184, 192 f., 195, 198, 200, 212, 217, 222 f., 230 ff., 253 ff., 279 f., 285 f., 290 ff.
- psychedelische 22, 46 ff., 112, 159, 228, 276, 290 f.
- traditionelle 17, 20, 36, 40, 44, 58, 67, 111, 127, 184, 216, 289
Meisterpflanze 28 f., 80, 85, 91, 93, 102, 114 f., 144 f., 157, 159, 161, 164, 169, 172 ff., 187 ff., 202, 211, 215, 231, 251 ff., 267, 281, 283, 290
- Ayahuasca *(siehe Ayahuasca)*
- Ayahuma 251 ff.,
- Boa huasca 145, 189
- Chacruna 27, 76, 162, 187
- Chiric Sanango 144 f.
- Cocastrauch 93, 114 f.
- Diät mit 29, 93, 115, 144, 157, 161, 173 f., 215, 218, 239, 252, 269 f., 281
- Ernährung mit 251
- Ojé 28, 189f., 193, 202, 231, 253, 267, 269 f.
- Piñon-Blanco-Strauch 161, 173 ff., 179 f., 193, 218, 239, 253, 278, 281 ff.
Migräne 10, 137, 196 f., 227 ff., 242, 244 f., 265, 290 f.
Mind-Body-Medizin 18, 22, 66, 111, 113, 272
Missbrauch, emotionaler 143
Missbrauch, sexueller 117, 133, 145 ff., 149 f., 156, 158, 244 f., 269, 271 ff.
Mitgefühl 54, 105, 133, 159, 177, 190, 193, 216, 235, 237 f., 250, 274 ff., 293
Morbus Crohn 20, 182, 261 ff.

Nahrungsmittelallergie 141, 150

Paracetamol 263
Peyote 16, 24, 43 ff., 57 ff., 62 f., 71, 79, 290, 292
Phobien 275
Placebo-Effekt 68, 124 ff.
PNEI (Psychoneuroendokrino-immunologie) 67, 110 f.
- emotionale Traumata und 195 f.
- epigenetische Prägungen im 293
- -Netzwerk 110 f., 136 f., 181 ff., 195 ff., 241, 243, 245, 247, 265, 289, 292 f.
- neurogene Entzündung und 240 f.
- Psoriasis und 181 ff.
Psilocybin 43, 47 f., 62, 214 f., 276

Psoriasis 10 f., 137, 181 ff., 240, 244, 292
Psoriasis-Arthritis 182
Psychedelika *(siehe Entheogene)*
Psychoneuroendokrinoimmunologie *(siehe PNEI)*
Psychoneuroimmunologie (PNI) 66 f.
Psychopharmakologie 46 f., 100, 104, 201
PTBS (posttraumatische Belastungsstörung) 20, 49, 91 ff., 104, 107 ff., 146 f., 150, 153, 158, 196 f., 199, 244, 272, 275 f., 290 f.

Reinigung 133, 158, 169, 175, 195, 205, 223, 231, 233, 247, 252 f., 280, 285 f.
- emotionale 106, 189, 248, 284
- energetische 192, 272
- körperliche 104, 180, 189, 247, 267, 282 ff.
- schamanische 101, 104, 106, 242 ff., 251
- spirituelle 190, 242
Reinigungsdiät 28 f.
Reizdarmsyndrom (RDS) 262 f.
Resonanz, limbische 155 f., 293
Revision, limbische 156 f.
Rheuma 217
Rhinitis, allergische 137, 187
Rückenschmerzen 143, 150, 158, 290
Ruhemodusnetzwerk *(siehe DMN)*

Schizophrenie 90
Schuppenflechte (siehe Psoriasis)
Seelenrückführung 150
Selbstliebe 133 ff., 157, 159, 167, 215 f., 240, 250, 293
Selbstvergebung 106
Serotonin 43, 47 f., 62, 100
Shipibo 18, 24, 28 f., 61, 65, 76, 96, 101 f., 106, 114 f., 118, 121, 126, 130, 140, 144 f., 161 ff., 178 ff., 188, 195, 197, 220, 223, 241, 253, 282, 284
- Shipibo-Heilung 281 f.
- Shipibo-Medizin 19, 114 f., 178
- Shipibo-Schamanismus 19, 29, 40, 61, 84, 112, 115, 121, 124, 161, 172, 174, 190, 192, 234 f., 242, 248, 251 f., 256, 282, 287
Shitana 188, 190, 253 ff.
Spirit Walk 44, 49f., 52, 56 f., 63, 292
SSRI (selektive Serotonin-Wiederaufnahmehemmer) 43, 47 f., 100
Steuerung, limbische 155 f., 159
Störung, bipolare 90, 99
Stress 12, 63, 98, 101, 110 ff., 136, 146, 154 ff., 184, 192, 194 ff., 228f., 233, 240 ff., 264, 271, 276, 290, 292 f.
Sucht 10, 49, 62, 156, 158, 198 ff., 200, 244, 275, 277
Suchtbehandlung 47, 198 ff., 291
- Psychedelika und 47, 62 f., 198, 207, 215
Symptom, psychotisches 90
System, limbisches 112 f., 136, 152 ff., 159, 199, 245, 276

TAPM (Traditional Amazonian Plant Medicine) 17, 21, 67 f., 85, 102, 107, 170, 198
TCM (Traditionelle Chinesische Medizin) 36, 58, 111, 184
Trauma 11 f., 16, 20, 40 f., 47, 63, 92 ff., 111 f., 127, 138 ff., 153, 155, 159, 172, 176, 185 ff., 194 ff., 225, 231, 235, 240 ff., 261 f., 272 f., 276, 283, 290 ff.
Triptane 228

Vegetalista-Diät 27, 40 f., 71, 82, 93, 102, 144, 146, 158, 161, 188, 218, 230, 247, 251, 267, 278
Vergebung 105 f., 109, 151, 167, 190, 216, 235 ff., 241 f., 250, 271, 292 f.

Xanax 276 f.

Zwangsstörung 62 f.